L. Engelhardt

Ferdinand von Wrangels Reise

Entlang der Nordküste von Sibirien und auf dem Eismeer in den Jahren 1820

bis 1824 (Band 1)

L. Engelhardt

Ferdinand von Wrangels Reise

Entlang der Nordküste von Sibirien und auf dem Eismeer in den Jahren 1820 bis 1824 (Band 1)

ISBN/EAN: 9783943850055

Auflage: 1

Erscheinungsjahr: 2013

Erscheinungsort: Bremen, Deutschland

@ weitsuechtig in Access Verlag GmbH, Fahrenheitstr. 1, 28359 Bremen. Alle Rechte beim Verlag und bei den jeweiligen Lizenzgebern.

Cover: Foto © Hedwig Storch

weitsuechtig

Ferdinand v. Wrangel

und

seine Reise längs der Nordküste von Sibirien und auf dem Eismeere.

Von

L. v. Engelhardt.

Mit einem Vorworte von A. E. Freiherrn v. Nordenskiöld, einem Portrait F. v. Wrangels und einer Karte.

Leipzig,
Verlag von Duncker & Humblot.
1885.

Ferdinand v. Wrangel

und

seine Reise längs der Nordküste von Sibirien und auf dem Eismeere.

Meinem geliebten ältesten Bruder

Baron Wilhelm v. Wrangel

gewidmet.

Lisa von Engelhardt
geb. v. Wrangel.

Winterthur, December 1884.

Inhaltsverzeichniss.

	Seite
Brief des Freiherrn A. E. von Nordenskiöld	VII
Vorwort	IX

I.
Lebensabriss des kaiserlich russischen Admirals Baron Ferdinand v. Wrangel 1

II.
Reise F. v. Wrangel's längs der Nordküste von Sibirien und auf dem Eismeere in den Jahren 1820 bis 1824 37

Erstes Kapitel: Von St. Petersburg bis Jakutsk 39
Zweites Kapitel: Von Jakutsk bis zum Fluss Aldan 50
Drittes Kapitel: Uebergang über das Werchojanskische Gebirge 61
Viertes Kapitel: Reise bis Nishne-Kolymsk 70
Fünftes Kapitel: Land und Leute in Nishne-Kolymsk 79
Sechstes Kapitel: Vorbereitungen zu den weiteren Arbeiten der Expedition 99
Siebentes Kapitel: Erste Eisfahrt nach dem Kap Schelagskoj . 104
Achtes Kapitel: Zweite Eisfahrt zu den Bäreninseln 116
Neuntes Kapitel: Sommer in Kolymsk 139
Zehntes Kapitel: Dritte Eisfahrt 147
Elftes Kapitel: Reise durch die steinige Tundra 156
Zwölftes Kapitel: Vierte Eisfahrt und Aufnahme der Küste bis zur Insel Koliutschin 170
Dreizehntes Kapitel: Rückreise von Sredne-Kolymsk nach St. Petersburg 202

Vorwort.

Die nachfolgenden Blätter sind vorzugsweise der Wiedergabe von Ferdinand v. Wrangel's Polarexpedition in den Jahren 1820—24 gewidmet. Die warmen Worte, mit denen unsere erste Autorität auf diesem Gebiete, Freiherr von Nordenskiöld, den Gedanken einer neuen Ausgabe des Reisewerkes Wrangel's begrüsst, haben uns zur Durchführung unserer Arbeit ermuthigt. Dieselbe enthält zwar nicht den vollständigen Abdruck des Berichtes, welcher im Jahre 1839 in deutscher Bearbeitung von C. Ritter herausgegeben wurde*), doch hoffen wir, dass es uns gelungen ist, eine abgerundete Darstellung des ganzen Verlaufes dieser Reise und ihrer wesentlichsten Resultate zu geben. Wir beschränkten uns dabei auf die verschiedenen Fahrten, welche von Wrangel selbst unternommen wurden, während in jener vollständigen Ausgabe, die überdies als Einleitung eine werthvolle Geschichte der sibirisch-polarischen Entdeckungen enthält, auch die besonderen Reisen seiner Gefährten mitgetheilt sind.

Trotz der Fülle interessanter arktischer Reisebeschreibungen neuerer Zeit darf man es wohl wagen, die Kenntniss dieser bereits vor 60 Jahren unternommenen Reise wieder

---

*) Neues Magazin von merkwürdigen Reisebeschreibungen. Aus fremden Sprachen übersetzt und mit erläuternden Anmerkungen begleitet von I. R. Forster und anderen Gelehrten. 14. Band. Berlin 1839, Verlag der Vossischen Buchhandlung.

weiteren Kreisen zugänglich zu machen. Sind doch in jenen eisesstarren Regionen die Verhältnisse von Land und Leuten, die Erlebnisse und Gefahren des Reisenden im Wesentlichen heute noch dieselben wie damals; nur dass uns bei dieser älteren Unternehmung ein noch ungleicherer Kampf des Menschen mit den elementaren Mächten des hohen Nordens entgegentritt, da die zahllosen modernen Erfindungen noch fehlten, welche heutzutage dem Polarreisenden ganz unentbehrlich scheinen. Ueberdies sind die Mittel, mit denen Wrangel seine Zwecke zu erreichen suchte, eigenartige gewesen. Auf von Hunden gezogenen Schlitten tausende von Kilometern durchfahrend, hat er die Möglichkeit eines Vordringens auf dem Eismeere gezeigt, dessen Anwendbarkeit auch für die Erforschung höherer Polarregionen gegenwärtig auf's Neue in Erwägung gezogen wird. Endlich aber schliesst sich die Wrangel'sche Reise an die Expeditionen an, welche am Ende des vorigen Jahrhunderts von Leontjew, Kook, Billings unternommen wurden, deren Spuren er überall noch fand, und seinen letzten Vorgänger, Hedenström, der in den Jahren 1808—1811 bis an's Eismeer und Neusibirien vordrang, hat er in Jakutsk noch persönlich gesprochen. So gewähren die Wrangel'schen Berichte, in den schlichten aber lebensvollen Schilderungen des damals fünfundzwanzigjährigen Reisenden, zugleich einen historischen Einblick in die Zustände jener Länder, der nun schon über hundert Jahre zurückreicht.

In den 15 Jahren, die seit dem 1870 erfolgten Tode des Admiral v. Wrangel verstrichen sind, ist von verschiedener Seite das Bedauern ausgesprochen worden, dass bisher Niemand sich daran gemacht habe, eine Lebensbeschreibung dieses auch nach seinem Charakter ausgezeichneten Mannes zu schreiben, und in der That wäre der Stoff eines tüchtigen Biographen würdig. Der vorliegende kurze Lebensabriss kann in keiner Weise den Anspruch erheben, diese Lücke auszufüllen; doch scheint es uns angezeigt, bei dem Fehlen einer eingehenderen Biographie, den Entwickelungsgang und die Lebensführungen des Reisenden wenigstens in allgemeinen Zügen seiner Reiseschilderung beizufügen; denn für diejenigen Leser, welche Wrangel persönlich nicht gekannt haben, dürfte es doch von Interesse sein, sich vor oder nach dem Lesen seiner Reisebeschreibung auch über seine ferneren Schicksale zu instruiren; denen aber, die ihn gekannt haben, wird — so hoffen wir — beim Lesen des kurzen Lebensbildes dieses für Alle, die ihm näher getreten sind, unvergesslichen Mannes, sein Bild wieder lebendig vor die Seele treten, und sie werden aus der eigenen Erinnerung heraus die mancherlei Lücken und Mängel dieser Skizze ergänzen und Manches zwischen den Zeilen lesen, was näher auszuführen der gegebene Raum und der hier vorliegende Zweck nicht gestatteten.

Berichtigungen.

S. 99 Z. 6 v. u. lies: Mooshaide.
S. 102 Z. 4 v. u. lies: Juchala.
S. 110 Z. 3 v. u. lies: „Schelagskoj zu finden".

Lebensabriss

des

Kaiserlich russischen Admirals

Baron Ferdinand v. Wrangel.

Ferdinand v. Wrangel war das dritte von sieben Kindern des liefländischen Edelmanns Baron Peter v. Wrangel und dessen Gattin Dorothea geb. v. Freymann, und ist am 29. December des Jahres 1794 geboren.

Seine früheste Jugend verlebte er in Liefland auf dem Gute seiner Eltern, Waimel-Neuhof, in kindlicher Fröhlichkeit und ländlicher Freiheit. Nach einem vorübergehenden Aufenthalt im Städtchen Werro, wohin die Familie übergesiedelt war, wurde er wieder auf's Land zurückversetzt, in das Haus seiner Tante, Fr. v. Freymann, auf dem Gut Nursi, wo er im Verein mit drei anderen Knaben den Unterricht eines aus Deutschland berufenen Lehrers, Hrn. Gnüchtel, geniessen sollte.

Inwieweit Hr. Gnüchtel im Stande war seinen Schülern einen systematischen und gründlichen Unterricht zu ertheilen oder nicht, muss dahingestellt bleiben, denn er zog es jedenfalls vor dieselben mit allem und jedem Schulunterricht unbehelligt zu lassen und die drei jüngeren Knaben, zu denen Ferdinand Wrangel gehörte, ganz sich selbst zu überlassen; nach Herzenslust beuteten sie dies auch aus, indem sie bei jedem Wetter und zu allen Jahreszeiten in Wald und Flur sich tummelten und ihren Ehrgeiz darein setzten, sich recht abzuhärten, ihre Kräfte zu üben und in allen körperlichen Spielen eine grosse Fertigkeit zu erlangen. Um Grammatik und Rechenbuch kümmerten sie sich ebenso wenig als der Lehrer, was ihnen nicht zu verdenken war.

Nur mit dem ältesten Sohn Freymanns beschäftigte sich Hr. Gnüchtel eingehender. Der Lehrer bewohnte mit seinen Schülern ein apartes kleines Häuschen, das zwischen der „Pferde Koppel" und dem Walde freundlich gelegen war; bloss zu den Mahlzeiten gingen sie in's Wohnhaus zur übrigen Familie hinüber. Ferdinand besass ein eigenes Reitpferd, das er nach Belieben benutzen konnte, und so wurde der angeborene Drang des Knaben nach starker Bewegung in freier Natur, nach abhärtenden und sogar anstrengenden körperlichen Uebungen schon in den Kinderjahren sehr entwickelt. Sein Sinnen und Trachten ging schon als kleiner Bube auf kühne Unternehmungen aus; Entdeckungsreisen und Abenteuer aller Art schwebten ihm in seinen kindlichen Spielen vor, und er pflegte dann in selbsterfundenen Heldenliedern seine überströmenden Empfindungen mit mehr Begeisterung als Wohlklang laut in die Welt hinaus zu singen; der stets wiederkehrende Refrain dieser Gesänge lautete: „In die Welt hinaus mit Bogen und Pfeil!" Als fünfjähriges Bürschlein schon war er eines Tages von Hause fortgelaufen und bereits eine weite Strecke auf der Landstrasse gewandert, als man seine Abwesenheit bemerkte und ihn einholte; auf die Frage ‚wohin er denn wolle?' gab er zur Antwort: „In die weite Welt." Vorläufig musste er aber noch in die enge Kinderstube zurückkehren, und die Erfüllung dieses Strebens blieb erst späteren Jahren vorbehalten.

Während seines Aufenthaltes bei den Verwandten Freymann traf den noch nicht zehnjährigen Knaben das Unglück zuerst seine Mutter und ein halbes Jahr später auch den Vater zu verlieren. Gleichzeitig ging auch das Vermögen verloren, indem der Vater ein zweites Gut erstanden hatte, für welches der Preis in Silber-Rubeln angegeben war; nun aber stieg plötzlich der Silber-Rubel um das Vierfache in Folge einer Finanzbestimmung des Kaisers, und so musste nach dem Tode der Eltern Alles verkauft werden, um den eingegangenen Verpflichtungen nachzukommen. Die noch lebenden fünf Kinder standen elternlos und mittellos da. Sie wurden von verschiedenen Verwandten und Freunden in ihre Häuser und Familien aufgenommen, nur über den ältesten Sohn, Ferdinand, ward beschlossen, dass er in's Seekadettencorps in St. Petersburg eintrete. Eine Cousine Ferdinands hatte sich kürzlich mit einem jungen Seeoffizier v. Romberg verheirathet, unter dessen Protection man nun den Bruder der jungen Frau, Wilhelm v. Wrangel, der ein Altersgenosse und steter Gefährte Ferdinands war, und diesen letztern, im Seecadettencorps placirte. Wilhelm hatte von diesen Plänen zuerst etwas vernommen und schrieb seinem Freunde Ferdinand die grosse Nachricht auf's Land, mit den Worten: „Unser Glück ist gemacht: wir ziehen in die Residenz!" In dieser gehobenen Stimmung kamen unsere beiden „Glücksritter" aus ihrer liefländischen Landeinsamkeit in die Residenz, unter 600 andere Knaben, die aber alle nur Russisch sprachen, wovon sie zunächst kein Wort verstanden, das sie jedoch nach einiger Zeit genügend erlernt hatten, um sich nicht mehr vereinsamt in der fremden Umgebung zu fühlen.

Die neun Jahre, welche Wrangel jetzt im Seecorps verbrachte, waren für den Knaben und Jüngling mehr noch eine Schule des Lebens als der Wissenschaft, von welcher nur die Mathematik gründlich, wenn auch ganz geistlos, getrieben wurde. Alles andere war gleich Null zu achten; die Knaben waren nicht einmal gezwungen bei den Schulstunden zugegen zu sein, und innerhalb der Mauern des Seecorps war ihnen ein Grad der „Freizügigkeit" und Freiheit gestattet, wie es heutzutage in einer solchen von der Krone unterhaltenen Militärerziehungsanstalt undenkbar wäre. Die aus feiner deutscher Umgebung hierher versetzten Knaben wurden durch die Roheit und den niederen Bildungsgrad ihres jetzigen Kreises zwar nicht selten verletzt und hatten manches Schwere für sich durchzumachen, aber die dem Russen innewohnende Gutmüthigkeit und humane Gesinnung, die Billigkeit und Gerechtigkeit, welche doch die Lehrer und Direktoren der Anstalt beseelte und im Ganzen der Leitung anhaftete, söhnten sie mit den Uebelständen aus. Bis in sein hohes Alter hat

Wrangel an jene Schulzeit mit dankbarer und freundlicher Erinnerung zurückgedacht.

Ferdinand v. Wrangel zeichnete sich sehr bald unter all seinen Kameraden durch seine reiche Begabung, seinen Wissensdrang und Lerneifer, und vielleicht noch mehr durch seine hervorragenden Charaktereigenschaften aus, die ihn bald nicht nur auf der Schulbank, sondern auch in der Stellung zu seinen Mitschülern unbestritten zum Ersten an der Spitze der vielen hundert Anderen machten. Er war auffallend klein von Figur, was er immer geblieben ist, doch so proportionirt und gut gebaut und in allen Körperübungen von früh auf so gewandt, dass er auch auf dem Fechtboden und dem Spielplatz von Keinem übertroffen wurde; sein brennender Ehrgeiz, der jetzt erwacht war, liess ihm auch keine Ruhe, bis er sich auf jedem Gebiet die möglichste Fertigkeit angeeignet hatte — nirgend wollte er einem Andern nachstehen. Ausser dem allzu heftigen Ehrgeiz war es ein anderer Fehler, der ihn in jener Zeit beherrschte, nämlich eine aufbrausende Heftigkeit; doch diese lernte er, grade in seiner Stellung als Erster, die ihm das Gefühl der Verantwortung schärfte, einigermassen zügeln. Die hervorragenden Züge seines Wesens waren schon damals, wie auch im späteren Leben: eine rückhaltslose Wahrhaftigkeit in Wort und Wandel, eine unparteiische Gerechtigkeit mit dem Zug gepart, die Rechte des Schwächeren gegen Uebergriffe des Stärkeren zu schützen; eine ungewöhnliche Thatkraft verbunden mit grossem organisatorischem Talent, wobei er die Tendenz hatte bei aller Ordnung und Gliederung des Ganzen die Selbstständigkeit und Verantwortlichkeit des Einzelnen zu betonen; eine hohe und glühende Begeisterung für Alles Edle und Grosse und ebenso glühender Hass und Abscheu gegen alles Gemeine und Niedrige; eine vollständige Hingabe an die Sache, der er sich weihte, der gegenüber das Interesse oder die Bequemlichkeit der eigenen Person gar nicht in Frage kamen. Eine hervorragende Rednergabe besass er nicht und war für die leichte gesellige Unterhaltung wenig geschickt, — aber sein scharfer Blick fand in allen Fragen den Kernpunkt sicher heraus, und seine Art, auch solchen Personen, die bisher einer Frage fern gestanden, dieselbe klar, treffend und mit einer eigenthümlichen ernsten Energie vorzutragen, brachte eine nachhaltigere Wirkung hervor als manche glänzende Rede. Was Wunder, wenn dieser kleine Mann bald ein „grosser" wurde, zunächst zwar nur in der abgeschlossenen Welt eines kais. russ. Cadettencorps, und dass er von den Vorgesetzten mit Achtung und Anerkennung, von den Mitschülern mit unbedingtem Vertrauen und dabei mit herzlicher Anhänglichkeit behandelt wurde und schliesslich, wie er sich selbst ausdrückte, ‚zu glauben anfing er sei etwas!' Er absolvirte 1815 sein Examen mit grosser Auszeichnung und trat nun mit den goldenen Offiziersepaulets und dem Degen an der Seite, dem Inbegriff irdischen Glückes in der Vorstellung eines jungen Midshipmans, aus dem Corps in's wirkliche Leben ein.

Er wurde mit seinem treuen Vetter Wilhelm und einem anderen intimen Freunde, Hrn. v. Anjou, nach Reval commandirt, wohin Wilhelms Eltern, die auch Ferdinand wie ihren Sohn betrachteten, mittlerweile übergesiedelt waren.

Hier begann nun ein munteres geselliges Leben und Treiben, bei dem sich unserem jungen Offizier bald mit Schmerzen das Bewusstsein seiner gesellschaftlichen Untauglichkeit, wie er meinte, auf alle Weise bemerkbar machte. Statt des Gefühls „etwas zu sein" sah er sich jedem blondhaarigen und blauäugigen jungen Fräulein gegenüber, für deren Anmuth er keineswegs unempfänglich war, durch jeden Anderen in den Schatten gesetzt und mochte nicht einmal den Versuch machen, sich einen Platz zu erringen.

Ein Widerwille gegen alles leichte jugendliche Getändel und gesellige Freuden überhaupt erfasste das Gemüth des jungen Seemanns, der sich bald ganz von der Gesellschaft zurückzog und sich mit doppeltem Eifer dem Studium von Reisewerken, sowie nautischen wissenschaftlichen Arbeiten hingab.

Im Laufe des Sommers 1816 erfuhr Wrangel durch

einen Bekannten unter der Hand, dass nächstens ein paar Schiffe eine Reise um die Welt unternehmen sollten — doch sei es natürlich sehr schwer eine Ernennung auf eines dieser Schiffe zu erhalten, dazu bedürfe es hoher Protektion. Eine Reise um die Welt! wie ein elektrischer Schlag durchfuhr diese Nachricht den jungen Wrangel und er war sofort entschlossen Alles dran zu setzen um, auch ohne Protektion, seine Ernennung zu erwirken.

Er begab sich nach Petersburg, trotz aller Schwierigkeiten und Hindernisse, die es zu überwinden gab; mit einer geliehenen Baarschaft von nur 15 Rbl. Banko verstand er es die Reise hin und zurück und den Aufenthalt dort zu bestreiten. Von 28 Tagen seines Urlaubs vergingen 19 Tage auf der Hinreise, bei ungünstigem Winde in einer elenden Barke; 6 Tage brauchte er, um im einfachen Frachtwagen von Petersburg wieder zurückzureisen, wobei er die meiste Zeit zu Fuss ging, — und nur 2 Tage hatte er an Ort und Stelle, um diese wichtige und schwierige Sache, an der sein ganzes Streben hing, durchzuführen. Er verlor nicht viel Zeit mit Um- und Nebenwegen, sondern begab sich stracks zum Kapitän Golownin, dem Chef der geplanten Expedition, und trug ihm in Kürze ohne Umschweife sein Anliegen vor. Er erklärte sich bereit, falls er als Offizier nicht mit könne, gern als Matrose auf dem Schiffe dienen zu wollen. Seine Zeugnisse aus dem Seecorps waren das Einzige, was er seinen Worten beifügen konnte, da er sich keiner Gönner und Protektoren zu erfreuen hatte. Kapitän Golownin entliess ihn freundlich, mit dem Versprechen sein Möglichstes zu thun, um ihm die Ernennung auf eins der Fahrzeuge zu erwirken, und mit hoch vor Freude klopfendem Herzen verliess der junge Seemann die Residenz. Es dauerte auch nicht lange, so hatte er die Ernennung an Bord der Kriegs-Schaluppe „Kamtschatka" unter dem Commando des Kapitän Golownin in Händen, und fühlte sich als den glücklichsten und beneidenswerthesten Menschen unter der Sonne.

Im September des Jahres 1817 verliess die „Kamtschatka" die Rhede von Kronstadt; die Reise dauerte 2½ Jahre. Das Tagebuch, welches Wrangel während derselben führte, ist leider bei einem Brande vernichtet worden. Wir geben Wrangel's eigene Worte wieder, mit denen er in seinen, für seine Kinder niedergeschriebenen „Erinnerungen" die Eindrücke zusammenfasst, die bei jener ersten Reise auf den jungen, unerfahrenen, aber von heissem Wissensdrang beseelten Offizier einstürmten. Er schreibt: „Eine solche Weltumseglung übt einen mächtigen Eindruck aus auf Geist und Gemüth eines nach Kenntnissen und Erfahrung strebenden jungen Seeoffiziers. Keine Studien können das ersetzen, was er so mit seinen leiblichen Sinnen erlebt und betrachtet. Ich kann mit gutem Gewissen bezeugen, dass ich ganz Auge und Ohr, ganz Aufmerksamkeit war für Alles, was sich während der zweijährigen Reise zutrug. Nautische Praktik, nautische Astronomie, Länderkunde, waren die Gegenstände, in denen Kenntnisse und Erfahrung zu erwerben ich mich bemühte. .... Es thut mir leid mein damals geführtes Tagebuch nicht mehr zu besitzen, es würde mir die mannigfaltigen Begebenheiten in's Gedächtniss rufen, die auf das jugendliche Gemüth um so lebhafter eingewirkt haben mögen, als sie ihrer Natur nach so ganz verschieden waren von Allem, was ich bis dahin gesehen und erlebt hatte. Der erste tüchtige Sturm auf dem Ocean; die erste fremde Küste; der erste fremde Hafen; das erste englische Kriegsschiff; der Eintritt in das Atlantische Meer; der letzte Hinblick auf europäisches Land; das erste Erscheinen der amerikanischen Andes, der Palme, der Tropenvegetation; die Sonne im Scheitel über einem; der zauberhafte Farbenschmelz nach Sonnenuntergang in den Tropen; das Aufsteigen nie gesehener Sternbilder, des südlichen Kreuzes! Das wonnevolle Hingleiten unter vollen, von mässigem Passatwinde geschwellten Segeln; das Leuchten des Meeres; Scharen fliegender Fische, der erste Walfisch, der Riesen-Albatross. Nach angestrengtem dreimonatlichem Kämpfen gegen konträre Stürme und berghohe Wellen die endliche Umschiffung des Cap Horn und der

Eintritt in die Süd-See. Engländer, Dänen, amerikanische Portugiesen, amerikanische Spanier, Südsee-Malayen, Kamtschadalen, Aleuten, rothhäutige Indianer Nord-Amerikas! London mit seinen Wundern, Brasilien, der Hof Rio de Janeiro's; die balsamische Luft an den Küsten Chile's und Peru's; die Cordilleren; das eisige Kamtschatka mit seinen riesenhaften Vulkanen; Californien, Lima und Pizarro's Nachkommen; die Sandwich-Inseln und der Mörder Cook's als erster König daselbst, und das Aufkommen europäischer Civilisation unter seiner Regierung; die Bananen-Gärten der Ladronen, und das reiche Manilla; St. Helena, zu dessen Gefangenem Napoleon der ersehnte Besuch uns von den Engländern nicht gestattet wurde; die Wein- und Orangengärten der Azoren, und endlich die Heimkehr nach Europa, in den Hafen von Kronstadt! — Dies Alles bildet ein so überaus reiches Panorama, die Eindrücke der so verschiedenartigen Naturscenerien, Völker und Gesellschaftsformen sind so mannigfaltig und überraschend, dass der Geist geweckt und ergriffen wird, und man in zwei kurzen Jahren ein langes, reiches Menschenalter durchlebt zu haben meint. Man lernt es, gegen die aufgeregten Elemente mit Zuversicht und Selbstvertrauen anzukämpfen, Gefahren keck in's Auge zu schauen, sich eine Seelenruhe zu bewahren mitten im Toben der Stürme und berghoch sich thürmender Wellen; man fühlt sich körperlich und geistig emanzipirt vom engen Stubenleben auf abgeschlossenem Lande, und eingeführt als Bürger der ganzen weiten, schönen, wundervollen Erde! Das ist in Wahrheit eine grossartige Bildungsschule, nicht für das gesellige und gesellschaftliche Leben, am wenigsten für den Salon, — aber eine echte Bildungsschule für den Seemann, dessen Sinnen und Trachten mit Liebe und Leidenschaft seinem Elemente zugewandt ist, und dem nun Mühen, Gefahren und Entbehrungen wohlbekannte Freunde geworden sind. — Die grossartigen Ansichten, welche aus dem Schoss des Oceans auftauchen und wieder von ihm verschlungen werden um andere folgen zu lassen; die rege Bewegung der Völker der ganzen Welt auf den unbegrenzten Strassen des Welthandels, — das richtet den betrachtenden Geist auf das Allgemeine, es reizt ihn zu edlen und grossartigen Entschlüssen; sein innerer Sinn wird auf das Wahre und Wesentliche gelenkt: Lüge und Schein werden ihm verhasst. Ein solches Leben bewegt sich in einer Reihe von Contrasten, welche den Geist des Seemanns auf eine eigenthümliche Weise bearbeiten: am Bord des Schiffes während 2—3monatlichen Segelns von einem Hafen zum andern, die strengste Disciplin; im Hafen angelangt und den Fuss auf festes Land gesetzt — ist jedes Zeichen militärisch strengen Dienstes abgeworfen. Auf der See magere Kost, die grösste Einfachheit und Regelmässigkeit in der Tagesordnung; am Lande Ueberfluss von Allem, offene Wahl der Vergnügungen und Genüsse. Dort ein enger Raum und immer und ewig die gleichen Menschen und dieselben Unterhaltungen, — hier keine Grenzen freier Bewegung: gesattelte Pferde, bespannte Wagen stehn bereit einen durch die Strassen der fremden Städte, in die Pflanzungen, in den Wald, in die Villen zu führen, und neue Bekanntschaften giebt's auf jedem Schritt, da eine so seltene Erscheinung, wie die eines Russen es damals war, stets ein willkommener Gast war. So wechseln die Kontraste und wiederholen sich in mancherlei Formen alle 2, 3 bis 4 Monate, und müssen dem Wesen des Seemanns einen besondern Stempel aufdrücken."

Auf dieser Reise knüpfte der junge Midshipman Wrangel mit einem seiner Mitoffiziere, Midshipman v. Lütke, ein Freundschaftsband, das trotz grosser Verschiedenartigkeit in Charakter und Anschauung durch's ganze Leben festgeblieben ist. Auch Lütke erwarb sich in der Folge wissenschaftlichen Ruhm und kam zu hohen Ehren; er ist als der Letzte aus jenem Freundeskreis im Jahre 1881 in hohem Alter verschieden. Ein ununterbrochen durch 50 Jahre fortgesetzter reger Briefwechsel dieser beiden Freunde dürfte eine reiche Fundgrube sein für das Studium der grossartigen Veränderungen, die sich während dieses halben Saeculums in Russland vollzogen haben.

Während der zweiten Hälfte der Reise beschäftigte sich Wrangel besonders mit arktischen Reisebeschreibungen, und es erwachte in ihm der Wunsch auf diesem Gebiete seine Kräfte erproben zu können.

Gross war daher seine Freude, als ihm bald nach seiner Rückkehr, nach welcher er zum Lieutenant avancirte, im Jahr 1819, durch seinen Vorgesetzten, Kapt. Golownin, der Vorschlag gemacht wurde, die Leitung einer Expedition an die Nordküste Sibiriens zu übernehmen, auf welchen er mit Eifer einging.

Er besuchte noch seine Verwandten in Liefland, und hielt sich einige Zeit in Dorpat auf, um sich in verschiedenen wissenschaftlichen Fächern besser auszubilden, die ihm auf der bevorstehenden Expedition von Nutzen sein konnten. So hörte er beim Prof. v. Engelhardt Mineralogie. Die anziehende geistreiche Belehrung und der liebenswürdige Umgang dieses Mannes gewährte ihm hohen Genuss und blieb ihm bis in sein Alter unvergesslich. Bei Prof. Parrot sen. hörte er Physik; bei Struve übte er sich in der Behandlung des künstlichen Spiegelhorizontes. In Petersburg liess er sich von einem Barometerfabrikanten, Rospini, Anweisung geben das Quecksilber in Barometerröhren auszukochen, um in Sibirien an Ort und Stelle zuverlässige Barometer selbst anfertigen zu können, für den Fall, dass die mitgenommenen zerbrechen würden, der auch wirklich eintrat.

So vorbereitet und ausgerüstet trat er seine Reise an die Nordküste Sibiriens an, und nach den Hilfsmitteln jener Zeit war er mit Allem vorgesehen was für seinen Zweck irgend nützlich und praktisch erschien. Aber wie kümmerlich waren doch damals noch die Hilfsmittel im Vergleich mit der Jetztzeit! um nur ein Beispiel aus vielen heraus zu greifen, sei daran erinnert, dass die Erfindung der Schwefelhölzchen noch nicht gemacht war. Man war zum Feueranmachen noch auf Feuerstein und Zunder angewiesen, eine Manipulation, welche mit erstarrten Fingern bei 40° unter Null ausgeführt, in vielen Fällen ganz resultatlos blieb, so dass die erschöpften und halberfrorenen Reisenden genöthigt waren ohne die lebenspendende Wohlthat eines erwärmenden Feuers und heissen Trankes die Nacht unter freiem Himmel zuzubringen, der ganzen Unbill des Polar-Klimas preisgegeben. Auch die Conserven von Fleisch und Gemüse, die es jetzt ermöglichen kräftige Nahrungsmittel mit grösster Raumersparniss mit sich zu führen, existirten damals nicht. Als diese Erfindung und die der Schwefelhölzchen gemacht war, begrüsste Wrangel dieselben mit hoher Freude, ihre grosse praktische Tragweite auch für die geographische Wissenschaft sofort betonend, und in seiner Begeisterung erklärte er, ‚er habe nicht übel Lust jetzt noch einmal eine Polar-Expedition zu unternehmen, nur um sich des eminenten Vortheils den diese wichtigen Erfindungen dem Reisenden gewähren, recht freuen, und ihn ausnützen zu können!‘

Zum besseren Verständniss von Ziel und Zweck des Unternehmens, dessen Schilderung der Haupttheil dieses Buches gewidmet ist, sei es gestattet an dieser Stelle einige erläuternde Bemerkungen einzuschalten, und später auf den weiteren Lebensgang Wrangel's zurückzukommen.

Obwohl im Laufe des 17. und 18. und im Beginn des 19. Jahrhunderts eine ganze Reihe kühner Forschungsreisen an die Nordküste Sibiriens unternommen worden war, so blieb doch, aus verschiedenen Ursachen, das wissenschaftliche Resultat derselben ein sehr geringes. Auf dem Gebiete der Geographie und Hydrographie jener Gegenden herrschte die grösste Unklarheit und Ungewissheit, indem sämmtliche Aufnahmen und Karten sogar in mehreren der wesentlichsten Ortsbestimmungen um $1^{1}/_{2}$ und mehr Grad von einander abwichen. Namentlich aber blieb die ganze Küstenstrecke vom Cap Schelagskoj bis an's Nord-Cap noch völlig unbekannt, auch waren die Meinungen getheilt über das Dasein eines problematischen Landes im hohen Norden, der Kolyma-Mündung gegenüber, welches ein Kosacke Andrejew entdeckt haben wollte.

Um nun diese grosse Lücke in der Geographie sowie

in der Kenntniss des russischen Reiches auszufüllen, beschloss Kaiser Alexander I. die Aussendung zweier Expeditionen, welche unter die Leitung von Offizieren der kais. Marine gestellt werden sollten, und die Aufgabe erhielten, eine genaue Aufnahme der N.O.-Küste Sibiriens von der Jana bis an's Cap Schelagskoj, sowie der auf dieser Strecke befindlichen Inseln, zu liefern, und daneben hydrographische, meteorologische, magnetische und andere wissenschaftliche Beobachtungen und Arbeiten auszuführen.

Im Jahre 1820 wurden die beiden Expeditionen ausgerüstet, die gleichzeitig, jedoch ganz unabhängig von einander, ihre Thätigkeit auszuüben hatten. Der unter dem Oberbefehl des Lieutenant v. Anjou stehenden ward der westliche Theil der Küstenstrecke zur Durchforschung übertragen, der anderen, unter Wrangel's Oberbefehl, der östliche, von der Kolyma an gerechnet. Ausserdem ward diesem der specielle Auftrag zu Theil: über die Existenz oder Nichtexistenz des Andrejew'schen Landes Klarheit zu verschaffen. Zu diesem Zweck sollte sein Standquartier der kleine Ort Nyshne-Kolymsk sein, von wo aus er mit Hunde-Schlitten auf dem Meer-Eise so weit als thunlich vordringen sollte, um wo möglich das fragliche Land auf diese Weise zu erreichen.

Zu Begleitern des Lieut. von Wrangel wurden ernannt: Midshipman v. Matjuschkin, Steuermanns-Offizier Kosmin, Dr. med. Kyber, und zwei Matrosen, davon der eine Schlosser, der andere Zimmermann war.

Der Aufenthalt der Expedition in Nyshne-Kolymsk hat drei Jahre gedauert, während welcher Zeit mehrere Entdeckungsreisen auf dem Eise des Polarmeeres unternommen wurden, sowie im Sommer Forschungsreisen in's Innere des Landes.

Das Resultat dieser Expedition war einestheils eine genaue und correcte Aufnahme der Küste und der Inseln, sowie eine Reihe werthvoller Beobachtungen auf anderen wissenschaftlichen Gebieten; anderntheils aber der begründete Nachweis, dass das von Andrejew beschriebene

Land an der Stelle, wo derselbe es angegeben, nicht existire, weshalb es denn auch von da an von den Karten verschwunden ist.

Dagegen hatten die Erzählungen der Tschukschen bei Wrangel die Ueberzeugung wachgerufen: dass an einem anderen Punkt, bedeutend weiter nach Osten, im Norden des Cap Jakan ein unentdecktes Land sich befinde, und er hatte den lebhaften Wunsch, von diesem Cap aus neue Entdeckungsfahrten zu unternehmen, um die Existenz dieses Landes constatiren zu können. Als daher die drei Jahre in Nyshne-Kolymsk vorüber, und Ziel und Zweck dieser Expedition erreicht waren, richtete er die dringende Bitte an das kais. Ministerium, ihm noch Mittel zu einer Forschungsreise von weiteren drei Jahren zu gewähren, damit er von Cap Jakan aus seine Entdeckungsfahrten ausführen könne.

Das Gesuch wurde indess abschlägig beschieden, weil es an Geld zu solchen Zwecken gebrach, und zu seinem grossen Leidwesen musste nun Wrangel die Hoffnung aufgeben das gesuchte Land zu finden, von dessen Dasein er so überzeugt war, dass er auf seiner Karte im Norden des Cap Jakan ein Land angegeben hat mit der Bezeichnung: „Berge, bei heiterem Sommerwetter von Cap Jakan aus sichtbar." Es ist ihm aber doch, fast ein halbes Jahrhundert später, die Genugthuung zutheil geworden, dass seine Angaben und Voraussetzungen sich als vollständig richtig erwiesen haben, indem das im Jahre 1867 von Kapt. Long im Norden des Cap Jakan entdeckte Land, in seiner Lage an einem Punkt mit der muthmasslichen Angabe auf der Karte Wrangel's über das noch zu suchende Land übereinstimmt.

Kapt. Long gab ihm den Namen Wrangel-Land, und damit ist dem kühnen und eifrigen Reisenden gerade auf dem Schauplatz seiner mühe- und gefahrvollen Thätigkeit für alle Zeiten ein Denkmal gesetzt.

Im Sommer 1824 langte Wrangel wiederum in St. Petersburg an, wo er mit Anerkennung und Auszeichnung begrüsst wurde. Sein Name war nun in der wissenschaftlichen Welt ein mit Ehren genannter, und auch als Offizier war er geschätzt, so dass sich ihm eine glänzende Carriere in der Residenz eröffnete, wie ihm verschiedene einflussreiche Personen, die ihm wohlwollten, erklärten, ihn ermunternd, seine günstige Stellung nicht ungenützt zu lassen. Allein dem kühnen Forschungsreisenden, der sich auf einer Eisscholle im Polarmeer weit mehr in seinem Elemente fühlte als auf den Teppichen und glatten Parquets der Petersburger Paläste und Salons, war der Gedanke unerträglich, in dieser Welt, im büreaukratischen Dienst und am Schreibtisch, seine ferneren Tage zu verbringen, und sollte ihn das auch binnen kürzester Frist zu hohen Aemtern führen. Er verhielt sich daher ablehnend gegen die „lockenden Aussichten", und war ganz glücklich, als ihm durch seinen früheren Kapitän Golownin, der jetzt General-Intendant war, der Vorschlag gemacht wurde: als Kapitän eines kleinen Fahrzeuges, der dreimastigen Brigg „Krotky" eine Reise um die Welt zu unternehmen, mit dem Zwecke: den wohlfeilsten und zweckmässigsten Modus zur Versorgung Kamtschatkas mit den nöthigen Materialien festzustellen, und einen Anfang damit für die dortige Colonie zu machen. Der Bau des Schiffes ward ihm anvertraut und hielt ihn fast ein Jahr in St. Petersburg fest. Im Mai 1825 wurde der „Krotky" vom Stapel gelassen, und im September verliess er die Rhede von Kronstadt; sein Kapitän war in glücklichster Stimmung, sich wieder auf seinem geliebten Element zu befinden.

Das Jahr, in welchem der Bau des „Krotky" vor sich ging, war eine Zeit tiefer Gährung in der russischen Gesellschaft, einer Gährung, die später zur Verschwörung der s. g. „Dekabristen" führte. Sie kam am 14. December, beim Regierungsantritt des Kaisers Nikolaus, zum Ausbruch, wurde niedergeschlagen und auf's strengste, man kann sagen auf's grausamste, geahndet. Die Hauptführer dieser Verschwörung gehörten zu der hoffnungsvollsten geistigen

Blüthe Russlands, und Wrangel kam vielfach in Berührung mit mehreren der Koryphäen dieser geheimen Verbindung, doch ohne eine Ahnung von der Existenz einer solchen, noch weniger von ihren frevelhaften Plänen, zu haben. Erst in späteren Jahren ist es ihm klar geworden, dass man Versuche gemacht hatte auch ihn hineinzuziehen, ja dass er eines Abends zu einer Versammlung dieser geheimen Gesellschaft geladen war. Ihm fiel beim Eintritt in die Wohnung eine gewisse Vorsicht und Geheimthuerei des Dieners sowie einiger anderer Personen, die mit ihm eintraten, unangenehm auf, und in seiner rückhaltslosen Wahrhaftigkeit erklärte er im Gespräch, er könne kein Gefallen an solchem Geheimthun finden, denn was er und alle anderen rechtschaffenen Männer thun und reden, brauche das Licht nicht zu scheuen, und einer Sache, blos um sie interessanter zu machen, einen geheimnissvollen Anstrich zu geben, finde er kindisch. Er bemerkte wohl, dass seine Worte einen höchst peinlichen Eindruck auf die Anwesenden hervorriefen, aber das kümmerte ihn wenig; der Abend verlief doch in harmloser gewöhnlicher Weise, und er dachte sich nichts Schlimmes dabei. Erst nachher wurde ihm die Tragweite und Bedeutung dieses Augenblickes klar — alle anderen Gäste und der Wirth jener Gesellschaft haben ihr Leben als Verbannte nach Sibirien in Gefängnissen beschlossen, einige von ihnen sind hingerichtet worden!

Die Reise des „Krotky" dauerte zwei Jahre; im August des Jahres 1827, in einer Nacht, die durch ein prachtvolles Nordlicht erleuchtet war, das den alten Bekannten aus Sibirien zu begrüssen schien, lief Wrangel mit seinem „Krotky" in Kronstadt wieder ein.

Der Kaiser Nikolaus besuchte das Schiff, unterhielt sich eingehend mit dem Kapitän und erwies ihm jetzt und auch in den späteren Jahren seine Huld und Anerkennung. Er wollte Wrangel zum Commandeur eines Linienschiffes ernennen, doch bereitete diese Aussicht dem damit Geehrten das grösste Entsetzen, da ihm der hiermit verbundene Garnisonsdienst auf dem Lande und der maritime „Gamaschendienst" eine eben so unbekannte als widerstrebende Sache war. Er sprach seinen schuldigen Dank für die ihm zugedachte Ehre aus, bat aber zugleich ihm lieber eine Fregatte anstatt eines Linienschiffes zutheilen zu wollen. Sein Wunsch wurde genehmigt, indem er zum Commandeur der Fregatte „Elisabeth" ernannt und mit ihrem Bau betraut wurde.

Während der Zeit des Baues und in der darauf folgenden, die er in Kronstadt verlebte, wo er an der russischen Ausgabe seiner Polar-Expedition arbeitete, wurde ihm klar, dass es Zeit für ihn sei einen eigenen Hausstand zu gründen, und nach so bewegtem, anstrengendem Leben Geist und Herz zu erfrischen. Aber ohne Vermögen und einzig auf den Dienstgehalt angewiesen, war er nicht im Stande eine Familie zu ernähren. Er besprach diese seine Sorgen mit seinem alten Gönner, dem Admiral Murawjeff (ehemals Gouverneur der Russisch-Amerikanischen Kolonie), der mit grosser Theilnahme sich auch für die persönlichen Angelegenheiten Wrangel's interessirte. Dieser fragte Wrangel, ob er geneigt wäre den Posten, welchen er selbst einst bekleidet hatte, zu übernehmen, worauf Wrangel mit Freuden einging. Es dauerte auch nicht lange, so ward ihm von der Russisch-Amerikanischen Compagnie diese Stellung angetragen, die (ähnlich wie einst bei der Englisch-Ostindischen Compagnie) von einem Regierungsbeamten, der für die Dauer von fünf Jahren aus dem activen Dienst entlassen wurde, besetzt werden musste. Er wurde im Frühling 1829 zum „General-Gouverneur der Amerikanischen Kolonien" im Charakter eines Kapitäns ersten Ranges allerhöchst bestätigt.

Nun galt es die weit schwierigere Sache zum Abschluss zu bringen, nämlich eine passende Frau zu finden, welche die idealen Vorstellungen und Ansprüche, die der nun vierunddreissigjährige Mann von einer Lebensgefährtin hatte, befriedigte, und zugleich so muthig und entschlossen war, ihm sofort auf einer gefahr- und mühevollen Reise in ein ganz uncultivirtes, wie verschollenes, Land zu folgen, wo sie beispielsweise nur ein Mal im Jahr Nachricht aus der Heimath haben konnte.

Wo eine solche finden? fragte er sich sorgenvoll, aber in wahrhaft providenzieller Weise hat sich diese Frage gelöst. In der erst neunzehnjährigen Baronesse Elisabeth Rossillon, deren Eltern in Reval lebten und mit Wrangel's Verwandten innig befreundet waren, wurde ihm eine Lebensgefährtin zu Theil, die in seltenem Masse alle Eigenschaften verband, welche nicht nur sein Leben schmückten, sein tiefes und zartes Gemüth, das bisher so wenig Nahrung gehabt, pflegte und beglückte, sondern auch in seiner Arbeit und Wirksamkeit, in den vielen Stürmen und Sorgen, die das Leben ihm brachte, als treue Gefährtin ihm zur Seite stand, die stets tröstend, besänftigend, in festem Gottvertrauen Herz und Blick nach Oben richtete. Ein selten reiches und edles Eheglück ward ihm durch diese Gattin geschenkt, mit der er fast 25 Jahre vereint bleiben durfte. — Die Freiersfahrt des Seemanns zeichnete sich durch ebenso raschen Gang als glänzenden Erfolg aus. Bei seiner Ankunft in Reval erblickte er beim Aussteigen aus der Diligence in einer grösseren Gesellschaft, die gerade am Postgebäude vorüberging, und seine Reisegefährtin, die treue Cousine Julie v. Romberg, freundschaftlich begrüsste, ein schlankes blondes Fräulein von selten anmuthigem und geistvollem Aussehen, das es ihm gleich in der ersten Minute angethan hatte. Auf Befragen seiner Cousine, ‚wer dies reizende Wesen sei?‘ erhielt er die Antwort „Lisinka Rossillon", und nun war er auch nicht mehr im Zweifel, wohin er seinen Curs lenken solle. Zwei Wochen später war dies holde Mädchen seine Braut, noch zwei Wochen, und sie waren ein glückliches Ehepaar, und abermals zwei Wochen später, sassen sie mit einander im Reisewagen in St. Petersburg, um eine Hochzeitsreise anzutreten, wie sie wohl nimmer gemacht worden ist. Ihr Weg führte nämlich von St. Petersburg ostwärts, durch die ganze Breite Sibiriens bis an das Meer von Ochotsk, von wo sie zu Schiff an die Westspitze Amerikas, den Ort ihrer Bestimmung, Neu-Archangel auf der Insel Sitka, gelangten. Im Interesse der Geschäfte der Russisch-Amerikanischen Compagnie war es geboten diese unbequemste aller Routen einzuschlagen, um die Faktoreien in Sibirien zu inspiciren. Die Reise dauerte 1½ Jahre. Im November langte das junge Paar in Irkutsk, der Hauptstadt Sibiriens an, wo sie den Winter über bleiben mussten. Sie benutzten diese Zeit unter Anderem zu einer höchst interessanten Reise über das kristallklare Eis des Baikal-Sees bis an die chinesische Grenze nach Kiachta und Maimatschin. Im Mai ward ihnen ein Töchterchen geschenkt, und da der Juli der einzige Monat ist, in dem die gefahrvolle Reise durch die Urwälder und Moräste Sibiriens, die zwischen Jakutsk und dem Meerbusen von Ochotsk liegen, unternommen werden kann, so musste die junge Mutter mit dem erst vier Wochen alten Säugling die Weiterreise schon Mitte Juni antreten. Die ersten zwei Wochen fuhren sie in einer bequem hergerichteten Barke den majestätischen Lena-Strom hinunter bis nach Jakutsk, von dort aber mussten sie 40 Tage und 40 Nächte lang, stets unter freiem Himmel und nur in Zelten übernachtend, auf ungebahnten, oft sehr gefahrvollen Wegen zu Pferde weiter, denn an eine Beförderung mittelst einer Tragbahre oder dergleichen war in den Urwäldern nicht zu denken; die zuerst angestellten Versuche misslangen vollständig. Die tagebuchartige, kindlich einfache Schilderung der jungen Frau, welche sie den Ihrigen in die Heimath sandte, giebt ein anschauliches Bild dieser eigenthümlichen Reise. Im September des Jahres 1830 landeten sie wohlbehalten in Neu-Archangel, das nun für fünf lange Jahre ihre ganze Welt vorstellen sollte.

Die junge Baronin Wrangel war die erste gebildete Dame, welche den Boden Sitkas betrat, und ihre Aufgabe war es, im Verein mit ihrem Gatten an der Hebung und sittlichen Veredelung der kleinen Welt, an deren Spitze sie jetzt gestellt waren, zu arbeiten.

Sie hat sich dieser Aufgabe mit einem Ernst und feinem Takt, einer Selbstlosigkeit und liebenswürdigem Eingehen auf das Verständniss und die Bedürfnisse ihrer dreiviertel wilden und nur ein viertel civilisirten Umgebung unterzogen, die nicht nur die Bewunderung ihres glücklichen Eheherrn, sondern die ungetheilte Dankbarkeit und Anerkennung ihrer ganzen Umgebung, vom niedrigsten bis zum höchsten auf der gesellschaftlichen Scala Sitkas, hervorrief, so dass die Beamten und Offiziere der Kolonie einstimmig erklärten, mit der Ankunft des Wrangel'schen Paares sei eine ganz neue Aera für die Kolonie angebrochen. Auf dem Gebiet der Verwaltung und Organisation trat das in nicht minder augenfälliger Weise zu Tage, da Wrangel hier seine hohe organisatorische und praktische Begabung in glänzender Weise entfalten konnte. Als endlich die fünf Jahre ihr Ende erreicht hatten und die kleine Familie die lange Heimreise antrat, liess sie ein theueres Grab in der fremden Erde zurück, das die Hülle des lieblichen Töchterchens barg, welches die Reise durch Sibirien glücklich ertragen hatte, dann aber mit drei Jahren den Eltern wieder genommen wurde. Ein Knabe von drei Jahren war jetzt der Eltern Begleiter auf der nicht minder ungewöhnlichen Rückreise, denn diese musste ebenfalls im Interesse der Compagnie, welche im nördlichen Californien eine Besitzung hatte, die besucht werden sollte, und zu der man bei den damaligen Communicationen nicht anders gelangen konnte, von Sitka aus zu Wasser bis Tepic, von dort zu Lande reitend zurückgelegt werden. So kamen sie über die Kolonie Ross nach Mexiko, woselbst die sehr angegriffene Frau sich einige Wochen erholen musste, ehe die Reise fortgesetzt werden konnte. Dann ging's auf dem gewöhnlichen Verkehrswege, über New-York—Havre, endlich in die geliebte heissersehnte Heimath, wo sie im Juni 1836 eintrafen.

Wrangel wurde jetzt von der Russich-Amerikanischen Compagnie zum Direktor derselben erwählt, und führte nun auch in der Verwaltung durchgreifende Reformen ein, dieelbe, sowie den ganzen Geschäftsbetrieb auf neuer rationeller Basis organisirend. Zwar rief dies den Aerger der früheren Direktoren und einiger anderer Angestellten hervor, denen von nun an die Möglichkeit abgeschnitten war im Trüben zu fischen, dagegen erntete er die allgemeine Zustimmung und Anerkennung der Aktionäre sowie des Publikums; die Compagnie, deren Einnahmen er wesentlich vermehrte, hob sich zu einer ganz neuen, geachteten Stellung empor.

Als Wrangel nun wieder in den aktiven Dienst im Seeministerium eintrat, wurde er zum Direktor des Departements für Schiffsbauwälder ernannt; dreizehn Jahre lang bekleidete er dieses Amt, das ihn zur Besichtigung der weiten Wälderstrecken durch alle Theile des russischen Reiches führte. Der Wirkungskreis des Departements umfasst die europäischen Waldregionen des Reiches vom Ural bis Polen, von Archangelsk bis an die Süd-Küste der Krim. Er erkannte bald, dass die rein büreaukratische Verwaltung, die bisher bestanden hatte, eigentlich Nichts organisirt, nichts Praktisch-nützliches zu Stande gebracht hatte, und gab sich nun mit allem Eifer und aller Energie der Lösung der Aufgabe hin, vor die er sich hier gestellt sah.

Das dienstliche Verhältniss zu seinen Collegen und seinen Vorgesetzten gestaltete sich aber mit den Jahren immer schwieriger und unerquicklicher. Die Rührigkeit und makellose Rechtlichkeit Wrangel's wurde der Mehrzahl seiner Collegen immer unbequemer, und bald war er von einem Netz von Intriguen umgeben, die schliesslich jede gedeihliche Weiterarbeit unmöglich machten. Er reichte seinen Abschied ein, verliess Petersburg ganz, und zog sich nach Ehstland auf sein Gut Ruil, das er nach der Rückkehr aus Amerika käuflich erstanden hatte, mit seiner Familie zurück, die sich inzwischen um vier Kinder vermehrt hatte.

Der Wirkungskreis eines ehstländischen Landedelmannes war freilich nicht ganz das Element des inzwischen zum Vice-Admiral avancirten Seemannes; aber mit der ihm eigenen Energie und Treue bis in's Kleinste, bei allen ihm gestellten Aufgaben, ergriff er seinen jetzigen Beruf mit ganzem Ernst und Eifer; er bemühte sich die ehstnische Sprache zu erlernen, um mit seinen Untergebenen direkt verkehren zu können und sich über alle Dinge zu instruiren, die für den Landmann von Wichtigkeit sind. Auch den Institutionen seines Heimathlandes, wo die Privilegien des besitzlichen

Adels mit grossen und schwerwiegenden Verpflichtungen verbunden sind, denen nachzukommen einem baltischen Edelmann Ehrensache und Freude ist, widmete Wrangel jetzt besonderes Interesse, und suchte so an seinem Theil ein nützliches Glied der Gesellschaft zu sein, der er angehörte.

Im Jahre 1852 verschlimmerte sich die schon seit längerer Zeit schwankende Gesundheit seiner geliebten Frau so sehr, dass die Familie vom Lande nach Reval übersiedelte, um dem Arzte näher zu sein. Nach schwerem, qualvollem Leiden, bei dem sie doch stets ihren heiteren, auf das Wohl Anderer bedachten Sinn behielt, und in stiller Ergebung in Gottes Willen alles Schwere ertrug, wurde die treue Gattin und Mutter am 31. März 1853 aus diesem Leben abgerufen, den Mann und fünf Kinder in schmerzlichster Weise verwittwet und verwaist zurücklassend.

Es war das erste Jahr des Krimkrieges, und die englische Flotte blokirte in diesem Sommer Reval. Da war es für den tiefgebeugten Wittwer eine heilsame Ableitung vom eigenen Schmerz, in der Zeit der allgemeinen Noth und Drangsal seine Kraft und Erfahrung dem Dienst der Gesammtheit zu widmen. Er stellte sich dem Oberkommandirenden, General Graf Berg, zur Verfügung, und blieb den ganzen Sommer über in Reval. Da kam ganz überraschend die Aufforderung aus dem Marine-Ministerium, vom General-Admiral, Grossfürsten Konstantin, an ihn, wieder in den Seedienst einzutreten, der er freudig Folge leistete. Zuerst als Direktor des hydrographischen Departements angestellt, wurde er wenige Monate darauf zum Verweser des Marineministeriums (Seeminister) ernannt; die grosse Aufgabe, die er jetzt im Verein mit dem General-Admiral seinem direkten Vorgesetzten, zu verwirklichen hatte, war eine vollständige Reorganisation und Reform der russischen Flotte, deren mangelhafte Verwaltung im Verlauf des soeben beendigten Krimkrieges klar zu Tage getreten war.

Mit Lust und Liebe griff Wrangel diese Arbeit an; in der ersten Zeit befand er sich dabei in voller Uebereinstimmung mit seinem Chef, und ihre Mühe wurde reichlich gelohnt durch den kräftigen, lebensvollen Aufschwung, den die russische Flotte nahm; ja diese ging mit einer ganzen Reihe von Reformen und Einrichtungen voran, denen die anderen Ministerien, soweit es ihrem Fach entsprach, nachfolgten.

Nach einiger Zeit musste Wrangel leider die Erfahrung machen, dass zwischen seinem hohen Vorgesetzten und ihm Meinungsverschiedenheiten über die Verwaltung seines Ressorts eintraten. Sein überanstrengendes Arbeiten all die letzten Jahre hindurch, die vielen Aufregungen und Gemüthsbewegungen hatten überdies seine eiserne Constitution nun doch untergraben. Er fing an, alle Gegenstände doppelt und in schiefer Stellung zu sehen, und verfiel ein paar Mal in tiefe Ohnmachten, die lange andauerten. Trotzdem arbeitete er, sich vorlesen lassend und dictirend, immer noch unermüdlich fort, weil sehr wichtige und dringende Dinge zu erledigen waren. Dann aber trat eine bedenkliche Ohnmacht ein, nach der sein Zustand ihm jede geistige Beschäftigung unmöglich machte. Die Aerzte verlangten absolute Ruhe und eine Badecur in Deutschland. Der erbetene Urlaub wurde ihm ertheilt, und er begab sich in die Graefe'sche Klinik nach Berlin, sowie zu einer Cur nach Wiesbaden. Hier erhielt er die offizielle Mittheilung, dass er zum Mitglied des Reichsraths ernannt und seines Postens als Verweser des Marine-Ministeriums enthoben sei.

Den Winter dieses Jahres verbrachte er mit einer Tochter und seiner Schwägerin in Venedig und kehrte im folgenden Frühjahr, 1858, über Constantinopel und das Schwarze Meer, die Südküste der Krim und Sebastopol besuchend, nach St. Petersburg zurück, wo er seinen Sitz im Reichsrath, dem obersten gesetzgebenden Körper des russischen Reiches, einnahm, und zu einem der engeren Comités desselben gehörte.

Die Jahre, welche jetzt folgten, die Zeit der grossen Reformen Kaiser Alexander II., waren für die innere Geschichte Russlands besonders wichtige. Die Fragen der

Bauernemancipation, der Agrarreformen, der Justizreformen u. s. w. mussten gesetzlich geregelt werden. Die tiefeingreifendsten Debatten und Verhandlungen machten das Leben eines im wahren Sinne des Wortes aktiven Mitglieds des Reichsraths zu einem sehr bewegten, ja aufreibenden. Dies wurde es für den jetzt vierundsechzigjährigen, doch wieder in voller Kraft dastehenden Wrangel besonders dann, als nach dem unterdrückten polnischen Aufstand das entfachte Nationalgefühl des jungen Russlands die bekannten Angriffe auf die Unterthanen deutscher Nationalität in den baltischen Provinzen begann. Dem stets loyal gesinnten und mit einer warmen Liebe zum grossen russischen Reich beseelten Mann, der seine ganze Lebenskraft und Lebensarbeit diesem Reiche geweiht hatte, dabei aber mit der gleichen Treue und Loyalität sich seiner deutschen Nationalität und Muttersprache bewusst war, und an dem historischen Recht seiner baltischen Heimath und ihrer evangelischen Kirche festhielt, bereiteten diese Kämpfe den tiefsten Schmerz.

Nicht minder widerstand es seiner Ueberzeugung, als im Reichsrath der Antrag auf Auflösung der Russisch-Amerikanischen Compagnie und Verkauf der amerikanischen Kolonien vorbereitet wurde.

Um gegen diesen Plan, den Wrangel für durchaus unvortheilhaft ansah, ganz ungehindert bei den Verhandlungen des Reichsraths auftreten zu können, verkaufte er alle seine Aktien, die er in der Amerikanischen Compagnie hatte und verzichtete auf die lebenslängliche Pension von 1200 Rubel, die ihm von der Compagnie bei seinem Abgang als Direktor, als Ausdruck der Anerkennung und Dankbarkeit für seine Verdienste, verliehen worden war. Damit war jeder Schatten eines Vorwurfs abgeschnitten, dass er beim Einstehen für die Existenz der Russisch-Amerikanischen Compagnie und der russischen Kolonie in Amerika nicht ganz unparteiisch sei. Er that nun alles, was in seinen Kräften stand, um den Reichsrath zur Ablehnung des gestellten Antrags zu bewegen. Doch umsonst!

Alle diese schweren Kämpfe, sowie wiederholte Lungenentzündungen und eine Augenentzündung, die er im Laufe des Winters durchmachte, hatten ihn sehr angegriffen; er bedurfte der Stärkung und Erholung, und in der Ueberzeugung, jetzt auch im Reichsrath von keinem Nutzen mehr sein zu können, beschloss er Petersburg für immer zu verlassen, und den Rest seines Lebens in Ruhe und Frieden im Kreise seiner Familie zu verleben.

Den äusseren Gang dieses vielbewegten Lebens haben wir bis zu diesem Punkt in allgemeinen Umrissen zu zeichnen gesucht; es wird nicht überflüssig sein, nun auch einen Blick in den inneren Lebensgang Wrangel's zu thun, wobei wir uns an die zuverlässigste Quelle wenden können, nämlich seine eigenen Worte in den schon vorhin erwähnten „Erinnerungen". An einer Stelle derselben äussert er sich folgendermassen im Rückblick auf seine Polar-Expedition und deren moralische Einwirkung auf seinen Entwickelungsgang:

„Das Eldorado meiner Phantasie war also dieses Mal eine schauerliche Schnee- und Eiswüste gewesen, spärlich bewohnt von halbwilden Nomaden, fast unzugänglich für den Europäer, und abgeschnitten von aller Civilisation. Meine Stellung als Chef einer kleinen Anzahl von Männern, völlig unabhängig von höheren Autoritäten, deren Entfernung sie mir unzugänglich machten, mit bedeutenden Vollmachten ausgerüstet, war eine ganz eigenthümlich isolirte, im nordöstlichsten Winkel Sibiriens, am Eis-Meere. Mein geringer Vorrath wissenschaftlicher Kenntnisse reichte nicht hin, aus den verborgenen Quellen der Natur Nahrung für den Geist zu schöpfen, an Anregung fehlte es durchaus, für wissenschaftliche und literarische Hilfsmittel war nicht gesorgt in Folge eines ausdrücklichen Verbotes von Golownin, andere Bücher als ein paar russische Reisebeschreibungen mitzunehmen. Die „Ideen zur Philosophie der Geschichte der Menschheit" von Herder (ein Geschenk Engelhardt's in Dorpat) und eine Bibel waren denn auch meine einzigen Ressourcen. Und so wirkten positive und negative Kräfte den kaum begonnenen Bildungsprocess meines Geistes zurückzudrängen.

Ein unbedingter kindlich religiöser Glaube hatte mich bis hierher erquickt und gestärkt; allein auch diese geistige Stütze sollte fallen. Während ich in den monatelangen Winternächten in meine enge Behausung gebannt war, wandte ich mich zu einem kritischen Lesen in der heiligen Schrift, — vom bösen Geist getrieben. Die Skepsis hatte mich ergriffen. Die Verblendung war so gross, dass der Verlust des schönsten Kleinods des Erdenpilgers mich stolz machte, stolz auf die neue Errungenschaft einer geistigen vorurtheilslosen Freiheit, alle Hemmnisse über Bord geworfen zu haben.

Der früher mir so liebe und meine Schwächen kräftigende Verkehr mit meinem Schöpfer und Heiland, das Gebet, kam nicht mehr über meine Lippen, und ich wähnte mich reich und stark in meinen schwachen Begriffen von Moral und Ehre als einzigen Führern durch's Leben. Das Herz schrumpfte zusammen, die heilige Flamme war erloschen, und es öffnete sich wilden Leidenschaften und engherzigem Egoismus. Ich wäre für immer den höllischen Mächten verfallen, wenn nicht durch Gottes allbarmherzige Gnade nach langem Ringen und Kämpfen ein geläuterter christlicher Glaube wieder in meine Seele eingezogen wäre, als sich mir eine Lebensgefährtin zur Seite stellte, die mich errettete vom gänzlichen Untergang."

Dieser neugewonnene Glaube hatte sich denn auch in schweren Prüfungen zu bewähren, aber weil er echt und lebendig war, keine blosse Meinung, sondern eine Lebenskraft, ging er aus jeder Trübsal und Prüfung nur immer gestärkt und vertieft hervor. In den Jahren nach dem Tode der geliebten Frau war es eine ernste Seelenarbeit Wrangel's, die er mitten im Gewirre des Lebens, das ihn jetzt in der Hauptstadt umwogte, mitten unter der fast erdrückenden Geschäftslast, die auf ihm lag, mit der ihm eigenen Treue, Wahrhaftigkeit und Energie durchkämpfte und durchlebte, das Streben: **ganz klar und fest zu** werden in seinen christlichen Ueberzeugungen, und den uns vorgezeichneten Kampf **recht** zu kämpfen, da die heilige Schrift spricht: „es wird keiner **gekrönt**, er kämpfe denn **recht**."

Und mehr und mehr wurde sein leidenschaftlich fühlendes Herz mit dem stillen Frieden eines erlösten Gotteskindes erfüllt; es konnte keinem, der im Verkehr mit ihm stand, verborgen bleiben, was jetzt die Quelle seines Lebens, und was das Ziel seines Strebens war, — ja es muss gesagt werden, dass in dem letzten Jahrzehnt seines Lebens sein ganzes Wesen sich in wunderbarer Weise verklärte, die Schroffheiten gemildert, die reichen und zarten Saiten an's Licht gezogen wurden; das heftige Temperament ward nicht blos durch Willensstärke, sondern durch die Liebesmacht Christi besiegt.

Er war nie ein Mann von viel Worten gewesen, und die Phrase, ganz besonders aber die fromme Phrase, war ihm bis zuletzt im Innersten zuwider; wo aber ein **Wort** zugleich eine **That** war, d. h. wo es galt ein Bekenntniss abzulegen, da war das Wort des Apostels Paulus auch das seine, in dem es heisst: „**Ich schäme mich des Evangelii von Christo nicht; denn es ist eine Kraft Gottes, die da selig macht alle, die daran glauben.**"

Wie nun jeder wahre, lebendige Glaube nicht träg und in sich eingeschlossen bleiben kann, sondern ganz naturgemäss in Werken christlicher Liebe seinen Ausdruck findet, so war es auch für Wrangel ein Bedürfniss und eine Freude, sich an verschiedenen Zweigen christlicher Liebesthätigkeit, die in's Gebiet der inneren Mission gehören, zu betheiligen. Durch die Gründung der Unterstützungs-Casse für die Diaspora der Evangel.-Luther. Glaubensgenossen im russischen Reich trat er auch selbstthätig und neues schaffend dabei auf. Diese Anstalt, die dem ‚Gustav-Adolf-Verein' in Deutschland entspricht, blieb ihm in ihrem segensreichen Gedeihen bis an sein Lebensende ein Gegenstand besonderen Interesses, auch als er durch den Wegzug aus Petersburg genöthigt war die

Leitung der Geschäfte und das Präsidium des Centralcomités in andere treue Hände zu legen. Ehrenpräsident der Unterstützungs-Casse war der edle, christlich gesinnte Herzog Georg von Mecklenburg, Schwiegersohn der Grossfürstin Helene; auch diese war eine besondere Gönnerin Wrangel's, den sie oft in die geistvollen, in edelster Weise anregenden Cirkel ihres Hofes zog.

Im Frühling des Jahres 1864 nahm der sehr angegriffene, an Leib und Seele sich nach Ruhe sehnende Mann einen „Urlaub auf unbestimmte Zeit" — die einzige Form, in der ein Mitglied des Reichsraths sich von den Geschäften zurückziehen kann, da die Ertheilung des Abschieds nur als Ausdruck der kaiserlichen Ungnade vorkommt. Die Häuslichkeit in St. Petersburg wurde definitiv aufgelöst, und in Begleitung seiner beiden Töchter begab sich Wrangel zunächst nach Italien, wo er sich mit seinem Bruder, dem einzigen von seinen Geschwistern, der noch am Leben war, und mit dem ihn eine innige Liebe verband, General-Lieutenant Georg v. Wrangel, und dessen Frau und Tochter zu einer Häuslichkeit vereinigte, welche zwei Winter in Rom und den Sommer dazwischen in Sorrento bestand.

Diese Zeit war nach Leib, Seele und Geist eine Ruhe und Erholung für den schon fast Siebzigjährigen, doch immer noch in jugendlicher Geistesfrische dastehenden Greis. In vollen Zügen genoss er all die grossartigen Eindrücke, welche die „ewige Stadt" einem jeden denkenden Beschauer bietet; sein Sinn für Naturschönheit war von jeher sehr rege gewesen, ebenso ein Zug der Pietät bei Betrachtung der Denkmäler ferner Zeiten; sein Kunstsinn war durch seinen Lebensgang nicht speciell gepflegt worden, doch war er stets für Werke der bildenden Kunst, und zwar besonders für Sculptur und Baukunst sehr empfänglich gewesen.

Mit einem wahren Hochgenuss gab sich der immer noch lernbegierige Siebziger jetzt, wo er über seine Zeit frei verfügen konnte, der Lektüre solcher Werke hin, die ihn in die verschiedenen Geistesgebiete einführten, welche ihm bis dahin durch seinen Lebensgang fern geblieben waren. Im Verkehr mit bedeutenden Männern verschiedensten Berufes und verschiedener Nationalität, der sich in ungezwungener einfacher Weise auch hier in Rom in der Wrangel'schen Doppelfamilie bildete, war es bewunderungswürdig zu sehen, wie er, im Drange sich von einem Jeden auf dem Gebiet belehren zu lassen, das diesen speciell beschäftigte — sei es nun Sculptur, Malerei, Archäologie, sei es die evangelische Glaubenslehre beim evangelischen Prediger oder die katholischen Dogmen und Anschauungen eines päpstlichen Prälaten — überall den Punkt herauszugreifen wusste, um den sich alles Andere gruppirte. Ja die Männer, denen gegenüber er als Laie in ihrem Fach sich ganz auf die Schulbank setzte, mussten mehrmals bekennen, durch die Fragen dieses siebzigjährigen „Schülers" hätten sie mehr gelernt und wären zu grösserer Klarheit über die Gesetze ihrer Kunst oder Wissenschaft gekommen als durch lange Vorträge manchen Lehrers.

In besonders herzlicher Weise schloss er hier in Rom Freundschaftsbeziehungen zu dem berühmten Kunsthistoriker Dr. Carl Schnaase, sowie zu dem damaligen preussischen Gesandtschaftsprediger von der Goltz, mit welchem mancher in lebhaftem Gespräch über religiöse und andere Gegenstände verbrachte Abend durch eine ebenso stumme als eifrige Schachpartie beschlossen wurde.

Im Frühjahr 1866, als ganz Europa in Kriegsaufregung war, auch Italien rüstete, verliessen die beiden Familien Wrangel Italien; der Admiral mit seinen beiden Töchtern kehrte über Deutschland in seine nordische Heimath zurück, wo er die letzten Lebensjahre in ländlicher Stille auf seinem Gut im Kreise seiner Kinder und Grosskinder verleben wollte. Der jüngere Bruder, General v. Wrangel, folgte mit seiner Familie erst ein Jahr später dem gleichen Zug, und nahm seinen Wohnort für den Rest seines Lebens in Dorpat, so dass die beiden alten Brüder nach einem kampf- und sturmbewegten Leben schliesslich einander wieder nahe sein und sich oft sehen durften, und wiederum in die alte Heimath, die sie als kleine Knaben verlassen mussten, zurückgekehrt waren.

Vier Jahre waren Ferdinand v. Wrangel jetzt noch beschieden, die ihm nun wirklich zu einem schönen friedevollen Feierabend wurden. Zwar fehlte es auch in dieser Zeit nicht an manchem Schweren, doch lag über dem Ganzen ein stilles Abendroth ausgebreitet; das Wort des Propheten Jeremia war hier zu Wahrheit geworden: „Um den Abend wird es lichte sein." Sehnenden Geistes blickte er nach der ewigen Heimath hinüber, und bereitete sich täglich vor dem Rufe seines Herrn zu folgen; er „bestellte sein Haus" auch im äusseren Sinn des Wortes, indem er alle Vermögensverhältnisse u. s. w. regelte, damit bei seinem Tode alles schon geordnet und klar sei. Dabei behielt er aber das lebhafteste Interesse für alle politischen und anderen Fragen, die damals die Gemüther bewegten, und fuhr fort nach besten Kräften seinem Lande und auch der engeren Heimath durch seinen erfahrenen Rath in Schrift und Wort nützlich zu sein. Für die Hausgenossen und den Kreis befreundeter Familien aus der Nachbarschaft, die sich gern auf dem Gute Ruil einfanden, war der Verkehr und Gedankenaustausch mit dem ernsten, doch mildgesinnten, stets lebendig angeregten, bald fünfundsiebzigjährigen Greis eine Quelle reicher Belehrung und Genusses. Eine grosse Bescheidenheit in Betreff seiner eigenen Person, ja eigentlich die wahre christliche Demuth zeichnete sein Wesen aus, auch im Rückblick auf sein thatenreiches Leben, dem es ja an Anerkennung und Auszeichnung aller Art nicht gefehlt hatte*). Nicht darin bestand seine Bescheidenheit,

---

*) Unter anderem war er auch zum Mitglied der „Académie de France", als Nachfolger Decandolle's, gewählt worden; nach seinem Tode ist der Sitz an den Kaiser von Brasilien übergegangen. Dieser feingebildete und gelehrte Herrscher hat ein ganz besonderes persönliches Interesse für diesen seinen Vorgänger in der Akademie bekundet, nicht blos für den Reisenden und Gelehrten, sondern auch für den Menschen; er liess sich alles Material zur Kenntniss des Lebens und des Entwickelungsganges Wrangel's, das man ihm zur Verfügung stellen konnte, schicken. Als er dann

dass er seine Leistungen und deren Erfolg leugnete, als wären sie nie geschehen, sondern dass er offen bekannte, einzig und allein Gottes Gnade und Hilfe habe ihn dazu befähigt, und ihn bewahrt, wo seine eigene Kraft zu Schanden geworden wäre; so war der Dank zu Gott das vorwaltende Gefühl beim Rückblick auf seine Lebensführung. Wir geben hier seine eigenen Worte über diesen Gegenstand, aus seinen „Erinnerungen" wieder:

„Nicht irgendwelche lobenswerthe Eigenthümlichkeit hat mich zu diesen Handlungen vermocht," schreibt er da im Rückblick, „das gestehe ich in aller Wahrheit und offen ein, sondern ich erkenne, Schritt für Schritt, einzig und allein die grosse Gnade Gottes, die mich geleitet, und die mich ausführen liess, wozu ich selbst die Fähigkeiten nicht besass. — Ich habe diese Ueberzeugung in kleinen und grossen Dingen während meiner mannigfaltigen Erlebnisse gewonnen, und ist mein Auge auch geschärft worden, diese Führungen Gottes so zu sagen handgreifllich wahrzunehmen." —

Nach mancherlei Sorgen und Kümmernissen hatte sich für ihn auch der Blick in die Zukunft seiner Kinder freundlich gelichtet, als sein eigener Tag nun zu Ende ging: zwei seiner Kinder sah er glücklich verheirathet, zwei andere ebenso glücklich verlobt, und das fünfte wusste er geborgen im Vertrauen auf Gottes gnädiges Walten. Ja, es war Feierabend nach einem heissen Arbeitstag — das sturmgepeitschte Schiff war in den stillen Hafen eingelaufen und ruhte vor Anker. In diese stille Abendstimmung des irdischen Lebens griff aber in lebendigster Weise der glaubensfreudige Ausblick auf den nahenden Morgen des ewigen Tages ein, es war hier wie am nächtlichen Himmel seiner nordischen Heimath zur Mitsommerszeit: das glimmende Abendroth verlöscht nicht, es flammt neu auf und wird verschlungen vom Morgenroth, das dem vollen Aufgang der Sonne vorausgeht.

---

vor einigen Jahren seinen Sitz in der „Académie" einnahm, hat er, einem Usus folgend, in einem eingehenden Vortrag die Verdienste und Bedeutung Wrangels beleuchtet.

Im Frühling des Jahres 1870 sprach der auch körperlich noch vollkommen rüstige Greis gegen seine Kinder aus, er habe noch einen irdischen Wunsch, den er vor seinem Ende gern erfüllen wolle, nämlich den: eine Reise nach Liefland an die Orte zu machen, wo er seine glückliche erste Kindheit mit lieben Eltern und Geschwistern verlebt habe. „Das wäre mir ein freundlicher Abschluss meines Lebens, diese Güter noch wiedergesehn zu haben, nach diesen 65 Jahren", sagte er. Er äusserte sich, besonders gegen die älteste Tochter, oft über seinen Tod, und wie er Gott bitte, wenn's anders für seine Seele gut sei, ihn nach kurzem Leiden und bei vollem Bewusstsein hinzurufen, und ihm, wie der Umgebung, die Trübsal eines langsamen Hinsterbens und abstumpfender Altersschwäche in Gnaden zu ersparen. Als er im Winter 1869 vom Tode eines Bekannten hörte, der nur wenige Stunden schwer gelitten, doch bei voller Besinnung, an einem Riss im Herzen gestorben war, sagte er zur Tochter: „Es ist vielleicht thöricht um so etwas zu bitten, aber ich bitte Gott, mich an einem Riss im Herzen sterben zu lassen, das wäre der Tod, den ich mir erwünschte, kurz, klar und ohne der Umgebung schwere Pflege aufzuerlegen. Aber", fügte er lächelnd hinzu, „wie der Herr es macht, wird's am besten sein, ich will es Ihm ja auch nicht vorschreiben."

Im April 1870 besuchte er für einige Wochen seinen Bruder in Dorpat, und da Zeit und Gelegenheit günstig dazu waren, führte er in der zweiten Hälfte des Mai in Begleitung seines zweiten Sohnes die geplante kleine Reise auf die Güter Waimel-Neuhof und Nursi aus, und kehrte dann, sehr befriedigt diese lieben Kindheitsplätze wieder gesehen zu haben, nach Dorpat zurück. Auf seinen dringenden Wunsch war die Familie des Bruders schon vor seiner Rückkehr nach Ehstland aufgebrochen, um in Ruil den Sommer zu verleben. Er hatte einen ganz unbedeutenden Katarrh, den er ein paar Tage lang erst in Dorpat ausheilen wollte, ehe er selbst auf's Land zurückkehrte, doch wollte er nichts davon hören, dass der Sohn länger mit ihm in Dorpat bliebe, da derselbe nur kurzen Urlaub hatte, und die übrigbleibenden Tage bei seiner von schwerer Krankheit eben erst genesenden Braut verbringen sollte. Da kein Grund zur Besorgniss vorlag, folgte dieser dem Wunsche des Vaters, welcher mit Gewissheit annahm, nach ein paar Tagen Dorpat wieder zu verlassen. So kam es, dass kein einziger seiner Angehörigen zugegen war, als unerwartet am 25. Mai der Ruf seines Herrn, nach dem er sich so herzlich sehnte, an ihn erging. Kurz zuvor hatte er in lebhafter Weise, wie es seine Art war, mit zwei lieben Bekannten sich unterhalten. Als sie ihn verlassen hatten, wollte er sich zum Ausruhen auf's Sofa niederlegen, da vernahm eine treue Dienerin des Hauses, die im Nebenzimmer war, einen schmerzlichen Klagelaut. Sie eilte in's Zimmer und begriff sofort, dass es ernst stand. Ein Arzt war ein paar Minuten später zur Stelle, der Sterbende wurde auf's Bett niedergelegt — nur noch einige Worte sprach er, aber der Blick des Auges bewies, dass er bei vollständig klarem Bewusstsein war. In weniger als einer Viertelstunde that er seinen letzten Athemzug! rasch, klar, und wie auf Adlersfittigen, war sein Geist diesem Leben entrückt. Ein Riss im Herzen, so constatirten die Aerzte, war die Todesursache gewesen; gerade wie er sich's erbeten.

Die irdische Hülle des Entschlafenen ward nach Ehstland auf das Familienbegräbniss übergeführt, wo sie neben der der treuen Gattin ruht bis zum Tage der seligen Auferstehung. Die Begräbnissfeier war, dem Geiste des Entschlafenen entsprechend, ganz schlicht und einfach, ohne jeden Prunk. Die Bauernwirthe und Pächter des Gutes Ruil trugen den Sarg auf ihren Schultern von der Kirche auf den ländlichen Friedhof hinaus, dem Zug voran gingen die Schulkinder von den Bauernschulen des Gutes, die der Gutsherr ihnen gestiftet hatte, und sangen mit ihren hellen Kinderstimmen einen Choral, nach der Melodie, die der Verstorbene so gern gehabt hatte: „Ich bete an die Macht der Liebe, die sich in Jesu offenbart". Seine, an diesem

Tage vollzählig versammelten Kinder und Schwiegerkinder, die mit einer zahlreichen Schar von Angehörigen und Freunden dem Sarge folgten, konnten in diesem Augenblick nicht anders fühlen, als dass mitten im tiefen Schmerz, einen solchen Vater verloren zu haben, der Dank zu Gott emporstieg, der ihn so lange und bis zuletzt in ungeschwächter Lebensfülle ihnen erhalten, und der sein Ende so gefügt hatte, wie er sich's selbst gewünscht, zu einem sieghaften Hindurchdringen aus diesem zeitlichen Dasein in die Welt der Ewigkeiten, wo sein Herz schon lange daheim war.

Wir beschliessen dieses kurze und gar unvollkommene Lebensbild Ferdinand v. Wrangel's mit einigen Worten aus dem Nachruf, welchen Prof. Moritz v. Engelhardt, Sohn des einstigen Lehrers des Verstorbenen, und einer der Freunde, die ihn so kurz vor seinem Abscheiden noch besucht hatten, am Sarge des Dahingeschiedenen im Kreise der Angehörigen sprach:

„Wahrlich, Gott der Herr hat Grosses an ihm gethan. Er hat ihn reichlich mit Gaben und Kräften gesegnet, er hat es ihm gelingen lassen auf Erden, dass er ein Mann ward, den nicht nur die Seinen, Weib und Kind, Verwandte und Freunde, den auch das Land und das Reich mit Stolz den Ihren nannten; ein Mann voll Thatkraft und Thatendurst, voll edler Gesinnung, der Sache treu ohne Rücksicht auf Menschengunst und Menschengroll, lauter wie Gold. Gott hat ihm das Haus gebaut, und an Weib und Kind und Kindeskind viel Freude erleben lassen. Der Herr hat ihn behütet auf allen seinen Wegen unter mancherlei Gefahren, er hat ihn mit seinen Augen geleitet. Und noch mehr als das alles hat Gott gethan. Gott hat ihn also geführt, dass er nicht blos gross geworden ist in dieser Welt, sondern klein geblieben und klein geworden ist vor sich selbst und vor seinem Gott. Demüthigen Geistes war er dessen gewiss, dass er nicht durch sich selbst geworden war, was er war, und nicht durch sich selbst geblieben, wie er geblieben war. Weil er in den Gaben, die ihm zu Theil geworden, und in den Aemtern, die ihm anvertraut worden waren, nur die

Verpflichtungen zu höheren Leistungen erkannte, weil er das Glück, das ihm beschieden war, die Erfolge, die er erntete, ja auch die Rechtschaffenheit seiner Gesinnung und die Zartheit seines Gewissens nicht sich selbst, der eigenen Kraft und der eigenen Tugend zuschrieb, sondern als Güter auffasste, die Gott ihm gegeben und gnädig erhalten hatte: so wusste er von sich nur zu sagen, was er verfehlt und versäumt habe. Aus vollstem Herzen bekannte er sich vor Gott als schuldbeladenen Sünder, und suchte und fand die Vergebung dort, wo sie allein sicher und voll zu finden ist, in Christo dem Gekreuzigten. Aus seinem Munde haben wir es vernommen: ein kindliches Bekenntniss in knappen Worten, aber mit einem Blick, der tief hineinschaute in die Ewigkeit.

„Der Ewigkeit war sein Sinn zugewandt in den Tagen, da er unter uns weilte; und sinnenden Geistes bewegte er unter den Leiden der Zeit die Herrlichkeit der zukünftigen Welt, der er entgegenreifte. Seiner letzten Worte eines war es, dass die Todesstunde nur nach menschlicher Kurzsichtigkeit bisweilen unzeitig schlage, in Wirklichkeit nach Gottes Ermessen immer im rechten Augenblicke hereinbräche.

„So stand er bereit, als sein Herr und Erlöser ihn rief mit dem kurzen und seligmachenden Wort: „Komm und folge mir". — Durch das mannhafte Bekenntniss seiner Sünde und Schuld und durch den demüthig kindlichen Glauben an die erlösende Liebe hatte er bewiesen, dass in ihm kein Falsch sei; und so ist ihm zu Theil geworden, was den Aufrichtigen verheissen, und denen zugesagt ist, die reines Herzens sind: dass sie den Himmel offen sehen und Gott schauen werden. (Joh. 1, 51. Matth. 5, 8.) So zu leben und zu sterben ist köstlich!"

Reise F. v. Wrangel's
längs der Nordküste von Sibirien und auf dem Eismeere in den Jahren 1820 bis 1824.

Nach den eigenen Schilderungen des Forschers.

Erstes Kapitel.
Von Petersburg bis Jakutsk.

Beide Abtheilungen unserer Expedition verliessen St. Petersburg am 23. März 1820. In Moskau trennte ich mich von dem Befehlshaber der zweiten Abtheilung, Lieutenant Anjou, welcher mit unseren Instrumenten dort zurückblieb, um für den Transport derselben bessere Wege abzuwarten. Die specielle Sorge für die meiner Abtheilung gehörigen Instrumente übertrug ich dem Steuermann Kosmin, welcher deshalb bei dem Herrn von Anjou zurückblieb, während ich mit dem Midshipman Matiuschkin nach Irkutsk eilte, um die zu unserer weiteren Reise und zum Erfolg unseres Vorhabens nothwendigen Vorbereitungen zu treffen. Um schneller fortzukommen, nahmen wir nur ein paar kleine Felleisen mit den nothwendigsten Kleidungsstücken und Wäsche mit, und bedienten uns der gewöhnlichen leichten Postwagen (telégi), die auf jeder Station gewechselt werden, und je nach Beschaffenheit des Weges bald kleiner, bald grösser, immer aber — selbst auf gutem Wege — ziemlich unbequem sind.

Das Austreten mehrerer Flüsse diesseits und jenseits des Ural-Gebirges war unserem raschen Weiterkommen sehr hinderlich; doch wurden wir durch die Mannigfaltigkeit der daraus entstehenden Landschaftsbilder entschädigt. Alle Thäler waren in grosse Wasserflächen und Seen verwandelt, aus denen die Gipfel der bereits grünenden Bäume hervorragten, und das seltsame Phänomen schwimmender Gärten darstellten, an denen wir, über Anhöhen und Bergrücken dahinfliegend, das unermessliche Sibirien erreichten.

Auf der Strecke von Moskau bis Irkutsk, welche 5317 Werst (etwa eben so viel Kilometer) beträgt, jedoch nur ungefähr ein Drittel der ganzen Ausdehnung Russlands von Westen nach Osten ausmacht, kamen wir bald in den Frühling, bald in den Winter hinein. Mit einer, nach sibirischem Massstab, geringen Abschweifung nach rechts oder links, hätten wir auch völligen Sommer finden können. Im Kasan'schen Gouvernement grünten die Bäume, und die Wiesen waren mit den schönsten Blumen geschmückt; im Ural deckte tiefer Schnee die Gipfel der Berge und die Thalschluchten. Um Tobolsk herum zeigte sich kaum erst aufspriessendes, hellgrünes Gras auf den Wiesenabhängen, während das romantisch gelegene Krasnojarsk im üppigsten Blüthenschmuck uns anlachte, und auch die Gärten um Irkutsk in voller Blüthe standen. Leider konnten wir, die zum Ort unserer Bestimmung Eilenden, nur im Fluge die unaufhörlich wechselnden Naturschönheiten und die grellen Kontraste aller Art bewundern, welche durch die Schnelligkeit der Reise noch frappanter wurden, da wir in wenigen Tagen aus den Prachtgebäuden der Residenz und des goldgekrönten Moskau in die Jurte des nomadisirenden Tungusen, aus den unabsehbaren Eichen- und Lindenwäldern Kasans in die kahlen Schnee- und Eiswüsten an den Ufern des Alasej und der Kolyma versetzt wurden. Welch eine Mannigfaltigkeit der Klimate, der Produkte, der Kultur und Physiognomie des Landes! welch ein Abstand von der hohen Stufe geistiger Ausbildung des Bewohners der Hauptstadt bis zu der Stumpfheit des Jukahiren, der kaum das thierische Bedürfniss kümmerlicher Selbsterhaltung zu befriedigen vermag! —

Sobald man das Ural-Gebirge oder, wie es hier genannt wird, den steinernen Gürtel, überschritten hat und damit das eigentliche Sibirien betritt, wird man auf eine höchst unerwartete Weise durch die ganz eigenthümliche Gutmüthigkeit und Freundlichkeit der Bewohner dieses Landes überrascht, welches so Viele — besonders Ausländer — sich immer noch als das russische Botany-Bay, als eine, mit Missethätern und Verbrechern angefüllte, kalte Wüste vorstellen. Statt dessen trifft der Reisende hier, nämlich in dem südlichen Theile Sibiriens, eine üppige Vegetation, gut bearbeitete Felder, vortreffliche Landstrassen, grosse, gut gebaute Dörfer und eine allgemeine, öffentliche Sicherheit, wie man sie kaum in den civilisirtesten Ländern Europas zu finden gewohnt ist. Ueberall wurden wir mit der herzlichsten Gastfreundschaft und Uneigennützigkeit empfangen und rasch, ohne den mindesten Aufenthalt weiterbefördert. Bei Tage wie bei Nacht konnten unsere Sachen während des Umspannens unbewacht auf der Landstrasse stehen bleiben, und mehrmals, wenn wir einige Besorgniss darüber äusserten, wurde uns die treuherzige Antwort: „Nebossj! (fürchte nichts!) hier wird nicht gestohlen."

Am 18. Mai langten wir in Irkutsk an und stiegen im Hause des Chefs der Admiralität, Lieutenant Kotygin, ab, wo ich während eines ganzen Monats, den ich hier verbrachte, die gastfreundlichste Aufnahme genoss. Gleich darauf meldete ich mich bei dem hier residirenden General-Gouverneur von Sibirien, Geheimen Rath von Speranski, welcher mir alle mögliche Unterstützung bei den Zurüstungen und Vorbereitungen zu unserer Reise gewährte, so dass ich in kurzer Zeit mit Allem, was sich hier und von hier aus besorgen liess, zu Stande kam. Er hatte unter Anderem die Güte, mir die Berichte des Herrn Hedenström mitzutheilen, der im Jahre 1811 die Küsten und Inseln des Eismeeres besucht hat. Diese schriftlichen Notizen und die persönliche Bekanntschaft des Herrn Hedenström, der auf Verfügung des General-Gouverneurs nach Irkutsk berufen ward, waren mir von der grössten Wichtigkeit, indem sie mich hier schon zum Voraus mit dem bekannt machten, was mich in Nishne-Kolymsk und an den Küsten des Eismeeres erwartete. Das Bild jener unter dem ewigen Leichentuche von Schnee und Eis begrabenen Regionen, wo ausser der furchtbaren Rauhheit des Klimas und dem Mangel an Lebensbedürfnissen jeder Art sich uns noch eine Menge unüberwindlich scheinender Hindernisse darstellte, war — ich gestehe es — wenigstens nicht einladend; aber das sollte weiter keinen Einfluss auf den frohen Muth haben, mit dem wir an das uns aufgegebene Geschäft gingen und die dazu nöthigen Vorkehrungen trafen. In den ersten Tagen des Juni traf auch Lieutenant Anjou mit den übrigen, zur Expedition gehörigen Personen und den Instrumenten in Irkutsk ein, und bald darauf (25. Juni) verliessen wir diese Hauptstadt Sibiriens, erfüllt von Dankgefühl und Erkenntlichkeit für alle Güte, Freundschaft und Theilnahme, die wir dort genossen, und die uns um desto theurer gewesen, als wir hier gewissermassen von der gebildeten Welt Abschied nahmen und auf ungefähr vier Jahre in eisige Einöden zogen, wo wir auf alle Freuden und Genüsse des geselligen Lebens verzichten mussten, die uns in dem gastfreien Irkutsk und vornehmlich in dem freundlichen Familienkreise des dortigen Gouverneurs, Herrn von Zeidler, in so reichem Masse zu Theil geworden waren.

Am 27. Juni langten wir in Kotschuga an, welches 236 Werst von Irkutsk am linken Ufer der Lena liegt, die von hier ab schiffbar ist. Wir fanden ein für uns bestimmtes, grosses, flaches Fahrzeug mit Verdeck in Bereitschaft, und nachdem wir es mit den für uns angeschafften Vorräthen befrachtet hatten, traten wir, am 28. Juni abends, unsere Fahrt die majestätische Lena hinab an.

Unser Fahrzeug glitt zwischen hohen, malerischen Ufern auf dem grossartigen Strome dahin, von demselben weitergetragen, theils auch, wenn der Wind uns günstig war, durch ein aufgespanntes Segel, oder in Ermangelung dessen durch ein Ruder getrieben.

Die Lena ist bekanntlich einer der grössten Ströme der Erde. Von dem Pristan Kotschuga bis zu dem Flecken Rigi (eine Strecke von 400 Werst) ist die Gegend gebirgig und mit undurchdringlichen Wäldern bedeckt. Die Ufer des Stromes sind, besonders in der oberen, südlicheren Hälfte, entzückend und bieten eine unendliche Abwechselung in der landschaftlichen Scenerie dar. An den Abhängen der Berge sieht man bebaute Felder, Wiesen und Gemüsegärten, zwischen denen die Hütten der Bauern stehen, die sich hier theils einzeln, theils in kleinen Dorfschaften niedergelassen haben*). Im Bette des Flusses liegen eine Menge flacher, durchgehends mit Wald bestandener Inseln. Allmählich werden die Berge höher und schroffer; bei dem Flecken Rigi aber, wo der Strom plötzlich eine scharfe Wendung nach Osten macht, scheint es auf den ersten Blick, als hemmten die sich unterhalb vereinigenden steilen Ufer seinen Lauf. — Von hier aus erstrecken sich mehrere Bergketten nach Süden, und der Strom, von den ihn bisher einengenden Bergen und Felswänden plötzlich befreit, fliesst nun in seiner vollen Breite und Pracht zwischen flachen Ufern dahin.

Unter den vielen auf obiger Strecke sich in die Lena ergiessenden Flüssen will ich nur der Orlenga erwähnen, welche von der rechten Seite in dieselbe fällt, und wegen des in ihrem bergigen Ufer befindlichen feinkörnigen Sandsteines bemerkenswerth ist, den die Bewohner der Umgegend zu Schleifsteinen benützen. Auch wir ermangelten nicht, uns mit einem Vorrath desselben zu versehen, der uns in der Folge sehr nützlich war.

Zwischen Rigi und der Station Ustkutsk trifft man hin und wieder einige Untiefen, die bei niedrigem Wasser die Fahrt erschweren; weiterhin aber können die hier gebräuchlichen flachen Fahrzeuge überall ungehindert gehen. An der Mündung der Kuta, eines Flusses, der sich von der linken Seite in die Lena ergiesst, ward im Jahre 1631 die erste

---

*) Die Bewohner dieser Gegenden leiden viel von dem Austreten der Flüsse, welche nicht selten durch heftige Regengüsse oder plötzlich geschmolzene Schneemassen in den Bergschluchten anschwellen, sich ergiessen, und ihre Felder, Wiesen und Gärten überschwemmen und mit einem zähen, todten Schlamm bedecken. Dies raubt ihnen dann die Frucht ihrer, des kurzen Sommers wegen, angestrengten Arbeit und die wenigen Mittel, sich selbst und ihren kleinen Viehstand zu ernähren. Dann müssen sie ihre Zuflucht zu den an verschiedenen Punkten längs der Lena angelegten Kornvorrathsmagazinen nehmen, welche alljährlich immer von den fruchtbaren Kornfeldern um Irkutsk und Krasnojarsk reichlich angefüllt werden. Diese Magazine, aus denen Korn und Mehl zu billigen Preisen an die hilfsbedürftigen Bewohner dieser Gegenden verkauft werden, sind eine grosse Wohlthat und für die Existenz derselben unentbehrlich.

stehende Winterwohnung der Russen an den Ufern der Lena
erbaut, welche letztere im Jahre 1607 zuerst durch die
Mangasejski'schen oder Turuchan'schen, hernach aber 1628
durch die Jenissejski'schen Kosaken entdeckt worden war.

Von der Station Saborje bis zu dem in gerader Richtung
eigentlich nur 35 Werst entfernten Städtchen Kirensk macht
die Lena sehr viele Krümmungen, so dass man zu Wasser
105 Werst zu machen hat. Der Fluss hat hier eine Tiefe
von sieben Faden, aber fast gar keine Strömung. Bei
Kirensk besteht der ganze linke Uferabhang aus schwarzen
Schieferfelsen mit Lagen von Marienglas. Einige Werst
weiter unterwärts an derselben Seite finden sich in rother
Thonerde Schichten grünen Schiefers. Noch weiter hinunter,
in einer Entfernung von ungefähr 100 Werst, besteht das
rechte Ufer aus gewöhnlichem Lehm und unvollkommenem
Schiefer.

Unweit der Station Tschàstye Ostrowà (die dichten Inseln)
drängt sich die Lena mit grosser Gewalt bei einer Tiefe von
12 Klaftern zwischen senkrechten, etwa 600′ hohen Felswänden hindurch, Kalksteinfelsen, die mit Adern von Feuerstein und Kalkspathkristallen untermengt sind. Diese Stelle,
welche Schtschèki heisst, ist wegen eines starken und lange
andauernden Echo's berühmt, welches einen Flinten- oder
Pistolenschuss wohl hundert Mal wiederholt und dabei den Schall
so verstärkt, dass man ein wohlunterhaltenes Lauffeuer, ja
die Kanonade eines Artillerie-Parks zu hören meint. Man
erzählte uns, an dieser Stelle habe sich vor einigen Jahren
folgender traurige Vorfall ereignet: ein Tunguse, der auf
seinen Schneeschuhen ein Rennthier verfolgte, bemerkte im
Waidmannseifer ebenso wenig wie das geängstigte Thier,
dass er sich am Rande der senkrechten Felswand befand
und beide stürzten den 80 Klafter tiefen Abgrund hinab auf
das feste, unebene Eis des Stromes, wo man sie zerschmettert
liegen fand.

Unfern Schtschèki steht in dem Flussbette ein ziemlich
hoher Felsen, welcher den Namen Pjanoj Bytschòk, das
trunkene Oechselein, führt; diese Benennung haben ihm vor

einigen Jahren die dankbaren Uferbewohner gegeben, weil zu ihrer nicht geringen Freude eine mit Branntwein geladene Barke durch die Unvorsichtigkeit des Schiffers an diesem Felsen scheiterte, wo ihnen dann ein Theil der köstlichen Ladung zufiel. Wir umgingen dieses Denkmal eines so interessanten Schiffbruchs glücklich, und fuhren bei merklich verminderter Schnelle des Stromes an der Mündung des Flusses Witima vorbei, welcher wegen des häufig in seinen Ufern sich findenden Marienglases, besonders aber wegen der hiesigen, ganz vorzüglich schönen Zobel berühmt ist, die nächst den Olekma'schen für die schönsten in ganz Sibirien gehalten werden. Ueberhaupt sind die Wälder auf dem rechten Ufer der Lena sehr reich an Pelzthieren aller Art und von ausserordentlicher Güte; dahingegen ist das linke Ufer daran weit ärmer, und auch die Felle sind von geringerem Werthe.

Am 9. Juli befanden wir uns der Stadt Olekma gegenüber, wo die Ufer bereits flach und niedrig sind. Hier trat bei starkem Regen ein so heftiger, uns entgegen blasender Wind ein, dass die Strömung dadurch völlig paralysirt ward, und unser Fahrzeug stille stand. Dieser Umstand bewog uns, ein in solchen Fällen hier übliches Mittel zu versuchen welches auch bei uns den gewünschten Erfolg hatte. Es bestand in Folgendem: wir senkten vier, mit Stricken in einer Reihe aneinander gebundene Lärchenbäume vermittelst daran gehängter Steine mit den Gipfelenden etwas über eine Klafter tief in den Fluss, und befestigten, gleichfalls mit Stricken, die Wurzelenden der Bäume an die Nase unseres Schiffes. Da nun in jener Tiefe der Wind nicht mehr auf das Wasser wirkt, so trieb uns die untere Strömung des Flusses, vermöge dieses Wassersegels, recht ordentlich vorwärts, ohne dass der Wind und die ziemlich starken Wellen uns hinderlich gewesen wären, noch auch unser Fahrzeug, wie bisher, quer über den Strom getrieben worden wäre.

Trotz des anhaltenden Regens, sahen wir auf unserer Fahrt mehrmals, längs den Ufern, grosse Strecken brennender Wälder.

Das kleine Gesträuch und das trockene Unterholz waren meistentheils schon abgebrannt, und die riesenhaften Lärchen- und Fichtenbäume, ganz in Flammen gehüllt, standen gleich gigantischen Feuersäulen in dichten Reihen da, die sich von den Gipfeln der Berge bis an das Ufer hinabzogen und, besonders nachts, durch den rothen Wiederschein auf den Wellen des Stromes, durch das furchtbare Knistern und Prasseln des brennenden, kienigen Nadelholzes ein prachtvolles, grossartiges Schauspiel darboten. Dergleichen Waldbrände, die oft Hunderte von Wersten verheeren, sind hier etwas ganz Gewöhnliches. Sie entstehen fast immer durch die Fahrlässigkeit der Jäger und Reisenden, die es unterlassen, das Feuer auszulöschen, das sie anmachten, um ihr Essen zu bereiten, oder sich nachts der Mücken zu erwehren, die hier in dichten Wolken die Luft verfinstern und eine ganz unerträgliche Plage sind. Ausser der Waldverheerung an und für sich haben diese Waldbrände noch den sehr grossen Nachtheil, dass sie das Wild und die Pelzthiere aller Art verscheuchen und nach entfernteren Gegenden vertreiben. Aber sogar dieser, unmittelbar auf die Jäger selbst zurückfallende Schaden ist nicht im Stande, sie von ihrer unverzeihlichen Sorglosigkeit zu heilen.

Je höher nach Norden wir vorrückten, desto öder, in jeder Beziehung, wurden die Ufer der Lena. Bei Olekma sieht man die letzten Spuren von Gartenzucht und Ackerbau, weiterhin hören sie ganz auf, und die Eingeborenen nähren sich blos von Viehzucht, Jagd und Fischerei. Ausser den Poststationen findet man nur noch äusserst selten eine kleine Ansiedelung, und diese, sowie ihre Bewohner, sind im traurigsten Zustande. Die von den Stationen zu uns kommenden Arbeiter waren alle in Lumpen gehüllt, elend, und durch Mangel und Siechthum niedergebeugt. Besonders ist dies bei den hier lebenden russischen Bauern, die man noch ungefähr 50 Werst hinter Jakutsk antrifft, etwas Gewöhnliches. Von dort weiter nach Norden aber besteht die Bevölkerung blos aus Jakuten, die, als Indigene, mit der Rauhheit des Klimas, dem daraus entspringenden Mangel, sowie mit den Mitteln, demselben zu widerstehen, vertrauter sind, als die fremden Ansiedler, und daher weniger leiden als diese.

Nachdem wir eine ganze Nacht auf einer Sandbank festgesessen hatten, langten wir endlich, am 25. Juli, in Jakutsk an, und hatten demnach 27 Tage gebraucht, um die Reise von Kotschuga (eine Strecke von ca. 2500 Werst) zurückzulegen. Im Frühling, wo der Strom viel reissender ist, und man in der Regel nicht durch widrige Winde aufgehalten wird, macht man gewöhnlich 190 bis 200 Werst täglich, braucht also zu dieser Fahrt nicht mehr als 13 bis 14 Tage.

Jakutsk trägt ganz den Stempel des kalten, düsteren Nordens. Die Stadt liegt auf einer kahlen Fläche, am linken Ufer der Lena. In den breiten Gassen sieht man nur unansehnliche Häuser und Hütten, von hohen, hölzernen Zäunen umgeben; aber vergebens sucht das Auge zwischen den grauen, todten Balken und Brettern einen Baum, oder auch nur einen grünen Strauch; nichts verkündet hier die Anwesenheit des kurzen Sommers, nichts, als etwa das Fehlen des Schnees, der vielleicht noch durch sein blendendes Weiss die traurige, graue Einförmigkeit etwas mildern mag.

Jakutsk ist bekanntlich der Mittelpunkt des inneren Handels von Sibirien. Vom Anabor bis an die Behrings-Strasse, von den Küsten des Eismeeres bis an die Gebirge bei Olekma, vom Aldan und von Udsk, ja sogar von Ochotsk und Kamtschatka, auf viele Tausende von Werst im Umkreise strömen hier die köstlichsten, wie die gemeinen Pelzwaaren aller Art zusammen, sowie Walrosszähne und die räthselhaften Ueberreste der Vorzeit, die Mammuthknochen, welche hier während der zehn Wochen, die der sogenannte Sommer währt, verkauft und vertauscht werden.

Man kann sich schwerlich einen Begriff von den berghohen Massen von Pelzwerk aller Art machen, die hier aufgethürmt sind. Der Umsatz beläuft sich auf 2½ Millionen Rubel und darüber. Sobald die Lena vom Eise befreit ist, brechen die Kaufleute aus Irkutsk hierher auf, und bringen als Tauschwaaren ungefähr Alles mit, was zum Leben in dieser, von Allem entblössten Gegend nöthig ist. Ausser dem scharfen tscherkessischen Blättertabak, der die Hauptrolle spielt, sind die vornehmsten Artikel: Getreide und Mehl, Thee und Zucker, Branntweine verschiedener Art, besonders Rum, chinesische, baumwollene und seidene Zeuge, Hanfgarn, Tuch von geringer Gattung, Kupfer- und Eisenwaaren, Glas u. s. w. Die Bewohner von Jakutsk dürfen nicht unterlassen, während der Marktzeit sich mit all diesen Bedürfnissen zu versorgen, denn sobald diese Periode vorüber ist, steigen die Waaren bei den Krämern ganz ungeheuer im Preise, und manche derselben sind überhaupt nicht mehr zu haben.

Man kann dieser Haupt-Kauf- und Verkaufszeit nicht eigentlich den Namen Jahrmarkt beilegen, wenigstens nicht in der Bedeutung, den er im übrigen Russland hat: denn man sieht hier durchaus nicht, wie auf allen unseren übrigen Jahrmärkten, besonders ausgestellte Waaren oder dem Markte zu Ehren statthabende Volksbelustigungen, ja nicht einmal eine vermehrte Thätigkeit und Geschäftigkeit auf den Gassen. Die Kaufleute haben alle ihre Waaren in den Häusern und Höfen gleichsam versteckt, dort machen sie ihre Geschäfte ganz in der Stille ab, und suchen, soviel als möglich, ihre Preise und die Namen der Leute, mit denen sie Geschäfte abschliessen, vor einander geheim zu halten. Fast nie findet hier ein Handelsgeschäft zwischen zwei angereisten Kaufleuten statt, sondern immer nur zwischen einem solchen und einem hiesigen Einwohner. — Unter den hiesigen Russen giebt es jetzt keine Handwerker mehr; dagegen haben sich die hier wohnenden Jakuten, die ehemals nichts als Jagd und Viehzucht trieben, auf allerlei Handwerke verlegt. Sie versorgen ihre ehemaligen Lehrmeister, die Russen, mit allem Nöthigen, stehen sich dabei sehr gut und zeichnen sich sowohl durch Geschicklichkeit, als auch durch Arbeitsamkeit und Ordnung aus. Man findet unter ihnen ganz vortreffliche Zimmerleute, Tischler, Holzschnitzer, ja sogar Maler; alle Heiligenbilder in der Hauptkirche zu Jakutsk sind von Jakuten angefertigt und recht sauber und gut gemacht.

Die Einwohner stehen noch auf einer sehr niedrigen Stufe geistiger Kultur. An Kindererziehung wird hier nicht viel gedacht; gewöhnlich werden die Kinder, bald nach ihrer Geburt, irgend einer Jakutin übergeben, welche sie, so gut sie es vermag, auffüttert und sie dann, nach zwei bis drei Jahren, freilich etwas jakutisirt, den Eltern wiederbringt. Da wachsen sie dann auf, lernen von dem Priester oder einem der Kirchendiener etwas lesen und schreiben, und werden nach und nach in die Geheimnisse des sibirischen Pelzhandels eingeweiht, oder bei irgend einer der kleinen Gerichtsbehörden als Schreiber angestellt, um mit der Zeit einmal einen Rang zu erhalten, nach welchem auch hier stark gehascht wird. Aus jener ersten Grundlage der hiesigen Jugendbildung erklärt sich das anfangs sonderbare Phänomen, dass selbst in den etwas höheren gesellschaftlichen Zirkeln die jakutische Sprache eine beinahe eben so wesentliche Rolle spielt, als etwa die französische in unsern beiden Residenzen. Mir ist dies ganz besonders bei einem glänzenden Mahle aufgefallen, welches einer der reichsten hiesigen Pelzhändler dem Schutzheiligen seiner Frau zu Ehren gab; obgleich die Gesellschaft aus dem Gouverneur, den angesehensten Geistlichen und Beamten und einigen Kaufleuten bestand, so war doch ein grosser Theil der Unterhaltung so mit jakutischen Brocken durchspickt, dass ich, dieser Sprache unkundig, nur wenig Antheil daran nehmen konnte.

Die Gastfreundschaft der Einwohner von Jakutsk ist weit und breit berühmt, und beinahe sprichwörtlich geworden. Da es hier aber gewöhnlich an Reisenden und Fremden fehlt, an denen sie diese Tugend üben können, so sind sie fast immer auf sich selbst beschränkt und verbringen ihre reichlich zugemessene freie Zeit unter einander in ziemlich lärmenden Versammlungen, wo Essen und Trinken natürlich die Hauptrolle spielen. Nach dem sehr stark besetzten Mittagsmahl, bei dem die Naliwki (eine Art Liqueur) nicht gespart werden, verbringen die älteren Männer den Nachmittag beim Punschgläschen und dem Spieltisch, die Frauen aber bei der dampfenden Theemaschine, und einigen Tellern mit gedörrten Cedernüssen, die unaufhörlich geknackt werden, während die Jugend nach dem einzigen hier bekannten Instrument, der **Gussli** (einer Art liegender Harfe mit Metallsaiten), ein Tänzchen macht. So geht ein Tag wie der andere dahin, ohne irgend welche Abwechselung, — es sei denn, dass irgend ein neuer, in der übrigen Welt schon vergessener Damenputz hierher verschlagen würde, der dann allgemeine Aufmerksamkeit, Neid und Nacheiferung erregt. Denn trotz der Abgeschiedenheit, in der man hier lebt, ist der Putz immer ein wesentlicher Bestandtheil der Existenz und des Lebensgenusses der Frauen.

Nach dieser kleinen Abschweifung kehre ich zu unserer Expedition zurück. Durch die rastlosen Bemühungen des Herrn v. Minizkoj, Oberbefehlshaber in Jakutsk, wurden wir in Stand gesetzt, noch vor Ende des Sommers unsere Reise nach dem Eismeere anzutreten. In den ersten Tagen des August ging der Lieutenant Anjou mit seiner Abtheilung die Lena hinunter. Um dieselbe Zeit fertigte ich den Midshipman Matiuschkin voraus nach Nishne-Kolymsk ab, um dort die nöthigen Anordnungen und Einrichtungen zum Empfange und Aufenthalt der Expedition zu treffen. Bald darauf, als die Moräste und Flüsse zugefroren waren, übertrug ich dem Steuermann Kosmin, sämmtliche von hier aus für die Expedition bestimmten Vorräthe gleichfalls nach Kolymsk zu begleiten, welches der Hauptpunkt war, von dem unsere Operationen ausgehen sollten. Ich selbst konnte nicht eher als am 12. September aufbrechen.

Zweites Kapitel.
Von Jakutsk bis zum Fluss Aldan.

Von Jakutsk an hat das Fahren mit Schlitten und Telegen ein Ende. Von hier bis Nishne-Kolymsk, und durch die ganze ungeheure Eiswüste im Norden Sibiriens, giebt es keine gebahnten Strassen mehr, sondern höchstens enge, holprige Fusssteige, die durch Moräste, grosse Wälder, dicht verwachsenes Gebüsch, über Hügel und steile Berge führen, so dass man durchaus nicht anders als zu Pferde bis an die flacheren Gegenden gelangen kann, wo zum Weiterkommen entweder Rennthiere oder Hunde vor Schlitten gespannt werden. Im Sommer werden fast alle Fahrten zu Wasser gemacht. Auf der sogenannten Jakutskischen Strasse, vom rechten Ufer der Lena schräg nach dem Aldan hin, sind in Entfernungen von 15 bis 40 Werst Poststationen zum Pferdewechsel eingerichtet.

Am 12. September mittags trat ich bei schönem, heiterem Wetter meine Reise an, indem ich in einem Boot mit meinem Gepäck auf das andere Ufer übersetzte, wo die für uns bestimmten Pferde mich auf der Poststation erwarten sollten. Der Strom ist an dieser Stelle durch mehrere Inseln verengt, so dass die Hauptdurchfahrt, in der Mitte, nicht über vier Werst breit ist. Meine Begleiter waren ein aus Petersburg mitgenommener Matrose und ein verabschiedeter Unteroffizier aus Jakutsk, der schon mit Herrn Hedenström eine Reise an die Küste des Eismeeres gemacht hatte. Er diente mir als Dolmetscher bei den Jakuten und anderen Stämmen, und ward in der Folge durch seine Erfahrung, Gewandtheit und echt russische Anstelligkeit der Expedition äusserst nützlich. Wir hatten 13 Pferde bestellt, von denen drei für mich und meine Begleiter bestimmt waren; die übrigen sollten Proviant und Gepäck tragen.

Als ich mit meinem Boote bei der Poststation landete, war Alles öde und leer, weder Menschen noch Pferde waren zu sehen. Das war ein schlimmer Anfang; mein Unteroffizier aber tröstete mich mit der Versicherung, dass dies sehr oft der Fall sei, und dass wahrscheinlich die „Postjakuten" mit ihren Pferden nach einem, drei Werst von hier entfernten Thale gezogen seien, wo es bessere Weide für die Pferde gebe. Es wurden sogleich ein paar Bootsleute nach ihnen ausgesandt. Wir machten unterdess am Ufer ein Feuer an, um uns bei dem ziemlich rauhen Herbstwetter zu erwärmen, und uns durch eine heisse Kohlsuppe zu der uns bevorstehenden Reise zu stärken.

Nach ungefähr drei Stunden erschienen unsere Führer mit den Pferden, und wir machten uns sogleich ans Bepacken derselben. Jedes Pferd trägt ungefähr 5½ Pud (220 Pfund), nämlich 2½ Pud an jeder Seite und ein halbes Pud auf dem Rücken zwischen den beiden Seitenpäcken. Zum Zusammenbinden der Sachen und zum Befestigen derselben bedient man sich starker, aus Pferdehaaren geflochtener Stricke. Jedes der bepackten Pferde wird mit dem Zügel an den Schweif eines andern gebunden, und so gehen sie in einer langen Reihe hinter einander her. — Wir hatten bei unserer Karawane von zehn Pferden nur zwei Postknechte, von denen der eine auf dem vordersten Pferde sass und den Zug leitete; der andere, auf dem letzten Pferde sitzend, beobachtete das Ganze und half nach, wo es nöthig war. Diese Führer haben ein sehr beschwerliches und ganz besondere Uebung und Geschicklichkeit erforderndes Amt, weil die Pferde in bergigen Gegenden oft straucheln, ihre Bürde abwerfen, oder in den Morästen stecken bleiben. In allen solchen Fällen muss der Führer stets bei der Hand sein, aushelfen und Alles wieder in die gehörige Ordnung bringen, wobei dann natürlich der hintere Führer, der den ganzen Zug beständig im Auge behält, am meisten zu thun hat und beinahe in unaufhörlicher Bewegung ist. Durch die vieljährige Gewohnheit haben sie es darin zu einem bewunderungswürdigen Grad von Fertigkeit und Behendigkeit gebracht, so dass oft ein einziger erfahrener Jakute eine solche Reihe von 28 Pferden leitet, und in vollkommener Ordnung erhält. Es versteht sich, dass er in solchem Falle den grössten Theil des Weges zu Fuss macht. — Die Karawanen gehen immer im Schritt, und machen gewöhnlich, je nach der Beschwerlichkeit des Weges, 20 bis 50 Werst in 24 Stunden.

Das Ordnen und Zusammenpacken unserer Sachen nahm viel Zeit in Anspruch, wir brachen daher erst ziemlich spät Nachmittags auf. Ich verliess die langsam ziehende Karawane und ritt mit meinen zwei Begleitern voraus. Wir folgten einem schmalen Fusssteige, der sich theils zwischen Weidengestrüpp hinschlängelte, theils über Ebenen führte, die mit kleinen Landseen besäet waren, auf und zwischen denen es von wilden Enten und Rebhühnern wimmelte. Nachdem wir in kürzester Zeit eine Menge derselben zum Nachtessen geschossen hatten, kamen wir bei Sonnenuntergang an eine, 13 Werst von der vorigen gelegene, einzelne Jakutenjurte, welche mir unter dem Titel einer Poststation präsentirt wurde, wo wir Pferde wechseln sollten. Da es schon anfing, finster zu werden, beschloss ich, hier zu übernachten. Aber daran war in der engen, von Menschen und Vieh bewohnten Jurte, in der die furchtbarste Unsauberkeit herrschte, nicht zu denken. Ich flüchtete mich in das nahe dabei liegende Lärchenwäldchen, wo ich auf einer ausgebreiteten Bärenhaut, unter einer guten Pelzdecke, und vor einem hell lodernden Holzstoss die Nacht recht gut und angenehm verbrachte.

Bei Sonnenaufgang erwachte ich von dem heftigen Knistern des Reisigs, den die mit den Packpferden angekommenen Jakuten in das verglimmende Wachtfeuer geworfen hatten, um es wieder anzufachen. Die Luft war rein und frisch; das Thermometer zeigte 2° unter dem Gefrierpunkt, was mir beim Ankleiden ziemlich kalt erschien; mit Schaudern, im buchstäblichen Sinne des Worts, stellte ich mir den bevorstehenden sibirischen Winter vor, wo einige Grad Frost warmes Wetter heissen, und begriff nicht, wie man die immerwährende furchtbare Kälte ertragen könnte. Aber der Mensch ist ein Geschöpf aller Klimate, aller Zonen; Nothwendigkeit, fester Wille und Gewohnheit lehren ihn bald, alle, selbst die härtesten körperlichen Mühseligkeiten und Leiden überwinden, ja sie erträglich zu finden. Wenige Wochen später fand auch ich, wie die Bewohner von Kolymsk, dass 8 bis 10 Grad Frost gelindes, weiches Wetter seien. Bald kam Alles in Bewegung; der Theekessel für mich, der Suppenkessel für mein Gefolge, wurden ans Feuer gesetzt; während des Frühstücks waren die Pferde von der Weide herbeigeholt, sie wurden bepackt, und wir zogen weiter. Unser Weg führte uns auf eine mit Lärchen und Fichten bestandene Anhöhe; neben dem Fussstege, dem wir folgten, standen einige alte Bäume, deren Aeste mit Pferdehaaren behangen waren; um die Wurzeln dieser Bäume staken in der Erde eine Menge Stangen und Stäbe, welche in ähnlicher Weise verziert waren. Der die Karawane anführende Jakute stieg vom Pferde, und rupfte demselben einige Haare aus der Mähne, die er mit vieler Ehrfurcht an den Ast eines Baumes knüpfte, indem er erklärte, das sei ein dem Berggeist dargebrachtes Opfer, wodurch man sich demselben geneigt mache und auf seinen Schutz bei der bevorstehenden Reise rechnen könne. Die zu Fuss Reisenden weihen dem sibirischen Rübezahl in ähnlicher Weise ein in die Erde gestecktes Stäbchen. Dieses einfache Zeichen der Verehrung eines höheren Wesens vertritt hier die Stelle der langen Gebete, welche in der Mongolei bei den, fast auf jeder etwas bedeutenderen Anhöhe befindlichen Obos oder Bethügeln, verrichtet werden. Der Zweck ist hier wie dort derselbe; wahrscheinlich stammt demnach dieser Gebrauch aus einer Quelle her; nur ist, wie es scheint, der Schamanen Berggeist leichter zu befriedigen als der Lamaitische. Uebrigens halten die Jakuten sehr streng auf diesen Gebrauch, und selbst diejenigen, die sich zur christlichen Religion bekennen, finden es nicht unter ihrer Würde, dem abgedankten Berggeiste noch dies Zeichen der ehemaligen Verehrung zu weihen.

Meine Jakuten sangen fast unaufhörlich während des ganzen Weges. Die monotone, traurige Weise ihres Gesanges drückt den Nationalcharakter dieses in sich verschlossenen, finsteren, abergläubischen Volkes aus. Der Text ihrer Lieder aber bietet mehr Abwechselung und Poesie dar. Sie besingen gewöhnlich die Schönheiten der Natur, den schlanken üppigen Wuchs der Bäume, das Rauschen des Stromes, die Höhe der Berge u. s. w. Die Sänger sind grösstentheils Improvisatoren, die in der kahlen Einöde eine liebliche Gegend, in dem halbverbrannten Stamme der Fichte einen schönen, kräftigen Baum, und in der ersten besten, schlammigen Pfütze einen krystallhellen See erblicken. Anfangs schrieb ich diese Hyperbeln auf Rechnung ihrer hochpoetischen Einbildungskraft, erfuhr aber bald von meinem

Cicerone, dem Unteroffizier, dass dieses blos geschehe, um den Berggeist durch solch prunkhaftes Lobpreisen seines Gebietes bei guter Laune und sich gewogen zu erhalten.

Nachdem wir am 13. September 63 Werst zurückgelegt, langten wir Abends bei einer Postjurte an, die man mir während des ganzen Weges als sehr geräumig, ganz vorzüglich aber wegen ihrer grossen Reinlichkeit empfohlen hatte, und ich freute mich auf ein warmes, gutes Nachtlager. Leider fand ich in dieser wie in allen Jurten, dass man durchaus ein geborener Jakute sein müsse, um die darin herrschende Atmosphäre, und Alles, was dieselbe begleitet, auch nur erträglich zu finden. Nur der dichte, kalte Regen zwang mich dazu, hier ein Obdach zu suchen; aber die dicke Luft, das zahllose Ungeziefer, das Schreien der Rinder und des Viehes, welches der Wärme wegen auch zur Familie gezogen wird, vertrieb mir allen Schlaf, und ich war froh, als der anbrechende Morgen uns erlaubte weiter zu ziehen.

Der anhaltende Regen hatte die ohnehin schon elenden Wege noch verschlimmert, und an manchen Stellen fast grundlos gemacht. Unsere heutige Tagereise war daher äusserst beschwerlich. Hingegen bot uns die Strecke Landes, durch die wir zogen, eine grosse Mannigfaltigkeit der Ansichten dar. — Die Menge kleine Landseen, mit denen die Fläche auch hier übersäet ist, und die uns zu einem Umweg von mehr als 20 Werst nöthigten, trägt sehr viel dazu bei, die Gegend recht freundlich zu machen. Diese kleinen Seen, alle von regelmässiger, ovaler Form, haben etwas ganz eigenthümlich Liebliches in ihrer Gestaltung. Ihre hohen Ufer sind mit Lärchenbäumen bewachsen, und die dadurch völlig vor Winden geschützte Oberfläche des Wassers liegt gleich einem grossen, blanken Spiegel da. Die hier herrschende ewig leblose Stille wird höchstens zuweilen durch einen aufgescheuchten Vogel oder durch ein längs den Baumstämmen hinschlüpfendes Eichhörnchen unterbrochen.

Wir hatten etwa 40 Werst von unserem Nachtlager aus zurückgelegt, als wir an das Thal Miörö gelangten, welches mir in mehreren Hinsichten einer der bemerkenswerthesten Punkte auf unserem Wege gewesen ist.

Dieses Thal, von ovaler, ziemlich regelmässiger Form, hat 8 Werst im Durchmesser, und ist in seinem ganzen Umfang von einer Art von Wall umgeben, der an manchen Stellen bis 10 Faden hoch ist, und unstreitig einst das Ufer eines bedeutenden Landsees gebildet hat; auch sieht man noch in dem Thalgrunde mehrere, mit einander zusammenhängende, kleine, aber tiefe und sehr fischreiche Seen. Dies sowohl, als auch die geschützte Lage des Thales und der kräftige Graswuchs in demselben bewog einen der reichsten Tungusen-Häuptlinge, namens Miörö, sich mit seinem Stamme hier anzusiedeln. Aber die von Süden vorrückenden Jakuten verdrängten ihn von dort nach den nördlich gelegenen Tundren, und liessen sich selbst in diesem Thale nieder, wodurch sich eine der ansehnlichsten und volkreichsten Niederlassungen auf dem ganzen Wege bis zum Aldan bildete. Eine Menge grösserer und kleinerer Jurten, von denen einige sich in ihren Dimensionen sogar schon den russischen Bauernhäusern nähern, zwei ganz ansehnliche Kirchen mit ihren Glockenthürmen, das Getümmel der zahlreichen Bewohner, die grossen Viehheerden und Pferdetabunen, — alles das zusammen in dem sehr freundlichen Thal bildet einen höchst auffallenden Kontrast zu der Einöde, die dasselbe umgiebt, und in welcher es wie eine Oase daliegt.

Ueber den Ursprung, die Sitten und die Lebensweise der Jakuten ist schon soviel geschrieben worden, dass ich nur einige wenige Hauptzüge anführen will, die zur Verständlichkeit meines Berichtes nothwendig sind, um dem Leser die Mühe des Nachschlagens in anderen Beschreibungen zu ersparen.

Die Gesichtsform und Sprache der Jakuten bestätigt vollkommen, was die Tradition über ihre Abkunft von den Tataren sagt. Sie sind eigentlich ein Hirtenvolk, dessen vornehmster Reichthum in der Menge von Pferden und Hornvieh besteht, von denen sie fast ausschliesslich ihren Unterhalt beziehen. Durch den Ueberfluss an Pelzthieren in ihren endlosen Wäldern und durch den grossen Gewinn, den ihnen der Verkauf derselben an die Russen darbot, wurden sie Jäger, und treiben die Jagd mit Leidenschaft, unermüdlichem Eifer und bewunderungswürdiger Geschicklichkeit. Von frühester Jugend an an Entsagung aller Art gewöhnt, ertragen sie mit unendlicher Ausdauer alle Beschwerden des Lebens, die mit dem traurigen Klima ihres Landes verknüpft sind. Sie scheinen ganz unempfindlich gegen die Kälte zu sein, und Hunger können sie bis zu einem fast unglaublichen Grad ertragen.

Ihre Nahrung besteht hauptsächlich aus Kuh- und Stutenmilch und aus Pferde- und Rindfleisch. Fett ist ihr grösster Leckerbissen und der unmässigste Genuss desselben macht ihre grösste Glückseligkeit aus. Sowohl um die Masse zu vermehren, als auch des Wohlgeschmackes halber, bedienen sie sich der inneren Rinde des Lärchenbaumes, zuweilen wohl auch der Fichte, die sie schaben, zerstampfen und mit Fischen, etwas Mehl und Milch, besonders aber Fett, zu einem Brei kochen und in ungeheurer Menge verzehren. Aus der Kuhmilch bereiten sie die sogenannte jakutische Butter, eigentlich eine Art Käse oder Quark, die einen säuerlichen Geschmack hat, nicht sehr fett ist und, selbst ohne Brod gegessen, eine recht gute Speise abgiebt.

Männer und Weiber sind leidenschaftliche Liebhaber des Tabakrauchens; sie bedienen sich dazu des schärfsten Tabaks, dessen sie habhaft werden können, besonders des tscherkessischen. Der Rauch desselben, den sie verschlucken, versetzt sie in eine Art von Betäubung, die der Trunkenheit sehr nahe kommt und die zuweilen, wenn sie in Zorn gerathen, sehr gefährliche Folgen hat.

Ihre Wohnungen sind von zweierlei Art: für den Sommer haben sie leichte, kegelförmige Zelte (Urossy), aus Stangen zusammengestellt und mit Birkenrinde bedeckt, die sie beim Nomadisiren benutzen. Beim Eintritt des Winters beziehen sie ihre warmen Jurten. Dies sind, aus dünnen Balken in Form einer abgestumpften Pyramide über der Erde erbaute, und mit Rasen und Lehm und Gras von aussen dick belegte

Hütten. Ein Paar eben nicht grosse, viereckige Oeffnungen, vor welche im Winter Eisplatten, im Sommer aber Fischblase, oder zuweilen auch mit Fett getränktes Papier gesetzt wird, dienen statt Fenster, und erhellen die Wohnung nur spärlich.

Längs den Wänden sind breite Sitze aus liegenden Stangen errichtet, die nachts als Schlafstellen dienen. Im Mittelpunkt der Jurte, etwas näher nach der Thüre hin, befindet sich der Tschuwàl, eine Art Herd oder offener Kamin (mit einem Schornstein zum Dache hinaus), auf welchem ein beständiges Feuer unterhalten wird. An den Wänden hängen Kleidungsstücke und einiger weniger Hausrath, im Ganzen aber herrscht die vollkommenste Unordnung und Unsauberkeit. So unvollkommen auch die Bauart und Ordnung dieser Wohnungen sein mag, so sind sie doch dem hiesigen Klima, der Lokalität und dem Bedürfniss ihrer Bewohner vollkommen angemessen, und sogar in mancher Rücksicht den hier schon hin und wieder erscheinenden Bauernhäusern vorzuziehen, vornehmlich, weil zum Bau der Jurten keine eigentlichen Balken, sondern blos dünne Baumstämme erforderlich sind. Desgleichen hat auch der Tschuwàl mit seinem ewigen Feuer den Vorzug vor dem nur zeitweise geheizten Ofen, dass er durch den immerwährenden Luftzug doch einigermassen die mit Ausdünstungen aller Art geschwängerte Atmosphäre in der Jurte reinigt. Wie dem auch sei, die Jurte befriedigt alle Anforderungen des Jakuten in Rücksicht auf Bequemlichkeit und Wohnlichkeit, und er verlebt darin sehr zufrieden seinen langen, furchtbaren Winter, ohne von der Kälte zu leiden.

Ausserhalb der Jurte stehen gewöhnlich ähnlich erbaute Schuppen für die Kühe, die allein den Vorzug geniessen, im Winter unter Dach zu stehen und mit Heu gefüttert zu werden. Die Pferde bleiben unter freiem Himmel und müssen sich das abgestorbene Herbstgras unter dem Schnee hervorscharren. Nur wenn es an eine weitere Reise geht, werden sie einige Tage zuvor mit Heu gefüttert, um Kräfte zu sammeln.

Am Tage gehen die Männer der Jagd nach. Die Weiber sitzen um den Herd, bereiten die Thierfelle, nähen Kleidungsstücke, drehen Stricke, klöppeln u. s. w. Abends, wo die ganze Hausgenossenschaft beisammen ist, wird Tabak geraucht, Kumyss*) getrunken und ungeheure Portionen mit frischem oder ranzigem Fett durchkochten Fichtenbreies verzehrt. Da geschieht es denn wohl auch, dass der Knäsez oder Häuptling der Stammabtheilung kleine Streitigkeiten unter den Seinigen schlichtet, wichtigere gehen an das Oberhaupt (Golowà) des ganzen Stammes, oder Ulùss**). Oft beschliesst den Tag ein Schaman, der um die Mitternachtsstunde aufgefordert wird, bei dem noch glimmenden Feuer des Tschuwàls seine Beschwörungen vorzunehmen, um etwa ein verlaufenes Stück Vieh wiederzufinden, einen Kranken zu heilen, oder den Beistand der Geister zu einer bevorstehenden Reise zu erbitten; bisweilen auch, um eine langjährige Streitigkeit zu schlichten, die auf dem gewöhnlichen Wege keinen Abschluss fand.

Die Jakuten sind zwar alle getauft, auch sind die zehn Gebote, ein Theil des Neuen Testaments und die vornehmsten Kirchengebote in ihre Sprache übersetzt, aber nur sehr wenige unter ihnen, die lange unter Russen lebten, haben einige Begriffe von den Lehren des Christenthums. Daher halten sie auch immer noch viel auf die Schamanen, und auf eine Menge abergläubischer Gebräuche aus dem Heidenthum.

---

*) Das bekannte Getränk aus Stutenmilch; es wird hier ebenso wie bei den Tataren bereitet, nur verstehen die Jakuten glücklicherweise noch nicht wie jene, es branntweinartig oder berauschend zu machen. Es ist ein angenehmes und sehr nahrhaftes Getränk, so dass die weit von ihrer Wohnung aufs Heumähen ausgehenden Jakuten oft keinen anderen Proviant mitnehmen, als ein paar grosse Schläuche voll Kumyss, und sich etliche Tage lang recht gut davon nähren.

**) Der Ulùss ist ein ganzer Jakutenstamm, der unter einem gemeinschaftlichen Oberhaupt, Golowà, steht und der in mehrere Naslèji getheilt ist. Jeder dieser letzteren hat einen eigenen Häuptling oder Vorgesetzten, Knäsez (wörtlich: Fürstlein), aus denen der Golowà des ganzen Ulùss gewählt wird. Die zu einem Ulùss gehörigen Jakuten nennen sich Rodniki, wahrscheinlich von Rod, das Geschlecht, der Stamm.

Hauptzüge im Charakter der Jakuten sind: Rachgier, Prozesssucht, Ungeselligkeit und Verschlossenheit. — Eine erlittene Beleidigung vergisst der Jakute nie, und wenn er selbst nicht dazu gelangt, sich zu rächen, so überträgt er dies unfehlbar seinem Sohne oder nächsten Verwandten. Ihre Sucht nach Prozessen ist grenzenlos; wo sie nur glauben, etwas einer Klage Aehnliches anzetteln zu können, sind sie bereit, es zu thun, und unternehmen oft beschwerliche und kostspielige Reisen, um eine solche anhängig zu machen, wo es sich vielleicht nur um einen halben Rubel handelt. Die Ungeselligkeit und Verschlossenheit des Jakuten, die ihn dazu bewegt, sich immer lieber sporadisch als in Gemeinschaft anzusiedeln, kontrastirt übrigens sehr sonderbar mit der Gastfreundschaft und dem gutmüthigen Entgegenkommen, das der Reisende bei ihnen antrifft. Der Reisende, der diese Einöden durchzieht, findet in den weit von einander verstreut liegenden einzelnen Wohnungen überall gastfreundliche Aufnahme, und überall theilt man gern mit ihm, was nur immer die Wirthschaft vermag.

Nachdem wir uns in Miörö etwas ausgeruht und mit einigen Lebensmitteln versehen hatten, setzten wir, am 15. September, unsere Reise fort. Obgleich wir üble Wege fanden und mehrmals in Moräste geriethen, wo die Pferde bis an den Hals versanken, so gelang es uns doch, Dank der ausserordentlichen Gewandtheit und Aufmerksamkeit unserer Karawanenführer, nicht nur ohne besonderen Unfall die gefährlichsten Stellen zu passiren, sondern sogar an diesem Tage 90 Werst zu machen. Wir erreichten zur Nacht die Station Aldanskaja oder Schelesninskaja, welche etwa eine halbe Werst vom Aldan liegt, der 90 Werst von hier in die Lena fällt. Mit dieser Station haben die gemeinschaftlichen Niederlassungen der Jakuten völlig ein Ende, man findet solche erst jenseits des Werchojanskischen Bergrückens, bei Baralas, wieder, 400 Werst von hier.

Diese ganze Strecke ist eine Wüste, die aus Bergen und dazwischen liegenden Morästen besteht, daher die Reise durch dieselbe mit grossen Beschwerlichkeiten verknüpft ist.

Uns begünstigte die Witterung; die schon seit einiger Zeit eingetretenen Fröste hatten die Moräste gefestigt, und so konnten wir, nachdem wir einen Tag zu den nöthigen Vorbereitungen und Vorsichtsmassregeln für diesen Uebergang verwendet hatten, unsere Reise fortsetzen.

Am 17. September setzten wir mit unsern Pferden und Sachen in einem flachen Fahrzeug über den Strom, der hier eine Breite von $1\frac{1}{2}$ Werst hat. Ungefähr auf der Mitte der Ueberfahrt entstand in unserer Barke ein bedeutendes Leck; alle vereinten Anstrengungen, mit Schaufeln, Töpfen, Mützen u. dergl. das eindringende Wasser auszuschöpfen, waren vergeblich. Das Fahrzeug sank immer tiefer und wäre ohne Zweifel untergegangen, wenn wir uns nicht glücklicherweise in der Nähe einer kleinen, mitten im Strome liegenden Insel befunden hätten, wo wir das Boot auf den Strand setzten, und es durch Verstopfen mit trockenem Gras und Moos bald wieder in so guten Zustand brachten, dass wir damit ganz wohlbehalten das jenseitige Ufer erreichen konnten. Hier schlugen wir am Abhange, unter den weit überhängenden Aesten einer grossen Birke, unser Reisezelt auf, besorgten unsere Küche und überliessen den Pferden, sich an dem schon welkenden Grase gütlich zu thun.

Drittes Kapitel.
Uebergang über das Werchojanskische Gebirge.

Mit Tagesanbruch (18. September) zogen wir weiter. Meine Begleiter sagten mir, dass weiterhin auch das spärliche Gras aufhöre und es ward daher beschlossen, auf dem ersten etwas grösseren Fleck, wo sich Gras fand, Halt zu machen, damit unsere Pferde sich erholen und auf der herbstlichen Weide zu den ihnen bevorstehenden Strapazen und Fasten Kräfte sammeln könnten.

Bisher war die Witterung uns günstig gewesen, hier aber änderte sie sich. Den Himmel umzogen finstere, graue

Wolken, die uns dichten, mit Hagel untermengten Schnee brachten, und um Mittag zeigte das Thermometer 2° Frost. Unsere Pferde scharrten emsig den frischen Schnee von der Wiese, und holten sich die spärlichen Reste des Sommergrases darunter hervor; wir flüchteten uns ins Reisezelt um ein kleines Feuer, auf welchem im Theekessel unser vornehmstes Labsal, der Thee, kochte. Aus der Ferne her hörten wir das dumpfe Brausen und Tosen des Tukulan, der sich mit einer ungeheuren Gewalt einen Weg durch die engen Thäler des Werchojanskischen Gebirges bahnt und in den Aldan fällt.

Am folgenden Tage hatten wir einen äusserst beschwerlichen Weg zu machen. Nachdem wir uns mit vieler Mühe durch den uns überall umgebenden Morast gearbeitet hatten, gelangten wir an einen dichten Wald von Lärchen, Espen und Weiden, wo wir uns zwischen den eng verwachsenen Aesten und umgestürzten Baumstämmen durchwinden mussten, um zu der einzigen Stelle zu gelangen, an der ein Uebergang über den Strom möglich ist. Gegen Abend erst erreichten wir endlich das öde Ufer des Tukulan, und schlugen unser Nachtlager auf einer Wiese auf. Vor uns, nach Norden, lag die lange Kette von Schneegebirgen, hinter uns der dichte, endlose Wald; rund umher herrschte Todesstille, die nur durch das ungeheuere Rauschen des Stromes unterbrochen wurde.

Früh morgens am 20. zogen wir über den Strom. Das Wasser ging den Pferden bis an den Sattel, und die Strömung war furchtbar. Aber der Boden der Furth war eben und fest, und wir erreichten, obwohl ziemlich durchnässt, doch ohne Unfall das jenseitige Ufer.

Wir mussten noch über mehrere, nicht ebenso breite, aber ebenso reissende Ströme setzen, unter denen der Toro Tukulan und Anti Merdöch (eiserne Pforte) die bedeutendsten sind. Dieser letztere schwillt nach starken Regengüssen und bei plötzlichem Schmelzen des Schnees so gewaltig an, dass er Alles, was sich ihm in den Weg stellt, mit sich fortreisst. Auch ist die ganze Thalgegend dieser Flüsse mit grossen, entwurzelten Bäumen und Steinmassen besäet, was unser

Weiterkommen sehr erschwerte und unsere Pferde so ermüdete, dass wir genöthigt waren, hier viel früher als gewöhnlich Halt zu machen.

Der Winter schien sich jetzt vollends einzustellen. Das Thermometer zeigte 5° Frost; und dichter Schnee, der nicht fortthaute, bedeckte die Gegend. Obgleich nicht gerade von der freundlichsten Art, war uns diese Abwechselung im traurigen Einerlei unseres Zuges doch recht willkommen, und wir freuten uns über diesen Vorgeschmack des hiesigen Winter-Nomadenlebens.

Nachdem wir ein freies, ebenes Plätzchen zwischen hohen Bäumen ausgesucht und etwas von Schnee gereinigt hatten, ward ein grosser, dürrer Baumstamm herbeigeschleppt, welcher als Grundlage eines tüchtigen Feuers den Mittelpunkt unseres Lagers bildete, und die Gegend umher beleuchtete. Auf die feuchte Erde breiteten unsere Führer in grösster Geschwindigkeit eine ziemlich dicke Unterlage von kurz gehacktem, dürrem Reisig aus, die sie dann mit einer Schicht grüner Zweige von den hier in Menge wachsenden Zwergcedern bedeckten. Auf diesem wohlriechenden Teppich wurden unsere drei Reisezelte um das Feuer her aufgestellt, so dass sie drei Seiten eines Vierecks bildeten. Unsere Führer nahmen die vierte ein, begnügten sich aber, da es ihrer Meinung nach noch recht warm war, damit, ihre Pferdedecken auf den beschneiten Boden hinzuwerfen, und sich die Sattel als Kopfkissen zurechtzurücken. Während wir noch mit dem Aufrichten unserer Zelte beschäftigt waren, hatten sie schon Zeit gehabt, die Pferde abzuladen, mit dürrem Grase abzureiben und an die umstehenden Bäume kurz anzubinden, damit sie kein kaltes, feuchtes Gras oder Schnee bekämen, ehe sie gehörig abgekühlt waren.

Sobald unsere kleine Niederlassung einigermassen in Ordnung war, eilten wir, die Kessel mit Flusswasser und frischgefallenem Schnee zu füllen und über das Feuer zu hängen. In Erwartung des labenden Thees und der nahrhaften Suppe setzten wir uns um das Feuer, zündeten unsere Gansy, jakutische kurze Tabakspfeifen, an, und ein Jeder schürte bestens das Feuer, um das nach den Beschwerden des Tages sehnlich erwartete Abendessen zu beschleunigen. Die einfache Kost war bald bereitet und verzehrt, und nun begannen die Führer nach hiesiger Sitte, ihre und ihrer guten Freunde Abenteuer auf der Jagd und auf fernen Reisen mit unglaublicher Suade zu erzählen. Dies ist eine allgemeine Liebhaberei, ich möchte fast sagen, Leidenschaft der Jakuten und hiesigen Russen. Sie sind in solchen Erzählungen unerschöpflich, und überbieten einander in unzähligen wahren oder ersonnenen Begebenheiten, um die Aufmerksamkeit der Zuhörer zu fesseln.

So wurde uns heute Abend die ganz tolle Beschreibung einer Bärenjagd zum Besten gegeben, wo ein einzelner Kosack, von dreien dieser Thiere angefallen, alle drei fast zu gleicher Zeit überwunden haben sollte, indem er das eine mit seinem Messer, das andere mit dem Beil und das dritte mit einem Knittel erlegte. Ein anderer Erzähler unterhielt uns mit ebenso unglaublichen Beispielen von der ungeheuren Stärke des sibirischen Elenthieres, welches seiner Versicherung nach im Stande sein sollte, im vollen Lauf mit seinem Geweih grosse Bäume zu entwurzeln und niederzuwerfen.

Unter solchen erbaulichen Gesprächen verging der Abend sehr rasch, wir krochen in unsere Zelte, wo wir auf ausgebreiteten Bärenfellen und unter dicken Pelzdecken die Nacht recht gut und warm verbrachten. Unsere Führer, nachdem sie ihre Pferde auf der dickbeschneiten Weide sich selbst überlassen hatten*), streckten sich auf ihre Decken aus und schliefen, nach der Ermüdung des Tages, gewiss nicht schlechter unter freiem Himmel, als wir in unseren

---

*) Diese Pferde hier im Norden sind von mittlerer Grösse, haben einen kurzen, dicken Hals und nach Verhältniss ihres Wuchses sehr starke Knochen. Die meisten sind von weissgrauer Farbe, und haben sehr langes, zottiges Haar, welches sie, wie die übrigen vierfüssigen Thiere in diesen Gegenden, mitten im Sommer wechseln. Sie machen die beschwerlichsten, oft drei Monate dauernden Reisen, und obgleich sie während dieser ganzen Zeit durchaus keine andere Nahrung haben, als das verdorrte, halb vermoderte Gras, welches sie mühsam unter dem Schnee und

Zelten. — Jedoch nicht immer geniessen die Reisenden hier einer so ungestörten Ruhe wie wir. Im Frühling und Sommer geschieht es oft, dass nach einem heftigen Regenguss das Thal in einer halben Nacht völlig überschwemmt wird. Daher pflegt der erfahrene, vorsichtige Sibirier sein Nachtlager stets unter ein paar grossen, nahe bei einander stehenden Bäumen aufzuschlagen, in deren Gipfel er sich in solchem Falle flüchten kann. Dann wird in grösster Geschwindigkeit von dem einen Baum zum andern aus den Zweigen eine Art Brücke geflochten, auf welcher man mit seiner ganzen Habe in der Luft schwebend, ruhig abwartet, bis das Wasser wieder abläuft, was jedoch nicht zu lange währen darf, da die luftige Wohnung weder Schutz gegen Unwetter bietet, noch auch ein Feuer anzumachen gestattet.

Je mehr man sich dem Ursprung des Tukulan nähert, desto enger wird das Thal, durch welches er seinen Lauf nimmt. Die schroffen Felsen zu beiden Seiten rücken näher an einander, die Waldungen, welche anfangs die Ufer des Stromes zierten, werden immer dünner und verschwinden endlich ganz. Am häufigsten trifft man hier eine Gattung Pappeln an, von ungemeiner Höhe und Dicke; nächst diesen finden sich auch Weiden. Weiter ab vom Ufer, wo der Boden trockener und steinigt ist, wachsen Birken und Fichten, vornehmlich aber die Zwergceder, Slanez genannt, die an Bergabhängen und in den Schluchten, den Boden bedeckend, hinkriecht, und mit ihren kleinen, aber wohlschmeckenden Nüssen den unbehilflichen, finstern Bären, sowie das muntere Eichhörnchen anlocken. In den dichteren Fichten- und Lärchenwäldern nisten Auer- und Rebhühner in grosser Menge.

Am 22. September nächtigten wir auf einer waldlosen Fläche, am Fusse des Gebirges, im Schutze eines weit überhängenden Felsenbogens. Der Winter wurde immer fühl-

---

Eis hervorscharren müssen, so sind sie doch immer wohlgenährt, stark und von unglaublicher Ausdauer. Ueberhaupt erhalten die hiesigen Pferde sich viel länger jung als die unsrigen; das mittlere Alter ist hier 20 Jahre; im Durchschnitt dient ein solches Thier gewöhnlich 30 Jahre.

barer; bei Tagesanbruch zeigte das Thermometer 16° unter Null, und in der Nacht hatte ich mich trotz der Pelzdecke nicht erwärmen können.

Wir hatten jetzt den Werchojanskischen Bergrücken erreicht und schickten uns an, denselben zu übersteigen. Dies ist unstreitig der schwierigste und gefährlichste Theil des ganzen Weges von Jakutsk bis an die Kolyma. Wir mussten steile Felsabhänge hinanklimmen, wo wir wegen Mangel an Schnee jeden Augenblick Gefahr liefen, in Abgründe zu stürzen. Dann geriethen wir wiederum in enge, ganz verschneite Bergschluchten, in denen wir genöthigt waren, uns mit Schaufeln einen Weg zu bahnen. Mit all diesen Hindernissen und Gefahren kämpfend, brauchten wir drei volle Stunden, um nur den höchsten Uebergangspunkt, den Pass, zu erreichen. Von hier erheben sich die Gipfel der Berge noch über 800 Fuss; der Weg schlängelt sich zwischen denselben hindurch.

Im Sommer ist dieser Uebergang weniger beschwerlich, und nur wegen der häufigen und schweren Gewitter furchtbar; im Winter jedoch häufen sich Gefahren aller Art: so dringen oft plötzlich aus Bergschluchten und Felsspalten Windstösse hervor, die so heftig sind, dass sie Ross und Reiter umwerfen, und nicht selten werden ganze Karawanen in die Abgründe gestürzt, an deren schmalem, steilem Rande der Weg dahin führt.

Uns begünstigte bei diesem gefährlichen Uebergange die Witterung ganz besonders. Der Himmel war heiter und wolkenlos; in den Strahlen der Mittagssonne funkelten die bereiften Felsenwände um uns her in Millionen der schönsten Brillanten; unter uns, nach Norden, öffnete sich das Thal der Jana, welche von hier in das Eismeer fliesst; nach Süden schlossen schroffe Felsen die Aussicht. Ein in seiner Art grossartiges, aber düsteres, rauhes Naturbild!

Der Werchojanskische Bergrücken, welcher die Wasserscheide zwischen der Lena und der Jana bildet, besteht fast durchgehends aus reinem, schwarzem Schiefer und ist an der Nordseite weit weniger steil als nach Süden. Dieses Gebirge liegt nach unseren Beobachtungen unter 64° 20′ nördlicher Breite, und macht einen merkwürdigen Abschnitt in der Vegetation; hier hören nämlich die Fichten und Tannen sowie auch die noch hin und wieder wachsenden Eberäschen plötzlich auf, und man findet davon gar keine mehr nach Norden hinauf, während der Lärchenbaum überall, und Pappeln, Birken und Weiden bis zum 68° hinauf wachsen. Letztere finden sich noch an den Ufern des Omolon und der beiden Aniuj, in Niederungen, wo sie gegen die kalten Winde Schutz finden; doch wachsen sie hier grösstentheils nur strauchartig.

Die ganze Strecke, von Aldan bis an das Werchojanskische Gebirge, wird der Tukulansche Weg genannt. In ganz Sibirien giebt es wol — die gefährlichen Bergübergänge ausgenommen — keinen schlechteren Weg als diese 140 Werst, auf welchen sich Moräste, dicht verwachsene Wälder, reissende Ströme, Berge und Felsen gleichsam vereinigt haben, um das Weiterkommen zu verhindern. Dazu kommt noch, dass der unglückliche Reisende weder Jurten noch sonst irgend eine Art von Obdach und Schutz gegen Kälte und Unwetter findet, sondern genöthigt ist, immer unter freiem Himmel zu übernachten. Diese Tukulansche Einöde gehört in's Gebiet des jakutskischen Landgerichts, welches in keiner Weise auf die Bequemlichkeit der Reisenden bedacht war. Um so merkwürdiger ist die Sorgfalt, welche der Werchojanskische Kreiskommissar, Tarabunin, an der Nordseite des Gebirges dafür aufgewendet hat. Gleich beim Eintritt in sein Amt hat er alle ihm zu Gebote stehenden Mittel angewandt, um in seinem Distrikt die Gebirgswege durch Aushauen und Erweitern an den Abhängen, durch zweckmässigere Leitung des Weges über die weniger morastigen Stellen u. s. w., gefahrloser und bequemer zu machen. Auch verdankt man ihm noch eine höchst wichtige und wohlthätige Einrichtung, die s. g. Powàrni (Kochhäuser): in gewissen Entfernungen erbaute Holzhütten ohne Oefen, blos mit horizontal liegenden Baumstämmen gedeckt; in ihrer Mitte befindet sich eine Art von Herd zum Feuermachen, und eine Oeffnung in der Decke dient als Rauchfang; an den Wänden sind breite Holzbänke angebracht. So roh und unvollkommen die Bauart dieser Herbergen auch ist, so sind sie doch eine wahre Wohlthat für den Reisenden, indem sie ihm ein Obdach gegen Sturm und Schneetreiben darbieten, und mit Hilfe eines tüchtigen Feuers auch mehr oder weniger gegen die Kälte schützen.

Das Tukulansche Thal, durch welches wir von den Ufern des Aldan gezogen waren, hat anfänglich eine Richtung nach ONO., wendet sich aber dann nach NNO. Nachdem man ungefähr 30 Werst in diesem Thale zurückgelegt hat, gelangt man an einen hohen, steilen und zugespitzten Berg; hier geht der Weg durch eine in demselben befindliche Spalte oder Schlucht, deren Boden, nach den barometrischen Messungen des Herrn von Anjou, 2100 Fuss über dem Niveau des 30 Werst von hier befindlichen Tukulan erhaben, aber noch ungefähr 800 bis 1000 Fuss niedriger als der eigentliche Gipfel des Berges ist. Diese Bergschlucht ist der höchste Punkt des Ueberganges über das Gebirge; sie besteht gleichfalls aus nacktem, schwarzem Thonschiefer, welcher nach N. z. O. streicht und gegen den Horizont in einem Winkel von 50° schiesst.

Am Fusse des nördlichen Abhanges, längs dem rechten, höheren Thalrande, fliesst die Jana, welche aus einem kleinen Landsee entspringt und sich in das Eismeer ergiesst. In diesem See, der ungefähr auf der Hälfte des Weges hinabwärts auf einem Absatz des Berges liegt, trifft man in ziemlicher Menge den Fisch Chàrjus (Salmo thymallus, die Aesche), welcher wahrscheinlich den Strom hinauf geht.

Wir zogen nun längs dem linken Ufer der Jana weiter, wo wir immer in gewissen Entfernungen die eben beschriebenen Powàrni antrafen. In der Nähe von einer derselben stiessen wir, am 25. September, auf eine einzeln dastehende Hütte von Baumästen und Blättern, die wir anfangs für durchaus unbewohnt und unbewohnbar hielten. Zu unserem Erstaunen aber fanden wir, dass es die Wohnung eines Tungusen war, der sich mit seiner Tochter und ein paar

Hunden in dieser eisigen Einöde niedergelassen hatte, um ungestört der Rennthierjagd nachzugehen. Man muss die Gegend, man muss die halb durchsichtige Hütte gesehen haben, um sich eine Vorstellung von der schrecklichen Lage dieser beiden Anachoreten machen zu können. Besonders zu bedauern ist das arme Mädchen. Während der Vater auf seinen langen Schneeschuhen oft mehrere Tage hindurch ein Rennthier verfolgt, ehe es ihm gelingt es zu erlegen, bleibt die Tochter in jener jämmerlichen Hütte, die kaum im Sommer ein hinlängliches Obdach gegen Wind und Regen darbietet, allein, hilflos, ohne gehörig warme Bekleidung, der furchtbarsten Kälte und sehr oft auch dem Hunger preisgegeben, in völliger Unthätigkeit zurück. Man kann sich einen solchen Zustand kaum vorstellen. Dieser Tunguse war einer von denen, die durch irgend einen unglücklichen Zufall ihren einzigen Reichthum, die zahmen Hausrennthiere, verloren haben, und dadurch in die traurige Nothwendigkeit versetzt sind, sich von ihren Stammgenossen zu trennen, und in diesen eisigen Wüsten ihren Lebensunterhalt zu suchen, unter beständigem Kampf gegen Mangel, Kälte und zahllose Gefahren, welchen viele von ihnen erliegen. Merkwürdig genug ist es, dass diese Unglücklichen in der Landessprache mit einem Ausdruck bezeichnet werden, welcher ungefähr so viel heisst, als: Glücksjäger, und einen Menschen bedeutet, der ausgezogen ist, sein verlorenes Glück zu suchen. Der wahrhaft bejammernswerthe Zustand dieser Glücksjäger, die man häufig in den Wäldern antrifft, ist der Aufmerksamkeit der Regierung nicht entgangen. Durch die neue Organisation des östlichen Sibiriens ist die Verordnung getroffen, alle diese herumstreifenden Tungusen längs den Ufern der grossen, fischreichen Flüsse anzusiedeln, und sie mit den zur Fischerei erforderlichen Geräthschaften zu versehen, damit sie sich auf diese Art ihren Unterhalt schaffen können.

Viertes Kapitel.
Reise bis Nishne-Kolymsk.

Am 26. September erreichten wir die erste Poststation Baralas, welche 157 Werst vom Werchojanskischen Gebirge, nach unseren Beobachtungen unter 65° 51' n. Br. liegt. Wir fanden hier eine geräumige Jurte für Reisende, die uns nach so langer Entbehrung jeder Art von Bequemlichkeit auf das angenehmste überraschte. Der hiesige Jessaul (Aufseher) hält seine Station in musterhafter Ordnung. Gleich am Eingang stand, auf reinlicher Unterlage von frischem Schnee, eine Reihe klarer Eisstücke zum Füllen der Speise- und Thee-Kessel. Die Jurte selbst war sauber ausgekehrt, und die Bänke an den Wänden mit duftendem Heu belegt. Auf dem Tschuwal brannte gespaltenes, trockenes Holz; vor die Fenster waren helle, glatte Eisscheiben gesetzt und sorgfältig mit hiesigem Polarfensterkitt, aus Schnee und Wasser bestehend, verschmiert; kurz, alles verkündete Ordnung, Sorgfalt und Reinlichkeit. Uns, die wir ohne auszuruhen neun Tage und neun Nächte unter freiem Himmel in Schnee und Kälte zugebracht hatten, erschien die Baralaskische Poststation wie ein prachtvoller Palast. Wir eilten, uns der steifgefrorenen, schweren Pelze zu entledigen, Wäsche zu wechseln und uns Gesicht und Hände zu waschen, was wir alles bisher nicht wagen durften, ohne zu riskiren, uns Nase und Ohren zu erfrieren.

Nach beendigter Toilette fühlten wir uns wie neugeboren, und statteten mit wahrem Jubel dem wackeren Jessaul unseren Dank für diesen Hochgenuss ab, von dem er sich übrigens, wie es uns schien, aus Mangel an eigener Erfahrung keinen recht deutlichen Begriff machen konnte.

Er stellte uns nun einen, mit dem Beile roh verfertigten Tisch hin, der mit allen erdenklichen hiesigen Leckerbissen besetzt war, als: in kleine Würfel zerhackte, gefrorene s. g. jakutische Butter ohne Salz; s. g. Struganina, d. i. gefrorener, in ganz dünne Scheiben geschnittener Fisch, und zum Nachtisch das hiesige Prachtessen: ganz frisches, rothes Rennthiermark. So wenig verlockend diese glaces au beurre et au poisson, und die Compotte aux rennes auch waren, so langten wir doch herzhaft zu, und fanden, aus Erkenntlichkeit für die uns erwiesene Gastfreundschaft, alles vortrefflich. In der Folge gewöhnten wir uns an den Speisezettel, und ich gestehe, dass ich auch ohne allen Höflichkeitszwang einige Scheiben frische Struganina, ehe sie nämlich aufthaut, mit Salz und Pfeffer gewürzt, dem gekochten Fische vorgezogen habe.

Mit Baralas beginnt wieder eine regelmässige Posteinrichtung; man findet mehr oder weniger gute Jurten für die Reisenden und ihr Gefolge. Die Jakuten berechnen die Entfernungen nach Kiòssy — so nennen sie nämlich eine Strecke Weges, zu der sie so viel Zeit brauchen, als zum Garkochen eines Stückes Fleisch erforderlich ist. Da bei dieser mehr gastronomischen als mathematisch genauen Massbestimmung alles auf die Beschaffenheit des Weges ankommt, so ist im Durchschnitt als Norm angenommen, dass bei schlechtem, morastigem oder bergigem Wege ein Kiòss ungefähr 5 Werst, auf ebenem Wege aber 7 Werst beträgt.

So wohl es uns auch in dem gastfreundlichen Baralas wurde, verweilten wir doch nur einen Tag daselbst, und machten uns am 27. September wieder auf den Weg nach der nächsten Station, Tabalog, die 300 Werst von hier liegt. Da wir nicht mit der eigentlichen Post, sondern mit besonders für unsere Expedition ausgestellten Pferden reisten, so nahmen wir statt des gewöhnlichen Postweges über Werchojansk einen anderen, den die Kaufmannskarawanen gewöhnlich zu wählen pflegen, und der beinahe um hundert Werst kürzer sein soll.

Die Ufer der Jana sind hier flach und grösstentheils mit Lärchenbäumen von mittlerer Grösse bewachsen. Der Landstrich zwischen diesen beiden Stationen bietet nur wenig Abwechselung; am 3. Oktober erreichten wir Tabalog, das, umgeben von fischreichen Seen und guten Weideplätzen, hinlänglich Nahrung für Menschen und Vieh darbietet. Am 5. Oktober verliessen wir den Ort; nachdem wir 85 Werst zurückgelegt hatten, gelangten wir an den Fuss des Bergrückens, welcher niedriger ist als der Werchojanskische, und die Scheidung zwischen den beiden Flusssystemen der Jana und Indigirka bildet. Ungefähr in der Mitte des flachen Bogens, den diese Bergkette umschnitt, bildet sie ein enges Thal, durch welches unser Weg in östlicher Richtung hinführte. Demselben folgend, kamen wir an das zu dem Janasystem gehörige Flüsschen Dogdo, dessen Laufe nachgehend wir in ein ziemlich breites, kesselförmiges Thal gelangten, das in der früheren Geschichte Sibiriens eine Rolle spielt. Die Tradition berichtet, dass zur Zeit der Eroberung dieses Landes eine zahlreiche Rennthier-Tungusen-Horde sich hierher flüchtete, in der Hoffnung, hier vor ihren Verfolgern sicher zu sein; dass aber diese sie entdeckten und nach einem hartnäckigen Kampfe die ganze Horde ihren Tod in diesem Thale fand, welches daher auch jetzt noch das Todesthal heisst. — Es fehlte nicht viel, so hätte auch ich die Anzahl der hier Begrabenen vermehrt. Ich hatte mich von der Karawane getrennt, um mich in der Gegend umzuschen, und wollte sie auf einem Seitenwege, der mir viel kürzer erschien, wieder einholen. Dieser Weg führte über ein völlig zugefrorenes Flüsschen; als ich etwa ein Drittel der Breite überschritten hatte, brach das noch nicht sehr dicke Eis, mein Pferd verschwand unter demselben, und blos durch einen glücklichen Zufall gelang es mir, im selben Augenblick trotz der schweren, unbehilflichen Reisekleidung, vom Pferde ab, und auf das feste Eis zu springen, und das Ufer zu erreichen. Ich glaubte mein Pferd in den Fluthen verloren; aber unsere jakutischen Führer, die meinen Unfall von fern gesehen hatten, eilten lachend herbei und versicherten, sie würden das Pferd lebendig und trocken wieder schaffen. Sie gingen auch gleich an's Werk, indem sie mit Stangen das Eis noch weiter zerbrachen und wirklich mein Pferd wohlbehalten herausholten. Es war nämlich, wie hier oft geschieht, nach dem Gefrieren der Oberfläche das Wasser unter dem

Eise fast ganz abgelaufen, so dass zwischen der Eisdecke und dem Boden des Flusses ein leerer Raum von sechs bis sieben Fuss Tiefe entstand, in welchen das Pferd, ohne sich eben sehr zu beschädigen, hinabgestürzt war. — Leider verlor ich bei dieser Gelegenheit meinen Vorrath an Thee, Zucker und Rum, welche in eine Art von Mantelsack gepackt waren, der bei dem Sturze riss und auseinander ging. Ein unersetzlicher, für den in diesen Eiswüsten Herumziehenden höchst empfindlicher Verlust!

In der Gegend des oben erwähnten Todtenthales verliessen wir den Dogdo, welcher nach Osten fortläuft, und bogen nördlich in ein engeres Thal, welches von mehreren kleinen Bächen durchschnitten und fast ganz von schroffen Felsen umgeben ist. Ueberall wo die Felsenwände nicht mit Schnee bedeckt waren, zeigte sich immer der hier grösstentheils vorwaltende schwarze Schiefer.

Am 10. Oktober gegen Mitternacht erreichten wir das Städtchen Saschiwersk, am rechten Ufer der Indigirka, 415 Werst von Tabalog. So jämmerlich der Ort ist, so bietet er doch eine höchst merkwürdige Erscheinung in der Person des, weit und breit unter dem Namen Vater Michail bekannten, siebenundachtzigjährigen Priesters dar, welcher nun schon seit 60 Jahren als Diakon und Priester sein Amt verwaltet hat, und in dieser Zeit 15,000 Jakuten, Tungusen und Jukahiren nicht blos der äusseren Form nach getauft, sondern wirklich mit den vornehmsten Wahrheiten der christlichen Religion bekannt gemacht hat; sowohl dadurch, als durch seine guten Lehren und Rathschläge, wie auch durch sein Beispiel, hat er wesentlich auf die Bildung und moralische Besserung dieser Völker gewirkt. Der Eifer dieses ehrwürdigen Greises für die Ausbreitung der Lehre des Evangeliums unter den Bewohnern dieser Schneesteppen ist so gross, dass er jetzt noch, trotz seines hohen Alters, sich weder durch Kälte noch durch die übrigen zahllosen Beschwerlichkeiten abhalten lässt, jedes Jahr Reisen von 2000 Werst und darüber zu Pferde zu machen, um die neugeborenen Kinder seiner verstreuten Gemeinde zu taufen, seine übrigen Amtsverrichtungen zu versehen, und als Rathgeber, Lehrer, oft auch als Arzt, wo er nur immer kann, zu nützen. Dabei hat er aber noch Zeit und auch Kraft genug, in den benachbarten Gebirgen Jagd auf Argali (wilde Schaafe) zu machen, die er mit einer Kugelbüchse schiesst, und Rebhühner und anderes Federvieh mit Schlingen zu fangen. Während des kurzen Sommers bearbeitet er emsig seinen kleinen Garten, und hat es durch Mühe und Sorgsamkeit so weit gebracht, dass er darin Kohl, Rüben und Rettig zieht, welche Pflanzen hier, des rauhen Klimas wegen, besonders aber weil Niemand sie zieht, zu den grössten Seltenheiten gehören. Auch ermangelte der ehrwürdige Alte nicht, uns einen Topf kräftigen Schtschis (gesäuerter Kohlsuppe) aus selbsterzogenem Kohl, nebst frischgebackenem Roggenbrot vorzusetzen, und seine herzliche Freude, uns mit diesem schon lange entbehrten, schmackhaften Nationalgericht bewirthen zu können, war wenigstens ebenso gross, als der Genuss, den es uns gewährte.

Am 13. Oktober konnten wir Saschiwersk verlassen; beim Abschied gab uns der ehrwürdige Altvater Michail noch einige kleine Reisevorräthe und seinen wohlgemeinten Segen mit auf den Weg. Obgleich ich nur ein paar Tage hier gewesen war, so gehört doch der kurze Aufenthalt in seiner geistlichen Hütte, und die herzliche Aufnahme, die ich hier genossen habe, zu den wenigen freundlichen Erinnerungspunkten auf meiner, im übrigen ziemlich düsteren Reise.

Wir zogen über Wiesen und Moräste, die mit niedrigem Gesträuch und verkrüppelten Bäumen bewachsen waren, und eine Menge zerstreuter kleiner Landseen einschlossen. Auf unserm Wege, der in einer Entfernung von ungefähr 40 Werst parallel mit der Indigirka fortlief, waren wir so glücklich, immer zum Nachtlager bewohnte Jakutenjurten anzutreffen, bis wir an den 315 Werst von Saschiwersk belegenen grossen See Orinkino gelangten, der die Gränze des Saschiwerskischen Bezirkes ausmacht, und wo die jakutischen Niederlassungen ganz aufhören.

In dem hier beginnenden Kolymskischen Kreise mussten

wir, bis an den Fluss Alasej, eine völlig unbewohnte Wüste von 250 Werst durchziehen, welche grösstentheils aus Morästen besteht, die im Sommer, besonders nach anhaltendem Regen, völlig unwegsam sind. Die Seen werden immer seltener, Wiesen und Heuschläge giebt es fast gar nicht, so dass bei dem gänzlichen Mangel an Nahrung für Menschen und Vieh gar keine Art von Niederlassung stattfinden kann.

Diese, westlich von der Alasejschen Bergkette liegenden, unabsehbaren Moräste, die hier Badarány genannt werden, trocknen eigentlich nie ganz aus. Bei lange andauernder Dürre und wärmerer Witterung bildet sich blos auf der Oberfläche derselben eine Art von Rinde, die, gleich dem Herbsteise, unbedeutende Lasten trägt, unter etwas schwereren aber durchbricht. Dies geschieht auch oft mit den Pferden der Reisenden, die genöthigt sind, im Sommer dieses Wegs zu ziehen, und nur der, in einer gewissen Tiefe ewig gefrorene Grund des Morastes bewahrt sie vor dem gänzlichen Versinken. Ueberhaupt kann man sich wohl nichts Traurigeres, Oederes denken, als diese Badarány, mit halb verwestem Moose bedeckt, in welchem nur hin und wieder auf den etwas erhöhten Stellen ein paar kümmerliche Lärchensträucher längs dem Boden hinkriechen, deren fast gänzlich entblösste Wurzeln kaum im Stande sind, sich lebend zu erhalten.

Der Winter ist demnach die einzige Jahreszeit, in der man sich auf diese Moräste wagen darf; der Reisende läuft dann freilich nicht Gefahr zu versinken, hingegen bedrohen ihn auf der unabsehbaren, nackten Eisfläche fürchterliche Stürme und Schneegestöber, gegen welche es gar keinen andern Schutz giebt, als einige baufällige Powàrni, in denen er in Gefahr ist, von dem Rauche, den der von allen Seiten eindringende Wind beständig herumwirbelt, erstickt zu werden.

Ungefähr 100 Werst von dem See Orinkino liegt der eben nicht sehr hohe, aber waldige Alasejsche Bergrücken, der das Flusssystem der Indigirka von dem des Alasej trennt.

Wir besteigen dieses kleine Gebirge von der Westseite, welche viel steiler ist, als der Abhang nach Osten. In den verschiedenen hier entspringenden Bächen und Zuflüssen des Alasej findet man in Menge gediegenes Eisen von vorzüglicher Güte, welches die Jakuten zu Messern, Beilen u. dergl. verarbeiten.

Hier haben die Badaràny ein Ende; je näher man dem Flusse Alasej kommt, desto häufiger zeigen sich auch wieder die fischreichen Landseen, von denen manche bis 40 Werst im Umkreise haben, und zwischen denen gutes Wiesenland liegt. Auch trifft man hier schon wieder einzelne bewohnte Jurten und jakutische Niederlassungen an, welche immer häufiger werden, je näher man der Kolyma kommt.

Am 21. Oktober verkündigte uns der mit Funken untermischte Rauch, der sich gleich einer Säule über die Bäume erhob, zu unserer grössten Freude die Nähe der Sardachschen Poststation, wo wir nach einer achttägigen, höchst beschwerlichen Reise bei einer beständigen Kälte von 17 bis 24°, hoffen durften, uns wieder einmal durchwärmen, und in einer geheizten, geschlossenen Stube ausruhen zu können.

Wir fanden unsere Erwartungen nicht nur nicht getäuscht, sondern vielmehr bei weitem übertroffen. Die, 140 Werst von den Alasejschen Bergen gelegene Station ist durch die Sorgfalt des verabschiedeten Wachtmeisters Atlassow, eines würdigen Urenkels des Eroberers von Kamtschatka, besser bebaut und unterhalten als irgend eine auf dem ganzen Wege von Jakutsk bis Kolymsk. In seinem recht gut gebauten Hause findet der Reisende ein abgesondertes, warmes und reinliches Zimmer, mit Bänken und Tisch versehen; um den Hof herum steht eine geräumige Jurte für die Fuhrleute, eine Badestube, eine Vorrathskammer und ein langer Schuppen, um die Salz- und Mehltransporte, die von Jakutsk nach Sredne-Kolymsk gehen, bei schlechtem Wetter zu bergen. In der Mitte steht ein drei Faden hohes Lusthäuschen mit einer Sonnenuhr. Am Abhange des Berges befinden sich Vieh- und Pferdeställe, und das Ganze ist mit einem zierlichen Palissadenzaun umgeben, welcher bis an einen unten liegenden kleinen Landsee hinabgeht, dessen jenseitiges Ufer mit einem dichten Lärchenwäldchen geschmückt ist. Der Anblick dieser freundlichen, die Anwesenheit eines gebildeten Menschen verkündigende Ansiedelung, mitten in der unermesslichen öden Wüste, ist unbeschreiblich angenehm und wohlthuend.

Der Weg von Sardach bis Sredne-Kolymsk beträgt 250 Werst; er ist für diese Region ganz angenehm. Mehrere grosse Seen, dichte Lärchenwäldchen und überhaupt eine lebendigere Vegetation gewähren dem Auge angenehme Abwechselung und Erholung. Hier sah ich auch auf einem See, über den wir zogen, die erste Heerde wilder Rennthiere, die von zwei Wölfen verfolgt ganz dicht vor meinem Pferde vorbeischossen. Die Wölfe umgingen den kleinen See von beiden Seiten, dessen ungeachtet gelang es ihnen doch, ihre Beute zu ereilen und in dem benachbarten Walde sich eines der Rennthiere zu bemächtigen.

Am 25. Oktober abends gelangten wir an das Ufer der Kolyma; es war bereits so dunkel, dass man die Gegenstände nicht mehr unterscheiden konnte; aber die aufsteigenden Rauchsäulen, das Bellen und Heulen der Hunde, ein hier und da matt durch die Eisscheiben schimmerndes Lichtchen, besonders aber die, schon in ziemlicher Entfernung sichtbare Thurmspitze der Kirche verkündigte uns, dass wir das Städtchen Sredne-Kolymsk (Mittel-Kolymsk) erreicht hatten. Es ist der gewöhnliche Standort des Beamten, unter welchem der ganze Kolymskische Kreis steht, und ist nach hiesigem Massstab ziemlich gut bebaut, denn ausser der Kirche zählt man hier 13 Häuser, die von Kosacken, Bürgern und Bauern bewohnt werden.

Die Kälte nahm mit jedem Tage zu. Auf der letzten Hälfte des Weges, von Sardach hierher, hatten wir bei klarem Himmel und glücklicher Weise ohne Wind 18° bis 29° Frost gehabt. Dies nöthigte mich, einen ganzen Tag in Sredne-Kolymsk zu bleiben, um mich zur Weiterreise mit einer vollständigen hiesigen Wintergarderobe zu versehen. In etlichen Stunden war alles Nothwendige angeschafft, und ich fand mich folgendermassen ausstaffirt: über meine gewöhnliche Reiseuniform musste ich zuerst ein Kamisol mit Aermeln und einen Brustlatz, beides mit weissem Steinfuchs gefüttert, und breite Hosen mit Futter von Hasenfell anziehen. An die Füsse wurden doppelte Socken von weichem, jungen Rennthierfell gezogen, und über diese hoch hinauf reichende Stiefel von demselben Fell; ausserdem wurden noch, weil wir ritten, besondere Kniedecken angelegt. Ueber diesen Anzug kam nun die Kuchlänka, eine Art weiten Sackes mit Aermeln aus weich gegerbtem Rennthierfell, in- und auswendig rauh, mit einer am Rücken befestigten Fellkappe. Zum Schutze des Gesichtes gegen die Kälte kam noch eine Menge kleiner Schutzdecken, die je nach ihrer speciellen Bestimmung benannt werden: der Nasenschützer, Kinnschützer, Ohrenschützer, Stirnschützer, u. s. w., und über dies alles ward nun noch eine ungeheure Fuchsmütze mit langen Ohren gestülpt. Ich war so beladen, und so unbeholfen in dem mir ganz neuen Kostüm, dass ich nur noch mit Hilfe meiner Begleiter mich auf mein Pferd zu schwingen vermochte.

Zum Glück ist das Rennthierfell bei seiner ausserordentlichen Dichtheit und Wärme dennoch sehr leicht, ohne diese Eigenschaft müsste man unter der Last eines solchen Anzuges erliegen. Die Eingeborenen finden ihn gar nicht beschwerlich und schlüpfen durch die engen Thüren der Jurten ganz leicht hinein und hinaus, während wir Neulinge nicht selten darin stecken blieben.

Am 27. Oktober verliessen wir Sredne-Kolymsk und setzten unsere Reise zu Pferde fort bis an die 320 Werst entfernte Station Omolònskaya. Hier hatte endlich zu unserer grossen Freude das bei der immer steigenden Kälte in unserer abenteuerlichen Vermummung höchst beschwerliche Reiten ein Ende. Wir bestiegen jubelnd die leichten, mit Hunden bespannten, schmalen Schlitten, Närty genannt, welche auf ebenem Wege nicht nur ein sehr bequemes Fuhrwerk sind, sondern auch den Vortheil bieten, dass man ungleich rascher vorwärts kommt als zu Pferd, und dabei weit weniger der Kälte ausgesetzt ist.

Hier hört der eigentliche Baumwuchs auf; von hier aus nördlich sieht man fast nichts mehr als Gesträuch, das immer niedriger und spärlicher wird, je weiter man vorrückt.

In zwei Tagen machten wir die noch übrigen 120 Werst bis Nishne-Kolymsk (Unter- oder Nieder-Kolymsk), wo wir am 2. November bei einer ganz respectabeln Kälte von 32° anlangten.

So hatten wir denn, nach einer Reise von 224 Tagen, von St. Petersburg an, Elftausend Werst zurückgelegt; das erste Ziel unserer Reise war erreicht, — wir befanden uns in Nishne-Kolymsk, einem jämmerlichen Fischerdörfchen, welches auf volle drei Jahre unsere Residenz sein sollte.

Fünftes Kapitel.
Land und Leute in Nishne-Kolymsk.

Ehe ich an die Beschreibung unserer Arbeiten und unseres Lebens in Nishne-Kolymsk gehe, halte ich es für zweckmässig, einige Bemerkungen über Land und Leute daselbst vorauszuschicken, um in der Folge meine Erzählung weniger durch lokal- und ethnographische Beschreibungen unterbrechen zu müssen.

Die Rauheit des hiesigen Klimas kann ebenso sehr und vielleicht noch mehr der ungünstigen geographischen Lage dieser Gegend, als der hohen Breite derselben zugeschrieben werden. Nach Westen zu liegt eine unabsehbare nackte Mooshaide, Tundra, nach Norden das mit ewigem Eise bedeckte Meer, so dass die fast beständig herrschenden Nord-Westwinde mit ihrer ganzen Gewalt hier ungehindert wirken können. Sie führen nicht nur im Winter, sondern oft auch mitten im Sommer die heftigsten Schneegestöber herbei. — Diese ungeschützte Lage wirkt so stark auf das Klima ein, dass die Durchschnitts- oder Mitteltemperatur des ganzen Jahres nicht über 8° Réaumur unter dem Gefrierpunkt (14° Fahrenheit) steigt.

Bei Nishne-Kolymsk friert der Strom schon in den ersten Tagen des Septembers zu; näher nach der Mündung zu gehen oft schon um den 20. August beladene Pferde über's Eis, und nie löst sich die Eisdecke vor dem Anfang des Juni.

Im Laufe der drei Monate, die man hier mit dem Namen Sommer beehrt, geht zwar die Sonne während 52 Tagen nicht unter, das hilft aber wenig, denn sie steht so niedrig, dass sie nur leuchtet, die Atmosphäre aber fast gar nicht erwärmt. Bei dieser geringen Höhe verlieren ihre Strahlen die Wärme fast ganz, die Sonne selbst erscheint in elliptischer Gestalt, und man kann sie in ihrem matten Glanze ohne alle Unbequemlichkeit mit blossem Auge betrachten.

Obgleich wie gesagt während dieser Periode die Sonne nicht untergeht, so ist dennoch die gewöhnliche Ordnung der Tageszeiten immer bemerkbar. Wenn die kalte Sonne sich an den Horizont herabsenkt, tritt der Abend und die Nacht ein, die Natur ruht; so wie sie sich aber nach ein paar Stunden wieder erhebt, erwacht alles: die wenigen kleinen Vögelchen, die es hier giebt, begrüssen mit heiserem Gezwitscher den neuen Tag, das eingeschrumpfte gelbe Blümchen wagt seinen Kelch zu öffnen, und alles scheint zu eilen, um doch etwas von dem wohlthätigen Einfluss der matten Sonnenstrahlen zu geniessen.

Ebenso ist es mit den Jahreszeiten. So wie es unter den Wendekreisen nur zwei derselben, Frühling und Sommer giebt, so giebt es auch hier nur zwei, Sommer und Winter, obwohl die hiesigen Eingeborenen ganz ernsthaft von einem Frühling und Herbst reden. Ersteren glauben sie um die Zeit zu finden, wo die Sonnenstrahlen um Mittag anfangen bemerkbar zu werden, was gewöhnlich um Mitte März stattfindet. In diesem Lenze aber friert es oft nachts noch 30°. Den Herbst rechnen sie von der Zeit an, wo die Flüsse zufrieren, nämlich von den ersten Tagen des Septembers, wo es gewöhnlich schon 35° Kälte giebt. Der hiesige Sommer ist eigentlich nur ein Kampf zwischen Werden und Vergehen. In den letzten Tagen des Mai treibt das verkrüppelte Weidengebüsch kleine, winzige Blätter, und die nach Süden gelegenen Uferabhänge überziehen sich mit falbem Grün. Im Juni giebt es um Mittag 18° Wärme; es zeigen sich Blümchen, und die Beerenstauden treiben Blüthen; da tritt aber zuweilen ein Seewind und mit ihm eine rauhe Eisluft ein, die das ärmliche Grün gelb werden lässt und die Blüthen zerstört. Im Juli pflegt die Luft am heitersten und wohl auch ziemlich mild zu sein; es ist aber, als wollte die Natur den Bewohnern dieser Gegend selbst das Schattenbild des Sommers verleiden und sie zwingen, den Winter wieder herbeizuwünschen, — es stellen sich nämlich mit den ersten Tagen dieses Monats Millionen von Mücken ein, die in dichten Wolken die Luft verfinstern und es durchaus unmöglich machen, anders als in dem dicken, bitteren Rauch der Dymokùry, grosser Haufen abgefallener Blätter, Moose und feuchten Holzes, auszuhalten, der diese furchtbaren Plagegeister etwas verscheucht.

Es fehlt hier während des Sommers nicht an Gewittern, deren Rollen von den Bergen her wohl zu hören ist, die aber auf der grossen Schnee- und Eisfläche nur schwach und durchaus von gar keiner Wirkung sind.

Der eigentliche Winter dauert volle neun Monate. Mit dem November treten die grossen Fröste ein, die im Januar bis auf 43° steigen. Dann wird das Athmen schwer, das wilde Rennthier, dieser Bürger der Polarregionen, zieht sich in das tiefste Dickicht der Wälder zurück und steht unbeweglich wie leblos da, selbst der Schnee dampft!

Statt des zweimonatlichen Tages tritt mit dem 22. November eine achtunddreissigtägige Nacht ein, die aber durch die starke Refraktion des Schnees sowie durch häufige Nordlichte, ziemlich erträglich wird. Am 28. Dezember erscheint tief unten am Himmel eine blasse Morgenröthe, die aber selbst um Mittag noch nicht im Stande ist, die Sterne zu verdunkeln. Mit der Wiederkehr der Sonne wird die Kälte empfindlicher, und die im Februar und März bei Sonnenaufgang statthabenden Fröste zeichnen sich durch ihre ganz besonders durchdringende Schärfe aus. Völlig heitere Tage sind hier im Winter äusserst selten, weil die vorherrschenden Seewinde beständig Dünste und Nebel mitbringen, die zuweilen so dicht sind, dass sie die am tiefblauen Polarhimmel hellfunkelnden Sterne ganz verdecken. Die meisten heiteren Tage finden sich noch im September.

Eine merkwürdige Naturerscheinung ist der hier unter dem Namen tëploj Wéter, der warme Wind, bekannte OSO.-, oder richtiger SOS.-Wind, welcher zuweilen bei heiterem Himmel plötzlich eintritt und mitten im strengsten Winter die Temperatur in kurzer Zeit von 35° Frost auf $1^1/_2°$ Wärme bringt, so dass die Eisscheiben, die hier die Stelle des Glases in den Fenstern vertreten, aufthauen. In den Thälern am Aniuj findet sich der warme Wind häufig, dagegen aber hört westlich vom Vorgebirge Tschukotskoj seine bewundernswürdige Wirkung ganz auf. Gewöhnlich hält dieser Wind nicht länger als 24 Stunden an.

Obgleich nach allem oben Gesagten das hiesige Klima eines der rauhesten und unfreundlichsten ist, so muss man doch zugeben, dass es im ganzen auf die Gesundheit nicht nachtheilig wirkt. — Die kümmerliche Vegetation entspricht natürlich dem rauhen Klima, besonders ärmlich ist in dieser Hinsicht die Umgegend von Nishne-Kolymsk, ein niedriger Sumpf, auf dessen Oberfläche eine dünne Schicht aus etwas vermodertem Grase und Blättern entstandener vegetabilischer Erde, mit nie ganz schmelzenden Eisflächen gemischt, kaum vermag, einige kleine verkrüppelte Lärchenbäumchen zu ernähren, deren Wurzeln, das ewige Eislager in der Tiefe scheuend, grösstentheils entblösst an der Oberfläche liegen und nur mit den unteren dünnen Wurzelfäserchen ihre kümmerliche Nahrung heraufsaugen. An den Uferabhängen gegen Süden wächst etwas kleinblättriges Weidengesträuch, und auf den Ebenen erhebt sich ein hartes Riedgras, welches in der Nähe des Meeres dem Vieh eine etwas kräftigere

Nahrung darbietet, weil es dort durch die jährlich eintretenden Ueberschwemmungen mit Seesalz gesättigt ist. Je mehr man sich dem Meere nähert, desto seltener werden die Zwergbäume und Gesträuche, die endlich am linken Ufer der Kolyma, ungefähr 35 Werst nördlich von Nishne-Kolymsk, ganz aufhören. An dem rechten Ufer erstrecken sie sich jedoch etwas weiter nach Norden. Ueberhaupt ist dieses Ufer durch seinen trockneren, lehmigen Boden der Vegetation günstiger; die Gewächse stehen hier kräftiger und in grösserer Mannigfaltigkeit, als auf dem todten eisigen Moorgrunde jenseits. Hier trifft man auf den mit gutem Grase bewachsenen Flächen Thymian und besonders Wermuth in grosser Menge, die wilde Rose blüht; ein liebendes Paar — wenn Liebe hier gedeihen kann — findet das sentimentale Vergissmeinnicht an den Bachrändern. Kleine Johannisbeeren, Trunkel- oder Rauschbeeren (golubiza), Preisselbeeren (brusnika), Moltebeeren (moròschka), die aromatische Mamura (knäsheniza), die schwarze Rauschbeere (schikscha) blühen hier und tragen auch wohl in manchem günstigen Sommer Früchte. An irgend eine Art von Gemüse aber ist gar nicht zu denken; Niemand hat Muth oder Lust, sich an die Kultur derselben zu wagen, da sich wohl mit Bestimmtheit behaupten lässt, dass hier nichts der Art gedeihen kann. In Sredne-Kolymsk, welches freilich $2°$ südlicher liegt, habe ich indessen doch Radieschen gesehen und auch Kohl, der aber keine Köpfe macht. In den Aniuj-Thälern, die durch Berge gegen die vorherrschenden kalten Winde geschützt sind, wachsen Birken, Pappeln, Weiden und die niedrige, kriechende Ceder. Wenn man aus der gefrorenen nackten Moostundra hierher kommt, glaubt man sich nach Italien versetzt. Aber auch hier noch scheint der Schnee nur deshalb zu schmelzen, um unter der dünnen Erdschicht in den Niederungen neues Eis zu bilden, welches die matten Strahlen der Sonne nicht fähig sind aufzulösen.

Mit der Armuth, ich möchte sagen dem Verschwinden vegetabilischer Natur steht das Leben und der Reichthum der animalischen in einem merkwürdigen Kontrast. Rennthiere in zahllosen Heerden, Elenthiere, schwarze Bären, Füchse, Zobel und Grauwerke füllen die Wälder; Steinfüchse und Wölfe ziehen in den Niederungen umher; ungeheure Züge von Schwänen, Gänsen und Enten kommen im Frühling herangeflogen und suchen einsame, vor Nachstellungen der Jäger gesicherte Orte auf, um zu mausern und ihre Nester zu bauen. Adler, Eulen und Möven verfolgen ihren Raub an der Meeresküste; weisse Schneehühner laufen truppweise im Gebüsch umher und kleine Schnepfen trippeln geschäftig an den Morastufern; in der Nähe der Wohnungen hausen gesellige Krähen, und wenn die Frühlingssonne scheint, hört man zuweilen den fröhlichen Finkenschlag, sowie im Herbst das Zwitschern der kleinen Meise*).

Aber all dies mannigfache Leben vermag doch nicht das Grauenvolle der Einöde zu mildern, bei deren Anblick sich unwillkührlich der Gedanke aufdrängt: hier ist die Grenze der belebten Erde!

Dass Thiere sich hier aufhalten, ist Folge der ewigen Naturgesetze; sie erwogen nicht, sie wählten nicht, ihr Instinkt machte sie zu Bürgern dieser Eiswüsten. Wie aber der Mensch? was konnte ihn bewegen hierher zu ziehen, in dieses Grab der Natur? Ich spreche nicht von den wenigen Russen, die, in der Hoffnung eines bedeutenden Gewinnes sich entschlossen, auf eine Zeitlang hierher zu kommen, sondern von den Völkerschaften, die ohne diesen Beweggrund einmal hierher zogen und jetzt hier leben.

Nomaden, unter milden Himmelsstrichen, ziehen aus einer fruchtbaren Gegend in die andere hinüber, — aber hier, wo nichts anlockt, nichts zum Vordringen anreizt, wo nur mit endlosem Schnee und Eis bedeckte Felsen den trüben, grauen Horizont begrenzen, hier wo unter dem

---

*) Nach den Beobachtungen des Doctor Kyber überwintern hier nur: das Schneehuhn, Tetrao lagopus, die gemeine Krähe, der Falco melancetus und stryx nyctea, ein grosser, weisser Raubvogel. Zu Anfang Aprils erscheinen: Emberyza nivalis, Motacilla calliope, später Tringavanellus, Scolopax gallinago und Charadrius Hiaticula; endlich im Mai Schwäne, vier Arten Gänse und elf Entenarten.

starren Leichentuch eines ewigen Winters begraben, die Natur dem Menschen fast nichts mehr darzubieten vermag, und wo das Leben nur noch ein trauriger Kampf mit allen Schrecknissen der Kälte und des Hungers, mit dem Mangel der ersten, einfachsten Bedürfnisse ist, — mit einem Worte: hier wo man nicht lebt, was konnte den Menschen bewegen, seine früheren, wahrscheinlich freundlicheren Wohnstätten zu verlassen und in dies ungeheure Grab zu ziehen, das nur noch die Gebeine einer längst verschwundenen Vorwelt umschliesst?

Vergebens würde man hier die Lösung dieser Frage suchen; kein Denkmal, keine Tradition geben Kunde von dem was vormals war, und die jetzigen Bewohner, kalt und gefühllos wie die sie umgebende Natur, sind nur mit dem thierischen Bedürfniss der Gegenwart beschäftigt und ahnen kaum, dass es eine Vergangenheit giebt. Selbst aus der nicht sehr fernen Epoche der Eroberung Sibiriens durch die Russen weiss man nichts Bestimmtes über die damaligen Bewohner des Landes.

Eine dunkle Sage nur hat sich unter dem Volk erhalten: „es seien ehemals an den Ufern der Kolyma mehr Feuerstätten der Omòki gewesen, als Sterne am klaren Himmel!" Wirklich sieht man noch hin und wieder Ueberreste von ehemaligen aus dicken Baumstämmen erbauten Befestigungen und grossen Grabeshügeln (letztere besonders an der Indigirka), die von einem mächtigen und zahlreichen Völkerstamme, den Omòki, herrühren sollen, welcher jetzt ganz verschwunden ist. Nach dem Wenigen, Unzusammenhängenden zu urtheilen, was sich aus den Antworten einiger Alten ergab, scheint es, dass diese Omòki nicht Nomaden waren, sondern in förmlichen festen Ansiedelungen oberhalb längs der Ufer des Stromes lebten und sich von Jagd und Fischerei nährten. Desgleichen soll ein anderer zahlreicher Völkerstamm, Tschukotsch genannt, mit grossen Rennthierheerden in der Tundra nomadisirt haben, daher auch bis jetzt noch in dieser Gegend mehrere Benennungen, z. B. der kleine und der grosse Tschuktschen-Fluss, zu finden sind. Beide Völkerstämme sind plötzlich von hier verschwunden, die Omòki wurden wahrscheinlich durch Kriege und Krankheiten aufgerieben, die Tschukotsch oder Tschucktschi aber zogen theils weiter nach Norden, theils vermischten sie sich mit anderen Völkerstämmen, die auch hier lebten oder herkamen, und die die jetzige geringe Bevölkerung dieser Gegenden ausmachen.

Obgleich die hier lebenden Russen durch die Vermischung mit den Jukahiren und Aniujskischen Jakuten vieles in Kleidung, Lebensweise, ja sogar schon in der Gesichtsbildung angenommen haben, so unterscheiden sie sich immer noch merklich — durch einen kräftigeren Körperbau und weissere Hautfarbe — von denselben. Die russischen Weiber sind gleichfalls, ungeachtet der schweren Arbeit, der sie sich unterziehen und dem Schmutz, in dem sie nach hiesiger Weise leben, von angenehmerer, regelmässigerer Gesichtsbildung als die Eingeborenen. Besonders merkwürdig waren mir immer die Züge von Gemüth, die sich in ihrem ganzen Wesen, und vorzüglich in den freundlichen Gefühlen von Gatten- und Kindesliebe zeigten. Ich habe mehrmals Gelegenheit gehabt, bei der Rückkehr des Hausvaters oder Sohnes von einer gefährlichen Jagd zugegen zu sein, und die herzliche Freude des Wiedersehens unter ihnen zu beobachten. Nach den ersten Bewillkommnungen und einem Dankgebet wird das Beste aufgetragen, was die Wirthschaft vermag, und dann muss der Ankömmling erzählen, wie es ihm ergangen. Mit lebhafter Theilnahme hört die ganze Familie dem Erzähler zu, der sich wohl hütet, irgend eines Umstandes zu erwähnen, welcher etwa ein nachtheiliges Licht auf seinen Muth, seine Entschlossenheit, oder seine Geschicklichkeit werfen könnte, weil er weiss, dass ihn das in den Augen der Frauen herunter setzen würde.

Ueberhaupt zeichnen sich die hiesigen russischen Weiber und Mädchen durch eine gewisse Empfänglichkeit für feinere Eindrücke des Gefühls aus, die man wahrlich unter diesem todten Himmelsstrich, unter diesen eisigen Umgebungen nicht erwarten sollte. Die meisten unter ihnen singen recht angenehm, und improvisiren ihre Lieder, die meist Klagen über die Trennung von dem Geliebten und über seine Abwesenheit enthalten. Merkwürdig sind in diesen Liedern die Reminiscenzen aus früherer Zeit: das Täubchen, die Nachtigall, die Blüthe und so manche andere Gegenstände, die auf Tausende von Wersten nicht zu finden sind, und die die Sängerin also nur der Sage nach kennt, spielen in diesen Liedern immer eine Hauptrolle. Auch die meisten Männer unter den hiesigen Russen sind Sänger, und viele ihrer Lieder haben sehr angenehme Weisen. Während der langen Winternacht vereinigen sich die Nachbarn zu gemeinschaftlichen Gesängen, Tänzen und allerlei Spielen, — kurz unter den hier lebenden Russen sieht man doch noch einigen Frohsinn und Sinn für Lebensgenuss, was leider bei den Eingeborenen gar nicht anzutreffen ist. Doch erkennen sie diese und manche andere Vorzüge des russischen Nationalcharakters allgemein an, und wenn sie einen geschickten, fleissigen und glücklichen Jäger bezeichnen wollen, so sagen sie: „er ist wie ein echter Russe".

In ihren Wohnungen unterscheiden sich die hiesigen Russen wenig von den Eingeborenen. Da die hier wachsenden Lärchenbäume höchstens nur Stangen, aber nie Balken geben, so sind die Leute genöthigt, zum Bau ihrer Hütten das Treibholz aufzufangen, welches bei den Frühlingsüberschwemmungen in die austretenden Flüsse vom Meere hinaufgetrieben wird. Es gehen aber oft mehrere Jahre hin, ehe die dazu nöthige Anzahl Stämme zusammenkommt. Aus diesen werden nach gewöhnlicher russischer Weise die Wände aufgezimmert, die Zwischenräume werden mit Moos verstopft und mit Lehm verschmiert, und bis zur Fensterhöhe von aussen mit einem dicken Erdwall beschüttet, um die Kälte abzuhalten. Die Hütten haben gewöhnlich zwei bis drei Faden ins Gevierte und sind $1^{1}/_{2}$ Faden hoch. Das Dach ist glatt und dick mit Erde beschüttet. Die innere Einrichtung ist überall dieselbe: in einer Ecke der Stube steht gewöhnlich der jakutische Tschuwál, eine Art von offenem Kamin, aus Weidenruthen geflochten, und in- und auswendig mit einer dicken Lehmschicht beschmiert. In der Stube sind nach Maassgabe des Raumes und des Bedürfnisses der Bewohner eine oder zwei niedrige Abtheilungen aufgestellt, um die Schlafstätten abzusondern; der übrige Theil des Gemachs ist Küche, Wohn-, Arbeits- und Gaststube, und rings umher mit ziemlich breiten Bänken besetzt, auf welchen zum Schlafen und Sitzen für die Gäste Rennthierfelle ausgebreitet werden. An die eine Seite des Hauses wird ein leichtes Vorhaus angesetzt, und an dieses stösst die Vorrathskammer, aus dünnen Balken erbaut. Gewöhnlich pflegt auch wohl in dem Vorhause ein zweiter Feuerheerd zu stehen.

Um von dem ganz eigenthümlichen Leben und Treiben eines Uferbewohners der Kolyma einen Begriff zu bekommen, muss man durchaus eine Zeitlang mit ihm gelebt haben; man muss mit ihm aus seiner Winterwohnung in den Sommerbalagan ziehen, mit ihm in seinem Karbass (Boot), in seiner Wetka (Kahn) auf dem reissenden Strome schiffen, zu Pferde und zu Fuss Felsen erklimmen, sich durch den dichten Wald Wege bahnen, bei der ärgsten Kälte und furchtbaren Schneetreiben auf der leichten Narte mit raschen Hunden die endlose Tundra durchziehen, mit einem Wort, man muss einer der ihrigen werden. — So war unser Leben während unseres dreijährigen Aufenthalts daselbst beschaffen; wir wohnten mitten unter ihnen, kleideten uns wie sie, nährten uns von ihrem gedörrten Fisch und theilten mit ihnen alle die Entbehrungen, alles Ungemach, welches von dem hiesigen Klima, von dem Mangel an Lebensnothdurft jeder Art unzertrennlich sind. Dadurch bin ich im Stande, ein treues Bild des Lebens in Nishne-Kolymsk zu entwerfen, welches — einige wenige Lokalumstände abgerechnet — in der ganzen Kolyma sich gleich bleibt.

Beginnen wir mit dem Frühling. Sobald er eintritt, verlassen die Leute ihre Wohnung, schlagen in grösster Geschwindigkeit an einer ihnen günstig scheinenden Stelle am Stromufer ihren Balagan, eine leichte Sommerhütte, auf, und treffen die nöthigen Vorkehrungen zum Fischen. Der

Frühling ist die schwerste Periode des Jahres. Während des langen Winters sind die im Sommer und Herbst eingesammelten Vorräthe aufgezehrt, die Fische, die sich während der ungeheuren Kälte in die Tiefe der Flüsse und See zurückgezogen haben, kommen noch nicht zum Vorschein; die durch die Winterarbeit und den Futtermangel kraftlos gewordenen Hunde sind meist nicht mehr fähig zur Elen- und Rennthierjagd benutzt zu werden, und die geringe Anzahl von Feldhühnern, die etwa noch hie und da in Schlingen gefangen werden, reicht bei weitem nicht hin, um das allgemeine Bedürfniss zu befriedigen; der Hunger stellt sich in den furchtbarsten Formen ein. Da sieht man scharenweise die Tungusen und Jukahiren aus den Tundren und vom Aniuj nach den russischen Dörfern an der Kolyma ziehen, um dem Hungertode zu entgehen. Blass, kraftlos, Gespenstern gleich, wanken sie daher und stürzen sich gierig über jeden Abfall von geschlachteten oder gefallenen Rennthieren, über Knochen, Felle, Riemen, kurz über alles, was nur in irgend einer Art dazu dienen kann, das quälende Bedürfniss nach Nahrung zu stillen. Aber auch hier finden sie wenig Trost, auch hier herrscht Mangel, so dass die Dorfbewohner selbst gezwungen sind, sich an die geringen Ueberreste der für die Hunde bestimmten Vorräthe zu halten, und dass viele dieser letzteren aus Mangel an Nahrung fallen. — Drei solcher schrecklicher Frühlingsepochen habe ich hier erlebt, und jetzt noch denke ich mit Schaudern an die Jammerscenen zurück, von denen ich Zeuge war, und die ich nicht zu beschreiben vermag.

Aber wenn die Noth auf's Höchste gestiegen ist, tritt gewöhnlich auch die Hilfe ein: es zeigen sich plötzlich die aus südlichen Gegenden heranziehenden grossen Schwärme von Zugvögeln, Schwänen, Gänsen, Enten und einigen Schnepfenarten. Sie verkünden den Eintritt des Frühlings, das Ende der allgemeinen Noth; — alles eilt mit Bogen und Flinte hinaus, um zu erlegen, was sich irgend erlegen lässt, — für dies Mal ist die fürchterliche Hungerperiode überstanden. Aber noch ist die Nahrung kärglich; es scheint, als wollte die Natur, gleich einem erfahrenen Arzt, die Ausgehungerten nur allmählich wieder an Speise gewöhnen. Im Juni endlich gehen die Flüsse auf, der Reichthum an Fischen strömt herbei, und alle Hände sind in Bewegung, um die kurze Gnadenzeit zur Anschaffung von Vorräthen für das nächste Jahr zu benutzen. Da tritt aber oft ein neues Ungemach ein in Gestalt von gewaltigen Ueberschwemmungen. Im Sommer 1822 erlebten wir eine solche in Nishne-Kolymsk, die sich so plötzlich über den ganzen Ort ergoss, dass wir kaum Zeit hatten, uns mit einigen unserer Sachen auf die platten Dächer zu flüchten, wo wir über eine Woche zubringen mussten. Das Wasser strömte mit furchtbarer Gewalt zwischen den Häusern hindurch, -- der ganze Ort glich einem Archipel von kleinen Inselchen (den Dächern der Häuser), deren Bewohner in Kähnen dazwischen herumfuhren, einander besuchten, Netze auswarfen und fischten.

Diese Ueberschwemmungen finden mehr oder weniger alljährlich statt. Sobald das Wasser sich etwas verlaufen hat, beginnt die Fischerei mit Netzen. Im Frühling geht der Zug der Fische den Strom hinabwärts; an manchen Orten dauert dies nur einige Tage, an anderen aber, so bei Pochodsk und an dem Flüsschen Tschukotskoj, geht der Zug den ganzen Sommer, wird aber nach und nach geringer. Um diese Zeit werden vornehmlich gefangen: Sterlette, eine Art grosser Lachsforellen (Nel'ma), grosse Seestinte mit gekrümmtem Rücken (Muksun), und eine Fischgattung, hier Tschir genannt. Die mit diesem Zuge herabkommenden Fische sind gewöhnlich sehr mager und werden daher grösstentheils nur zum Vorrathe für die Hunde, als Juchala bereitet, d. h. gereinigt, glatt aus einander geschnitten, und an der Luft gedörrt. Aus den Eingeweiden wird eine Art Thran gekocht, welcher sowohl zu Speisen, als auch zum Brennen in den Lampen dient.

Sobald die grosse Netzfischerei im Frühling beendigt ist, zieht alles an die kleineren Ein- und Ausflüsse der Kolyma hin, wo dann die herabkommenden Fische durch Wehren, Reusen, Satzkörbe und dergleichen gefangen werden.

Auf letztere Art werden vornehmlich viele, sehr fette Tschiri gefangen, die eine Lieblingsspeise der hiesigen Einwohner sind. Wenn der kleine Fischfang zu Ende ist, so stellen sich wieder in dem Strome die hinaufziehenden grösseren Seefische ein. Während die Fischerei noch im Gange ist, beginnt auch schon die Jagd, sowohl auf Vögel (Enten, Gänse und Schwäne), als auf Rennthiere, die durch abgerichtete Hunde in's Wasser getrieben und dort mit einer Art Speer, der Pokoliuga, erlegt werden.

Während die Männer der Fischerei und Jagd obliegen, benutzen die Weiber den kurzen Sommer, um aus dem kärglichen Pflanzenreich auch einige Beiträge zu den Wintervorräthen zu liefern: verschiedene Beeren sowie einige aromatische Kräuter und Wurzeln. Das Beerenlesen ist hier — wie anderswo die Zeit der Weinlese — eine Fröhlichkeits-Epoche. Die Mädchen und jüngeren Weiber ziehen in grossen Trupps hinaus, bringen oft ganze Nächte unter freiem Himmel zu, und belustigen sich bei ihrer Arbeit mit Gesängen, Tänzen und allerlei Spielen. Die eingesammelten Beeren begiesst man mit Wasser, lässt sie gefrieren und bewahrt sie so zum Winter, als einen beliebten Leckerbissen. Nicht in jedem Jahre gedeihen aber selbst diese erbärmlichen Zeugnisse der hiesigen Vegetation, wie dies der Fall während unseres Aufenthalts war, wo in den Jahren von 1821 bis 1823 unterhalb Nishne-Kolymsk gar nichts von diesen Waldfrüchten zu finden war. Die meisten derselben, besonders Blaubeeren, wachsen auf der Ostseite der Kolyma und auf dem Abhang des Berges Pantelejew, wo die Weiber sie in der ersten Hälfte des Augusts pflücken. Von Pflanzen und Wurzeln werden eigentlich nur der Thymian und die Makarscha benutzt, ersterer hauptsächlich zum Räuchern, zuweilen auch als Gewürz zur Speise. Die Makarscha ist eine mehlige Wurzel, die theils als eine Zugabe zu den Fleisch- und Fischkuchen gebraucht, theils auch allein als eine Art von Dessert vor dem Abendessen genossen wird. Man findet sie besonders in den unterirdischen Mäusehöhlen, wo die Feldmäuse für den langen Winter grosse Vorräthe davon und von allerlei anderen Wurzeln sammeln; die hiesigen Mädchen besitzen eine ganz eigene Geschicklichkeit, diese Niederlagen aufzuspüren und berauben die armen haushälterischen Thierchen der Frucht ihres vorsichtigen Fleisses.

Mit dem September kommen die grossen Züge stromaufwärts gehender Häringe, die den grössten Theil der Bewohner an die Fangstellen lockt, wo in günstigen Jahren mit einem Zuge 3000 und mehr dieser Fische gefangen werden, — in drei bis vier Tagen mit einem einzigen guten Netze bis zu 40,000 Stück. Nicht selten geschieht es, dass nach dreimonatlichen vergeblichen Anstrengungen die übrige Fischerei fast nichts gegeben hat, und dass die armen Bewohner mit der furchtbarsten Hungersnoth bedroht sind; da erscheinen die wohlthätigen Häringszüge und füllen in einigen Tagen die Vorrathskammern reichlich an.

Um dieselbe Zeit kommen auch die Rennthierjäger aus den Tundren und vom Aniuj wieder und mit ihnen kehrt neues Leben in das kurz zuvor öde, menschenleere Land zurück. Mit ängstlich gespannter Erwartung sieht man ihrer Ankunft entgegen, welche ausweist, was für den bevorstehenden Winter zu hoffen oder zu befürchten ist; auch ist die Nachricht von einer günstig ausgefallenen Jagd das Losungswort zur allgemeinen Freude, und lange Zeit ist von nichts Anderem die Rede, wobei jeder Umstand der Jagd mit einer Genauigkeit erzählt wird, als hätte es die Niederlage einer feindlichen Armee gegolten.

Sobald die Flüsse zufrieren, werden Löcher in's Eis gehauen und der Fischfang wird mit Setznetzen aus Rosshaar betrieben.

So wechseln mit jeder Jahreszeit die einförmigen Beschäftigungen der hiesigen Einwohner, denen sowohl die niedrige Bildungsstufe, auf der sie stehen, als auch die Beschaffenheit des Landes und des Klimas nicht gestatten, an irgend etwas Anderes als an die Herbeischaffung der unentbehrlichsten Lebensbedürfnisse zu denken. Ihre ganze Thätigkeit, ihre ganze Industrie beschränkt sich darauf, die für jede Arbeit günstigste Zeit nicht zu verabsäumen, und beim Versiegen der einen Nahrungsquelle den Augenblick zu benützen, wo sich ihnen eine andere eröffnet. Aber auch so wird es ihnen äusserst schwer, denn ausser der Fischerei und Jagd giebt es noch eine Menge anderer, nicht weniger wichtige Geschäfte, die sie nicht vernachlässigen dürfen. Diejenigen, welche Pferde besitzen, müssen suchen, wenigstens einen gewissen Vorrath von Heu zu machen; im Walde müssen den Pelzthieren Fallen gestellt und von Zeit zu Zeit nachgesehen werden; dies letztere geschieht gewöhnlich zu Pferde, kurz vor dem ersten Schnee, wenn der Boden schon hart gefroren ist, und auch später auf dem Schnee mit Hunden. Um diese Zeit verlassen auch die Rennthiere das westliche Ufer des Flusses und ziehen nach dem östlichen hinüber; dies benutzen die Einwohner, um ihnen durch Schlingen oder Verzäunungen nachzustellen. Andere fahren in grossen Gesellschaften mit Narten auf die Jagd des Elenthieres und der wilden Schafe (auf den Baranow-Felsen), oder verfolgen auf der mit frischgefallenem Schnee bedeckten Fläche in Narten, mit gut abgerichteten Hunden bespannt, Füchse, Zobel und Eichhörnchen.

Auf der Tundra längs der Meeresküste werden in langen Reihen Fallen für die dort herumziehenden Steinfüchse aufgestellt, die zwar ihrem Felle nach weit weniger geschätzt sind, dagegen in sehr grosser Menge gefangen werden.

Die Leute, welche es in diesen Dingen den andern an Geschicklichkeit zuvorthun, sind weit und breit bekannt, besonders stehen die Jäger in hoher Achtung, die das mächtige Elenthier und den Bären verfolgen, und den Kampf mit denselben nicht scheuen. Die Erzählungen solcher Kämpfe und der dabei angewandten List und des bewiesenen Muthes bilden den Hauptgegenstand der Unterhaltungen und sind, selbst alle Uebertreibungen und Hyperbeln abgerechnet, oft höchst merkwürdig. Hier nur ein paar, während meines dortigen Aufenthalts vorgefallene Beispiele davon.

Zwei Jäger, Vater und Sohn, waren zu Pferde auf die Fuchsjagd ausgezogen; diese fiel sehr schlecht aus und sie hätten mit leeren Händen heimkehren müssen, wenn sie nicht

zufällig auf einen in seiner Höhle liegenden Bären gestossen
wären. Obgleich sie nicht mit den für den Kampf mit
diesem Thiere erforderlichen Waffen versehen waren, so entschlossen sie sich doch, das gefährliche Abenteuer zu bestehen, und zwar auf folgende Weise: der Vater stemmte
sich mit dem Rücken vor den einen Ausgang der Höhle,
der durch seine breiten Schultern ganz geschlossen war; der
Sohn aber, blos mit einer Pokoliuga, einem leichten Speer
bewaffnet, griff durch die andere Oeffnung den Bären an.
Von den Stichen dieser Waffe mehr geängstigt als verwundet,
suchte das Thier einen Ausweg durch die andere, auf oben
angegebene Weise verstopfte Oeffnung, aber vergebens; weder
seine Klauen, noch seine Zähne vermochten dem dicken,
stramm ausgespannten, doppelten Pelze des breitschultrigen
Jukahiren etwas anzuhaben, der seinen Posten so lange wacker
behauptete, bis es dem Sohne endlich gelungen war, den
Bären zu tödten. — Doch misslingen dergleichen tollkühne
Unternehmungen auch nicht selten. So erblickte ein im
Boote fahrender, blos mit der Pokoliuga bewaffneter Jukahir
am Ufer einen Bären, der so eifrig beschäftigt war, ein
Mäusenest aufzuscharren, dass der Jäger hoffte, sich ihm
unbemerkt nähern und ihm sein Messer in die Seite stossen
zu können. Es gelang ihm wirklich, dem Bären so nahe zu
kommen, dass er mit der linken Hand sein Hinterbein er-
fassen konnte; doch ehe er dazu kam, sein Messer zu benutzen, ergriff das durch den plötzlichen Ueberfall erschreckte
Thier die Flucht und schleppte den Jäger, der seine Beute
nicht fahren liess, eine weite Strecke über Steine und Gestrüpp
mit fort, bis dieser endlich ermüdet und ziemlich zerschlagen
es für gerathener fand, seinen unbändigen Gefangenen los-
zulassen. — Ein diesem ähnliches Schicksal hatte ein hiesiger
Russe, welcher, allein im Boote die Kolyma hinabfahrend,
ein prächtiges Elenthier erblickte, das eben quer über den
Strom schwamm. Diese günstige Gelegenheit, einen so
brillanten Fang zu thun, konnte er unmöglich ungenützt
vorübergehen lassen, das Thier musste erlegt werden; aber
der Kahn war viel zu klein, um eine solche Ladung auf-

zunehmen. Im Nu hat er eine tüchtige Schlinge fertig, wirft sie geschickt dem Elenthier übers Geweih und rudert mit kräftigen Armen dem Ufer zu. So lange sie sich in tiefem Wasser befanden, musste das bestürzte Thier ihm folgen, kaum aber fühlte es Grund unter den Füssen, als auch das Gefühl seiner natürlichen Kraft wiederkehrte; in einigen Sätzen erreicht es das Ufer und schiesst mit der Schnelligkeit des gehetzten Wildes dem nächsten Walde zu, den leichten Kahn mit dem unglücklichen Jäger hinter sich her ziehend, der schliesslich froh war, noch mit ziemlich heiler Haut aus dem Kahn hinausgeschleudert zu werden. Solcher Abenteuer, die mit den geringfügigsten Nebenumständen erzählt und nicht selten mit neuen Zusätzen ausgeschmückt werden, giebt es eine zahllose Menge.

Unter den im hohen Norden einheimischen Thieren nimmt der Hund in jeder Hinsicht mit die erste Stelle ein. Dieses dem Menschen gleichsam zum Gefährten, zum Wächter und Jagdgenossen bestimmte Geschöpf, das sich wie der Mensch in alle Klimate fügt, auf den Inseln der Südsee sich von Bananen und Kräutern, am Eismeer von Fischgräten nährt, überall ausdauert und sich nützlich erweist, hat hier eine Rolle übernehmen müssen, die ihm in den begünstigteren Erdstrichen ganz fremd ist.

Die Noth hat die Bewohner des hohen Nordens bewogen, dieses, im Vergleich mit anderen Geschöpfen scheinbar schwache Thier als Zugvieh zu benutzen. Alle an der Küste des Eismeeres, vom Obi bis zur Behringsstrasse, in Grönland, Kamtschatka und auf den Kurilischen Inseln lebenden Völkerschaften spannen Hunde vor ihre Schlitten und führen so mit bedeutenden Lasten weite Reisen aus.

Die hiesigen Hunde haben viel Aehnlichkeit mit dem Wolf: eine lange, spitz auslaufende Schnauze, spitze, aufrecht stehende Ohren, langen, buschigen Schwanz. Ihr Bellen gleicht mehr dem Wolfsgeheul als dem Hundegebell. Sie bringen ihr ganzes Leben im Freien zu. Im Sommer scharren sie sich Gruben in die Erde, um kühler zu liegen, oder sie liegen, um sich der Mücken zu erwehren, den ganzen Tag über im Wasser. Gegen die grimmige Winterkälte suchen sie Schutz unter dem Schnee, wo sie sich eingraben und zusammengekrümmt daliegen, die Schnauze mit dem buschigen Schwanze bedeckend.

Es werden meist nur die männlichen aufgezogen und zum Fahren gebraucht. Das Auffüttern und Abrichten derselben ist eine Hauptbeschäftigung der Besitzer; beides ist eine besondere Kunst, sowie auch das Fahren und Lenken. Die muntersten und gelehrigsten Hunde werden zu Leithunden abgerichtet, und da der rasche, regelmässige Lauf des gewöhnlich aus zwölf Hunden bestehenden Gespannes und die Sicherheit des Reisenden von der Folgsamkeit und Geschicklichkeit dieser Leithunde abhängt, so wird die grösste Sorgfalt auf ihre Abrichtung verwandt, bis sie dem Zuruf ihres Herrn folgen und selbst beim Wittern irgend eines Thieres ihren Lauf nicht ändern. Letzteres ist beim Abrichten eine der schwierigsten Aufgaben; denn selten findet man einen Hund, der seiner Natur so ganz entsagt hätte, dass er der Spur eines Wildes nicht folgen sollte. Gewöhnlich stürzt der ganze Anspann der Witterung nach und da vermag nichts sie aufzuhalten, bis irgend ein natürliches Hinderniss oder ein sonstiger Umstand sie zum Stehen bringt. Bei solcher Gelegenheit lernt man recht den Werth eines guten Leithundes kennen. Mehrmals hatten wir Gelegenheit, die Klugheit, ich möchte sagen, die besonnene List zu bewundern, mit der ein solcher die übrigen Hunde nach und nach von der Verfolgung der Wildspur abzubringen sucht, oder wenn das nicht gelingt, sich plötzlich mit verändertem Lauf und Gebell nach der entgegengesetzten Seite wendet, als hätte er eine andere Spur entdeckt. — Bei Reisen über die weite Tundra in den dunklen Nächten, oder wenn die ganze unabsehbare Fläche in einen undurchdringlichen Nebelschleier gehüllt ist, bei Stürmen und Schneetreiben, wo der Reisende Gefahr läuft, vom Schnee verschüttet zu werden und zu erfrieren, und sich vergebens nach einer schützenden Powarnä umsieht, da ist einzig ein gut abgerichteter Leithund sein Retter. Wenn das Thier nur einmal auf dieser Fläche gewesen ist und mit seinem Herrn in der Powarnä übernachtet hat, so bringt es sicherlich die Narte an den Platz, wo die Hütte unter dem Schnee vergraben liegt. Mitten auf der ungeheuren Ebene bleibt der Leithund plötzlich stehen, wedelt freundlich und zeigt seinem Herrn an, dass er mit seiner Schaufel, ohne welche hier Niemand reist, nur dort nachzugraben habe, um das gesuchte Nachtlager zu finden.

Auch im Sommer sind die Hunde hier ebenso nützlich, indem sie bei Flussreisen die Böte stromaufwärts ziehen müssen. Selbst zu Lande werden sie in Ermangelung der Pferde nicht selten dazu gebraucht, bei der Vogeljagd die Böte von einem See oder Fluss nach dem andern hinüber zu schleppen.

Kurz der Hund ist für die ansässigen Bewohner dieser Gegend ein ebenso nützliches und unentbehrliches Hausthier, als es das zahme Rennthier für die nomadisirenden ist; das erkennen sie auch in vollem Masse an. Während der schrecklichen Seuche, welche im Jahre 1821 den grössten Theil dieser nützlichen Thiere dahinraffte, haben wir ein merkwürdiges Beispiel davon gesehen: Eine unglückliche Jukahirenfamilie hatte von zwanzig Hunden nur zwei, eben geworfene Junge übrig behalten, die noch blind waren und also ohne Mutter hätten umkommen müssen. Da entschloss sich die Frau des Jukahiren, um diesen letzten Rest ihres einstigen Reichthums zu retten, die beiden Hündchen an ihrer Brust, zugleich mit ihrem eigenen Kinde, zu säugen. Sie führte es aus und ward dafür belohnt; die beiden Säuglinge gediehen vortrefflich und wurden die Stammeltern eines neuen, kräftigen Hundestammes. —

Die Bewohner von Nishne-Kolymsk sind ein kräftiger, derber Menschenschlag. Ihr Wuchs ist über den mittleren hinaus, unter den Mädchen sieht man viele recht hübsche Gesichter. Krankheiten giebt es hier im Ganzen wenig, und man trifft viele Männer an, die noch in hohem Alter recht rüstig sind. Dies hat seinen Grund wahrscheinlich darin, dass sie immer genöthigt sind, sich in freier Luft starke Bewegung zu machen, sowohl beim Fahren mit den Narten, wobei sie unaufhörlich ihre ganze Muskelkraft und Gewandtheit aufbieten und anstrengen müssen, als auch beim Laufen mit den langen Schneeschuhen. — Der westlich von hier stark wüthende Skorbut ist in und um Nishne-Kolymsk sehr selten, was vielleicht auch davon herrührt, dass die Einwohner wegen Mangels an Salz ihre Fisch- und Fleischvorräthe immer nur gefroren aufbewahren und sie dadurch so gut als frisch geniessen. —

Von den eingeborenen Bewohnern des Landes lässt sich wohl behaupten, dass sie ungeachtet des Einflusses der Russen auf ihre Lebensart, Sitten und Bildung doch immer noch viel Charakteristisches in ihrer Erscheinung und ihrem ganzen Wesen beibehalten haben.

Sie sind, wie fast alle Bewohner des hohen Nordens, zwar von kleinem Wuchs, aber dabei breitschultrig und von starkem Muskelbau, nur die Füsse und Hände sind sehr klein. Ihr Kopf ist im Verhältniss zum übrigen Körper gross, das Gesicht breit und platt; die Backen, welche einen grossen Theil desselben einnehmen, drücken gewissermassen den Mund zusammen und geben ihm eine runde Form. Das Haar ist schwarz und struppig und die kleinen, tiefliegenden Augen sind ohne Feuer und Leben. Ihr ganzer äusserer Mensch scheint durch die Härte des Klimas, durch den fast ununterbrochenen Kampf mit Hunger, Mangel und Kälte in seinem Wachsthum aufgehalten, gewissermassen nicht völlig ausgebildet zu sein. Einen ähnlichen Einfluss scheint das Klima auch auf den Charakter und die geistigen Anlagen dieser Eismenschen ausgeübt zu haben. Ihr Blut rollt langsamer in den Adern, das Herz schlägt ruhiger, und alle ihre Gefühle sind gleichsam gelähmt, oder doch erstarrt. Unbekannt mit all den Lebensgenüssen, die den Bewohner der wärmeren Zonen empfänglicher machen für Freud' und Leid, für Liebe und Hass, lebt oder vielmehr vegetirt der Bewohner des nördlichen Sibirien in der geisttödtenden Einförmigkeit seiner Beschäftigungen, die sich blos auf Anschaffung des nothdürftigsten Lebensunterhaltes und auf ununterbrochenen Kampf gegen Mangel, Hunger und Kälte beschränken, ohne irgend eine bedeutende Gemüthsbewegung, in negativer Ruhe dahin, und verlässt ohne Schmerz, ohne Reue ein Leben, das er kaum lieben kann, da es ihm nur Noth und Entbehrungen und keine Genüsse und Freuden darbot.

Sechstes Kapitel.
Vorbereitungen zu den weiteren Arbeiten der Expedition.

Der Ort Nishne-Kolymsk ist, nach Fischer, schon im Jahre 1644 durch den jakutischen Kosaken Michajlo Staduchin gegründet, welcher an dem nördlich abgehenden Arme der Kolyma eine kleine Festung, Ostrog, nebst einer Kirche und einigen Jurten erbaute. Noch vor ungefähr 60 Jahren stand dieser Ostrog da, und nach demselben heisst auch jetzt noch jener Arm starostroshskoj, des alten Ostrog. In der Folge aber ward die Niederlassung an den andern Arm des Stromes und zwar auf eine in demselben befindliche Insel hinüberverlegt, wohin der Transport des Proviantes u. s. w. bequemer ist. Jetzt liegt der Ostrog nebst den übrigen, den Flecken ausmachenden Gebäuden nach unseren Beobachtungen unter 68° 31′ 53″ nördlicher Breite und 160° 35′ östlicher Länge von Greenwich. Die Abweichung der Magnetnadel ist hier 9° 56′ östlich und die Inklination 77° 32½′. Der Strom hat hier eine Breite von drei Werst. Nach Süden ist der Horizont durch die aniujschen Berge beschränkt, nach Norden und Westen verliert sich der Blick auf eine unabsehbare Moorhaide.

Bei meiner Ankunft in Nishne-Kolymsk wies man mir das grösste Haus im Ort zur Wohnung an, das seit einigen Jahren unbewohnt war, da es im Rufe stand, von bösen Geistern heimgesucht zu werden. Es bestand wie alle hiesigen Häuser aus zwei Zimmern, jedes von zwei Faden Länge und

Breite und etwa zehn Fuss Höhe vom Fussboden bis an's Dach, das nach hiesiger Weise ganz platt und dick mit Erde beschüttet war. Jedes Zimmer hatte ein kleines Fenster mit einer Eisplatte von sechs bis acht Zoll Dicke, das nur sehr spärliches Licht gab. Eine Bank, die mein Bett vorstellte, ein kleiner, wackliger Tisch und ein mit Riemen zusammengebundener, bretterner Stuhl machten mein ganzes Mobiliar aus. Das vordere Zimmer, welches zugleich unsere Küche war, wies ich meinen Leuten an, das hintere, mit einem Tschuwal in der Ecke, bezog ich selbst. Bei aller Aermlichkeit und Beschränktheit dieser Wohnung und trotz dem üblen Ruf, in dem sie stand, habe ich doch drei Winter ganz erträglich in derselben verbracht.

Nachdem wir uns eingerichtet, auch die Instrumente in einem auf Herrn v. Matiuschkins Anordnung auf dem Dache meines Hauses errichteten Thurm untergebracht hatten, der uns als Observatorium diente, nützten wir die Zeit aus, indem wir Beziehungen mit den hervorragendsten Leuten unter den Eingeborenen anknüpften, Erkundigungen einzogen über alle für die Erreichung unseres Ziels wichtigen Fragen und die Anschaffung der, für unsere bevorstehenden Fahrten auf dem Eismeer erforderlichen Hunde, betrieben. Das letztere Geschäft übertrug ich dem hiesigen Kosaken-Sotnik Tatarinow, dem beständigen Begleiter des Herrn Hedenström, welcher hier allgemein in dem Rufe stand, dass er sich ganz vorzüglich auf die Zucht und Behandlung der Hunde verstehe.

In der Instruktion, die ich von dem Admiralitäts-Kollegium erhalten hatte, war mir unter Anderem für das nächste Jahr vorgeschrieben, an das Vorgebirge Schelagskoj zu gehen und dort die Expedition in zwei Abtheilungen weiter fortzusetzen; mit einer derselben sollte ich Nachsuchungen in Betreff des vermeintlichen Landes anstellen, welches der Kosak Andrejew wollte gesehen haben; die andere Abtheilung aber sollte unter Leitung eines meiner Officiere die Küste soweit nach Osten hin untersuchen, als es die Umstände erlauben würden. Um dies auszuführen, brauchten wir fünfzig Narten mit 600 Hunden und wenigstens auf vierzig Tage Futter für letztere. Da die Expedition, der Jahreszeit nach, nicht später als im Februar unternommen werden durfte, so blieben uns zur Anschaffung der Narten sowohl, als auch des so bedeutenden Futtervorrathes nur noch ungefähr drei Monate übrig, welche nach dem hier gewöhnlichen Geschäftsgange und nach der Versicherung des Kommissars bei Weitem nicht hinlänglich dazu waren.

Am 31. Dezember wurden wir durch die völlig unerwartete Erscheinung des bekannten englischen Fussgängers Kapitän Cochrane überrascht, den seine Wissbegierde auch bis hierher getrieben hatte. Die Gastfreiheit der Russen, und ihre Bereitwilligkeit, Jedem, der dessen bedarf, Hülfe und Unterstützung zu gewähren, setzten Herrn Cochrane in den Stand, mit aller hier möglichen Bequemlichkeit zu reisen und bis nach Nishne-Kolymsk zu gelangen. Dazu bedurfte es nur eines Befehls von dem Gouverneur nebst einem Kosaken zur Begleitung, und Herr Cochrane machte seine Fussreise durch die Eiswüsten Sibiriens fahrend und reitend von Jakutsk bis hierher, ohne dafür irgend etwas bezahlen zu müssen.

Die mittägliche Sonne, die eigentlich schon seit dem 28. Dezember hätte über dem Horizonte erscheinen müssen, verbarg sich noch hinter den Eis- und Schneebergen, durch welche die Niederungen von Nishne-Kolymsk begrenzt sind; ein grauer Nebel lag schwer über der dünn mit elendem, kleinem Gesträuche besetzten Schneefläche; der Himmel färbte sich weisslich; die Kälte stieg am 3. und 4. Januar auf 39° und am 5. Januar stand das Thermometer während ganzer 24 Stunden auf 40° Reaumur. Das Athmen ward uns schwer und die Eisscheiben in den Fenstern platzten. Obgleich in meiner Stube den ganzen Tag über ein tüchtiges Feuer im Kamin brannte, so war es doch so kalt, dass wir nicht anders als im Pelz und rauhen Stiefeln aushalten konnten, und wenn ich schreiben wollte, so musste ich mein eingefrorenes Tintenfass in eine Schale heissen Wassers stellen, um es aufzuthauen. Die fast ganz horizontale Strahlenbrechung brachte eine Art von Fata morgana hervor: Die nach Süden hin liegenden näheren Berge erschienen uns unter allerlei seltsamen Gestalten in der Luft schwebend, die entfernteren zeigten sich uns verkehrt, mit dem Gipfel nach unten, der Strom verengte sich dem Anscheine nach so sehr, dass das jenseitige Ufer dicht vor unsern Häusern zu liegen schien u. s. w. Diese uns ganz neue und merkwürdige Erscheinung ist übrigens hier etwas sehr Gewöhnliches.

Wir hatten unterdess einen bedeutenden Vorrath von Fischen sowohl für uns, als auch zum Futter für die Hunde zusammengebracht; letzterer, zu dem auch noch eine Menge Rennthierrippen gehörte, betrug nach hiesiger Rechnung den Werth von 81944 Heringen*). Diesen ganzen Vorrath schickte ich voraus nach einem 120 Werst von hier, nördlich am Ausflusse der östlichen sogenannten Felsen- oder steinigen Kolyma gelegenen Ort ab, wo sich auf einer niedrigen Insel, Sucharnoj genannt, ein von den Promischlenniki erbautes Magazin befand, welches zur Aufbewahrung derselben dienen konnte.

Die bestellten Sohlen und die übrigen Erfordernisse zu den Narten kamen gleichfalls an und wurden den zu unserer Reise erwählten Führern überliefert, um daraus nach von mir aufgegebenen Dimensionen unsere Reiseschlitten zu verfertigen. Leider fehlten uns noch die Riemen aus Walrosshaut, welche durchaus erforderlich sind, um damit die Schlitten gehörig und zuverlässig zusammenzufügen. Diese sehr dauerhafte Gattung von Riemen, die hier ganz die Stelle des Eisenbeschlages vertritt, war an der Kolyma gar nicht zu

---

*) Um ein bestimmtes Mass für die den Hunden zu gebende Portion Futter zu haben, ist ein gewisses Verhältniss zwischen den verschiedenen grösseren und kleineren Fischen angenommen, und dieses ist auf Heringe reducirt; eine Rennthierrippe gilt z. B. acht Heringe, eine grosse Mokssun Suchala fünf Heringe u. s. w. Da es nun ausgemittelt ist, dass acht bis zehn leicht gedörrte Heringe ein hinlängliches Tagesfutter für einen Fahrhund ausmachen, so wird die Vertheilung nach diesem Verhältniss gemacht.

haben, und wir konnten nur hoffen, sie von den Tschuktschen einzuhandeln, die sich gegen die Hälfte des März an den Ufern des Aniuj einfinden und in grosser Menge Walrossriemen und -Zähne mitbringen.

Ueberhaupt ergab sich aus Allem, dass wir unsere Fahrt nicht eher als in der zweiten Hälfte des März würden antreten können, weil es unmöglich war, früher die erforderliche Anzahl Hunde zum Transport der Expedition zusammenzubringen, so wie auch, weil die Führer nicht eher im Stande waren, die nöthigen Vorräthe anzuschaffen, die sie ihren Familien für die Zeit ihrer Abwesenheit zum Lebensunterhalt hinterlassen mussten. Demnächst versicherte man uns auch allgemein, dass die gewöhnlich bis dahin anhaltende gar zu strenge Kälte den Hunden, die sich im Laufen stark erhitzen, sehr schädlich sei, und dass wir dadurch leicht mehrere derselben verlieren könnten. Dieser letztere Umstand war um so wichtiger, da, wie ich am 12. Februar erfuhr, statt der 36 Narten mit Hunden, die wir nach meiner Berechnung brauchten, nur 29 hatten zusammengebracht werden können.

Nach allen diesen Umständen musste ich meinen frühern Plan, schon jetzt abzureisen, aufgeben; da ich mich aber doch nicht entschliessen konnte, noch einen ganzen Monat unthätig zu bleiben, so beschloss ich, mit einigen wenigen im Orte zusammengebrachten Narten während dieser Zeit wenigstens einen Theil der Meeresküste nach Osten hin zu befahren und aufzunehmen. In dieser Absicht fertigte ich am 14. Februar drei Narten mit tüchtigen Hunden unter Leitung dreier Kosaken (von denen der eine die Sprache der Tschuktschen verstand) nach unserem Vorrathsdepot in Sucharnoje ab, wo sie bis zu meiner Ankunft die Hunde bestens auffüttern sollten, welche zwar gut, aber durch viele Winterarbeit doch etwas angegriffen waren. Zugleich beschloss ich auch, den Herrn von Matiuschkin nach Ostrownoje zu schicken, um mit den dort zum Jahrmarkt sich einfindenden Tschuktschen Bekanntschaft zu machen, und die für unsere Narten erforderlichen Walrossriemen und Walfischrippen einzukaufen*).

Endlich erschien auch der schon seit einigen Tagen aus Ostrownoje erwartete Bote mit der Anzeige, dass am 8. Februar die erste Abtheilung der Tschuktschen-Karawane bei einer ihrer gewöhnlichen Stationen, Elop-bal, 90 Werst von da, angelangt sei. Diese Karawane von 26 Mann bestand aus den Bewohnern der Tschaun-Bucht; sie machte gewissermassen den Vortrab der übrigen, in weit grösserer Anzahl nachziehenden Nomaden-Tschuktschen aus der Gegend der Behringsstrasse, welche ihnen folgten. Diese Nachricht brachte Leben und Freude unter die schon seit dem Anfange des Februar hier mit Ungeduld darauf wartenden jakutskischen Kaufleute, welche bald mit ihren Reiseanstalten fertig waren und sich unter der Anführung des Isprawnik, der den dortigen Jahrmarkt dirigirt, auf den Weg nach Ostrownoje machten.

Am 4. März reiste auch Herr v. Matiuschkin mit Herrn Cochrane auf zwei Narten dorthin ab.

Siebentes Kapitel.
Erste Eisfahrt; nach dem Kap Schelagskoj.

Die erste Eisfahrt, welche am 19. Februar angetreten ward, hatte zum Zweck eine genaue Vermessung der Küste bis zum Kap Schelagskoj; doch musste den eingeborenen Nartenführern vorerst der grosse Baranow-Felsen als letztes Ziel der Reise angegeben werden, da sie sich sonst aus Furcht vor den kriegerischen Tschuktschen, deren Gebiet jenseits des

---

*) Von dem über das Eis austretenden Meerwasser bleibt auf der Oberfläche des Schnees eine Menge Salz nach, welches die hölzernen Schlittensohlen angreift; um dies zu verhüten und das Hingleiten der Narte zu erleichtern, werden platte Walfischrippen unter dieselben gebunden, die härter und glätter als das Holz sind.

Baranow-Flusses beginnt, nicht hätten bewegen lassen, mitzuziehen; so aber waren sie gern bereit, die Expedition zu begleiten, und man konnte sich die besten und zuverlässigsten Führer aussuchen.

Die ganze Küste, von der Kolyma bis an das Kap Schelagskoj, ist völlig unbewohnt und wird nur selten von den Tschuktschen besucht; auch sie überschreiten, wie es scheint, nie den grossen Baranowfluss und so bleibt zwischen diesem und dem Baranow-Felsen ein Landstrich von ungefähr 80 Werst in der Breite übrig, der von Keinem betreten wird. Hinter diesem neutralen Territorium erstrecken sich die weiten, moosreichen Ebenen und Thäler, auf welchen die kriegerischen Tschuktschen, mit ihren zahllosen Rennthierheerden umherziehend, ihre Unabhängigkeit bis jetzt erhalten haben. Jeder Anschein eines Eingriffs in dieselbe wird von ihnen mit dem grössten Misstrauen beobachtet und bleibt, wie schon manches traurige Beispiel bewiesen, nicht ungeahndet. Unser plötzliches Erscheinen in diesen menschenleeren Wüsten konnte nicht anders als höchst beunruhigend auf sie wirken, und wir mussten daher mit grösster Vorsicht zu Werke gehen, um jeden Argwohn bei ihnen zu vermeiden, durch den in der Folge der Zweck unserer ganzen Expedition hätte vereitelt werden können.

Am 19. Februar brach ich mit Herrn Kosmin auf, von den angesehensten Einwohnern des Ortes bis an einen nahe gelegenen kleinen See begleitet. Unsere drei Reisenarten hatte ich Tags zuvor nach Sucharnoje vorausgeschickt, einer winzigen Niederlassung, die nur aus zwei Scheunen besteht (Balagany genannt), welche eine halbe Werst von einander entfernt liegen und dazu dienen, den von Nishne-Kolymsk zum Fischfang und zur Jagd herkommenden Jägern im Winter Schutz zu gewähren.

Schon 50 Werst von Sucharnoje hören selbst die elenden, verkrüppelten Sträucher auf, die man bis dahin hie und da noch antrifft, und man befindet sich auf einer unabsehbaren Schneefläche, deren furchtbare Einförmigkeit durch nichts unterbrochen wird, als etwa durch die hin und wieder aufgestellten Fallen für die Eisfüchse. — Man gewöhnt sich freilich mit der Zeit an Alles, aber der erste Eindruck, den dieses riesenhafte Leichentuch hervorbringt, ist durchaus mit nichts Anderem zu vergleichen, und man freut sich der hereinbrechenden Nacht, die, sei es auch nur durch das Nichtsehen, eine Art von Abwechselung herbeiführt.

Noch ehe wir Sucharnoje erreicht hatten (etwa gegen 4 Uhr nachmittags), war es bereits so finster, dass wir die ganz verschneiten Balagany nicht unterscheiden konnten und wahrscheinlich an ihnen vorübergefahren wären, wenn nicht glücklicher Weise die mit dem Rauche aus denselben aufsteigenden Funken sie uns angedeutet hätten. Auch unsere sehr ermüdeten Hunde bogen plötzlich von selbst dorthin ab, indem sie ohne weiteres Antreiben ihre letzten Kräfte anstrengten und auf einem Schneehügel stehen blieben, den uns unser Kutscher als den ersten Balagan von Sucharnoje bezeichnete. Während ich mich nach allen Seiten nach etwas einer menschlichen Wohnung Aehnlichem umschaute, that sich der Schneeberg auf, und zu meinem nicht geringen Erstaunen krochen unter demselben, einer nach dem andern, unsere drei mit den Reisenarten vorausgeschickten Kosacken hervor. Sie führten uns durch ein unter dem Winde in den Schnee gegrabenes Loch zu dem Eingang des ungefähr zwei Arschin (etwa 1½ Meter) hohen Balagan, wo wir ein freundlich loderndes Feuer fanden. Nachdem wir uns durch Thee und ein Abendessen erwärmt und gestärkt hatten, verbrachten wir die Nacht in dieser Schneehöhle recht gut trotz des beissenden Rauches, mit dem sie erfüllt war, weil der ziemlich heftige Wind ihn durch den Rauchfang wieder zurücktrieb.

Der ganze folgende Tag verging uns mit der Vertheilung unserer Sachen und Vorräthe auf die Narten und verschiedenen anderen Vorbereitungen zu unserer Fahrt. Die Gegenstände, die wir mitzunehmen hatten, waren folgende: ein aus Rennthierfellen zusammengenähtes, kegelförmiges Zelt, zwei Beile, eine Taschenlaterne und ein paar Wachslichte, eine Eisenplatte, auf welcher Feuer angemacht wurde, nebst einem eisernen Dreifuss, Theekessel und Kochkessel; für Jeden von uns etwas Wäsche, ein Bärenfell statt Matratze, und eine doppelte Rennthierfell-Ueberdecke für je zwei. — An Instrumenten hatten wir zwei Chronometer und eine Sekundenuhr, einen Sextanten nebst künstlichem Quecksilber-Horizonte, ein Spiritus-Thermometer, drei Peilkompasse, unter denen einer mit einem Prisma, ein Handfernrohr und ein Teleskop, eine Messschnur, in Fussmass eingetheilt, und verschiedene Kleinigkeiten. An Proviant für fünf Menschen auf einen Monat: 2½ Pud Roggenzwieback, 1½ Pud Fleisch, 10 Pfund trockene Bouillon-Tafeln, 2 Pfund Thee, 4 Pfund Candiszucker, 8 Pfund Grütze, 3 Pfund Salz, 39 Portionen scharfen Spiritus, 12 Pfund Tabak und 200 Stück auserlesene geräucherte Juchala. Unsere Kleidung bestand aus einer Pàrka, einer weiten Kuchlänka, grossen, ledernen, mit Pelz gefütterten Stiefeln, Torbassy, einer Pelzmütze und dergleichen Fausthandschuhen, Alles aus Rennthierfellen genäht. Ein Jeder von uns hatte eine Flinte und 50 Patronen, eine Pike und an der rechten Seite am Gurt hängend ein grosses Messer und ein Feuerzeug. Zum Füttern der Hunde hatten wir: 790 grosse Mukssun Juchala, 1200 dergleichen Jukola und 2400 frisch eingefrorene Heringe. Mit letzteren waren vornehmlich die sechs Proviantnarten beladen; ein Theil unserer Vorräthe befand sich aber auch auf unseren Reisenarten. Jede Narte wurde möglichst gleichmässig der ganzen Länge nach bepackt und, sobald sie ihre volle Ladung, ungefähr 25 Pud (1 Pud = 15 Kilo) hatte, mit einer grossen ledernen Decke überdeckt und mit Riemen so fest verschnürt, dass Schlitten und Ladung nur eins ausmachten, und ersterer sogar umfallen konnte, ohne dass die Ladung irgendwie gefährdet war. Auf der Hälfte der Länge des schmalen Schlittens, an einer Seite desselben, sitzt oder vielmehr schwebt nur der Nartenführer, sich mit dem Fusse auf die Schlittensohle stützend, bereit, jeden Augenblick herabzuspringen und die Narte, wenn sie zu stark geschleudert oder sonst in Gefahr geräth, wieder ins rechte Geleis zu bringen. Hierzu dient ihm ein der Länge nach über den Schlitten ausgespannter Riemen, den er stets in der einen Hand hält; in der anderen aber hat er den sogenannten Ostòl oder Prudilo, einen ziemlich dicken, an einem Ende mit Eisen beschlagenen, am andern mit Schellen behängten Stab, der zum Lenken und Anhalten der Hunde, zuweilen auch als Stütze dient. — In einer ebenso schwebenden Stellung sassen auch wir, Herr Kosmin und ich, Jeder auf seiner Narte hinter dem Kutscher, immer bereit, gleich ihm augenblicklich hinabzuspringen, um den Schlitten aufzuhalten oder wieder ins Gleichgewicht zu bringen, welches auf dem oft sehr unebenen Wege unaufhörlich nöthig war. Obgleich, wie gesagt, jede Narte 25 Pud Ladung hatte, so glitt sie doch auf dem hartgefrorenen Schnee so leicht dahin, dass man sie ohne grosse Anstrengung mit einer Hand fortschieben konnte; auch machten die Hunde bei gutem Wege zehn bis zwölf Werst die Stunde.

Auf dieser ersten Eisfahrt, während welcher wir empfindliche Kälte bei oft schneidendem Winde hatten, lernten wir gleich als Probe die mancherlei Mühseligkeiten und Beschwerlichkeiten eines solchen Unternehmens kennen. In einer Nacht gesellte sich zu den 31° R. ein schneidiger Südwest-Wind, wodurch die Kälte, ungeachtet des wohlunterhaltenen Feuers und der guten Bedeckung von Rennthier- und Bärenfellen, doch so empfindlich wurde, dass wir mehrmals aufstehn mussten, um uns durch Laufen und Springen zu erwärmen. Besonders klagte Herr Kosmin, dass ihm die Füsse arg frören; wir riethen ihm, Stiefel und Strümpfe zu wechseln, was er beim letzten Nachtlager unterlassen hatte. Als er die Stiefel auszog, zeigte sich zu unserem nicht geringen Schreck, dass ihm die Strümpfe an die Füsse angefroren seien. Nachdem wir sie ihm mit grosser Vorsicht ausgezogen, fanden wir in den Strümpfen eine vollständige Eisschicht von der Dicke einer Linie; glücklicher Weise waren aber die Füsse noch nicht erfroren und wurden durch gelindes Reiben mit etwas Branntwein bald wieder hergestellt. Diese Erfahrung bestätigte uns die Nothwendigkeit, unsere Fussbekleidung durchaus immer zu wechseln und trocken zu erhalten, indem jede Feuchtigkeit, sie möge von aussen eindringen oder durch die eigene Ausdünstung entstehen, bei der grossen Kälte die gefährlichsten Folgen hat.

Die immer steigende Kälte und der heftige Wind machten die Fahrt äusserst beschwerlich; die Führer waren genöthigt, den Hunden eine Art von Stiefel über die Füsse zu ziehen, und ihnen die empfindlichsten, wenig behaarten Theile des Leibes in Stücke Fell einzuhüllen, weil sie sonst dem Erfrieren ausgesetzt gewesen wären; doch erschwerte ihnen dieses natürlich das Laufen sehr. Dazu kam, dass der lockere Schnee durch den gar zu starken Frost körnicht ward und die Nartensohlen nicht mehr so leicht darüber wegglitten wie bisher.

Auch unsere Beobachtungen mit den Instrumenten wurden durch die grosse Kälte sehr erschwert. Besonders war dies der Fall bei dem Sextanten. Wir waren genöthigt, alle Stellen an demselben, die etwa mit unserem Auge oder der Haut in Berührung kommen konnten, mit Leder zu umwickeln, weil sonst augenblicklich die Haut an das Metall anfror, wovon wir mehrmals sehr schmerzliche Erfahrungen gemacht haben. Desgleichen mussten wir auch während der ganzen Dauer einer Beobachtung, und besonders während des Abzählens der Grade an dem Bogen des Sextanten, den Athem vollständig an uns halten, weil sonst die Gläser und Spiegel sich im Nu mit einer dünnen Eisschicht oder einer Art von Reif belegten. Dies erfolgte nicht selten sogar von der blossen Ausdünstung der Haut, wenn wir etwas erhitzt waren. Demungeachtet erlangten wir doch nach und nach soviel Geschicklichkeit darin, dass wir unsere Beobachtungen mit dem Sextanten bei 30° R. Kälte machen, und nachts bei dem schwachen Schimmer einer kleinen Handlaterne die Grade, Minuten und Sekunden auf dem Bogen desselben mit hinlänglicher Genauigkeit ablesen konnten.

Auch auf die Chronometer erstreckte sich die Wirkung des Frostes, sie blieben stehen. Ich hatte dieses befürchtet, und um sie davor soviel als möglich zu bewahren, trug ich sie während des Tages immer an mir, des Nachts verpackte ich sie in ein dicht mit Fellen umwickeltes Kästchen, welches ich unter meine Decke nahm. Doch muss in der Nacht der Frost durch all diese Umhüllungen gedrungen sein und die geringe Portion Oel zwischen dem Räderwerk verhärtet haben, wodurch natürlich der Gang der Uhren stockte.

Nach mehreren beschwerlichen Tagereisen hatten unsere Kosacken uns schon mehrmals daran erinnert, dass unsere Hunde einer längeren Ruhezeit bedürften, um sich zu erholen und Kräfte zu sammeln. Ich entschloss mich nun, einen Tag (3. März) zu rasten; aber so wohlthätig dieser Rasttag für die Thiere war, so beschwerlich ward er uns, da wir, bei 25 bis 29° Kälte und scharfem Nordost-Winde auf einer durch nichts geschützten Fläche lagernd, nur grade genügend Feuerungsmaterial hatten, um das Wasser für unseren Thee und die Suppe aufzukochen, die übrige Zeit jedoch ohne Feuer zubringen mussten. Hierzu kam noch die sehr beunruhigende Ungewissheit über den Erfolg unserer Fahrt und über die wahre Lage des Endziels derselben, des Cap Schelagskoj. Unsere geringen Vorräthe erlaubten uns nicht, den sicheren, aber viel weiteren Weg längs der Küste einzuschlagen, und da die eigentliche Lage des Cap Schelagskoj nicht bestimmt war, hätten wir mit dem Aufsuchen desselben sehr viel Zeit verloren, was wir bei dem Mangel an Proviant möglichst vermeiden mussten. Während wir noch über den zu fassenden Entschluss verhandelten, zeigten sich bei Sonnenuntergang am östlichen Horizont zwei bedeutende Hügel, welche uns eine Insel zu sein schienen. Unsere Führer waren überzeugt, es sei das gesuchte unbekannte Land, und freuten sich, durch diese Entdeckung aus der Nachbarschaft der Tschuktschen fortzukommen, vor denen sie beständig in grosser Furcht schwebten. — Mit Ungeduld erwarteten wir den Anbruch des Tages und hofften, bei jenen beiden Hügeln das Ziel der Unternehmungen des unerschrockenen Schalaurow, das Cap Schelagskoj, zu finden.

Früh morgens, am 4. März, war der Himmel bewölkt, das Thermometer zeigte nicht mehr als $13^1/_2°$ und ein gelinder Südost-Wind trieb Schnee herbei. Wir freuten uns nicht wenig über die gemässigtere Temperatur, die uns nach der bisherigen Kälte sehr gelinde vorkam. Unsere Begleiter versicherten uns, es sei in diesen Gegenden gewöhnlich nie kälter, und beneideten die Tschuktschen um das Glück, in einem so milden Klima leben zu können.

Wir fuhren in möglichst gerader Richtung auf die erwähnten Berge zu; die eintretende Dunkelheit und die Ermüdung unserer Hunde, die an diesem Tage nicht weniger als 61 Werst gemacht hatten, bewogen mich, das Nachtlager zwischen den Torossen (kolossale Eisblöcke) aufzuschlagen. Wir sahen jetzt, dass unsere vermeintliche Insel ein Vorgebirge sei, auf welchem drei kuppelförmige Berge standen, von denen der östliche höher zu sein schien als die beiden anderen. Von dem Gipfel eines fünf Faden hohen Eiswürfels, neben dem wir unser Zelt aufgeschlagen hatten, glaubten wir in der Ferne offenes Wasser zu sehen, in dessen glatter Fläche sich die Klippen und Felsen jener Landspitze spiegelten, die wir für das Schelag'sche Vorgebirge hielten. Nach einigen Minuten verwandelte sich das offene Wasser in eine ebenso glatte Eisfläche, aus welcher aber ebenso schnell eine Menge Unebenheiten und Erhöhungen erwuchsen; bald darauf bedeckte sich das Ganze mit einer Menge grosser Eisschollen von den verschiedentlichsten, wechselnden Gestalten; endlich bei etwas verändertem Stande der Sonne verschwand Alles, und wir sahen deutlich eine sich nach allen Seiten erstreckende, unübersteigliche Reihe kolossalster Torossen. — Dergleichen optische Täuschungen und Verwandlungen sind bei der gewaltigen Strahlenbrechung auf dem Eismeer sehr gewöhnlich und haben unstreitig Veranlassung zu so vielen irrigen Behauptungen der Reisenden gegeben, welche in diesen Trugbildern Inseln, Küsten und Vorgebirge zu sehen meinten.

Unser Holzvorrath war leider ganz zu Ende, und um nur ein ganz geringes Feuer zur Zubereitung unserer Suppe zu haben, waren wir genöthigt, drei von unseren Zeltstangen und ein paar Reserve-Schlittensohlen zu opfern. Glücklicher Weise dauerte auch am folgenden Tage der Südost-Wind fort; die Kälte stieg nicht über 18°, welche wir ohne Feuer ertrugen.

Nachdem wir ungefähr 30 Werst zwischen haushohen Torossen zurückgelegt und uns mit der grössten Anstrengung über einen zusammenhängenden Rücken spitziger Eisschollen hinübergearbeitet hatten, befanden wir uns endlich an der Nordwestspitze des Cap Schelagskoj. Die Fahrt um dieses Cap herum überstieg an Beschwerden und Gefahren alles bisher Erprobte. Wir waren oft genöthigt, steile, 90 Fuss hohe Eisberge zu erklimmen und uns von dieser Höhe bisweilen beinahe senkrecht hinabzulassen, wobei wir Gefahr liefen, unsere Schlittensohlen zu zerbrechen, die vorgespannten Hunde zu erdrücken und uns selbst in die Eisschluchten hinabzustürzen. Dann mussten wir wieder grosse Strecken in tiefem, bis über den Gürtel reichendem, lockerem, angewehtem Schnee waten, und wenn sich auch zuweilen zwischen den Torossen eine kleine, nicht mit Schnee verwehte Stelle fand, so war sie mit krystallisirtem Seesalz bedeckt, welches die Eissohlen der Narten abschliff und den Hunden das Ziehen so erschwerte, dass wir uns selbst vorspannen und mit der grössten Anstrengung die Schlitten fortziehen mussten, um nur nicht völlig stecken zu bleiben.

Oft verschwand das Cap unseren Blicken hinter den ungeheueren, aufgethürmten Eismassen. Wo wir uns der Küste näherten, bestand sie immer aus einer schwarzen, dichten und glänzenden Felsgattung in senkrechten, regelmässigen Säulen von 250 und mehr Fuss Höhe, zwischen denen sich hin und wieder Streifen von etlichen Faden Breite eines weisslichen, feinkörnigen Granits zeigten. Diese furchtbaren schwarzen, aus ebenso ungeheuren, seit Jahrhunderten nicht aufgethauten Eismassen emporsteigenden Felsenwände, die unermessliche, mit ewigem Schnee bedeckte Meeresfläche, über welche die matten Strahlen der niedrig am Horizont stehenden Polarsonne wirkungslos hinstreiften, die grausenvolle Abwesenheit alles Lebendigen und die völlige Todtenstille, die uns umgab, machten ein Bild der erstarrten Natur aus, das nicht zu beschreiben ist. — Wir standen an der Grenze der belebten Schöpfung.

Nachdem wir fünf Stunden mit der grössten Anstrengung gearbeitet und ungefähr neun Werst zurückgelegt hatten, zwang uns unsere und der Hunde gänzliche Ermattung, Halt zu machen. Wir wählten zu unserem Nachtlager eine kleine Bucht, deren niedrige, sandige Ufer sich allmählich erheben und mit dem Hauptberge des Kap Schelagskoj, der über 3000 Fuss in senkrechter Höhe misst, zusammenhängen. Wir fanden hier zu unserer grossen Freude einiges Treibholz, mit dem wir ein tüchtiges Feuer anmachen und uns nach langer Zeit wieder einmal erwärmen und unsere Kleider trocknen oder vielmehr aufthauen konnten.

Wie es schien, hatten die Tschuktschen hier ihr Wesen getrieben. Wir fanden eine grosse Menge zusammengeworfener Walfischrippen, eine unlängst verlassene Feuerstätte und nicht weit davon einen in die Erde gerammelten starken Pfahl.

Unsere Vorräthe gingen zu Ende, sie reichten nur noch auf drei Tage, und da ich nicht sicher war, die unterwegs im Eise zurückgelassenen Proviantdepots unversehrt wiederzufinden, war ich zweifelhaft, ob ich es wagen durfte, weiter vorzudringen, oder ob ich hier umkehren müsste. Ich entschloss mich indessen zum Weiterfahren mit zwei unbepackten Narten, während ich die dritte mit dem geringen Rest unserer Vorräthe unter der Obhut eines Kosacken zurückliess. Ich wollte wenigstens die Hauptrichtung dieses Theils der Küste feststellen, welche, nach Burney's bekannter Meinung, eine Asien mit Amerika verbindende Landzunge bilden soll.

Wir trafen sehr glücklich auf einen schmalen Streifen festen, ebenen Eises, auf welchem wir recht rasch längs der Küste hinfuhren. Diese läuft, einige unbedeutende Krümmungen abgerechnet, gerade in der Richtung nach Südost 80° hin und besteht grösstentheils aus zackig in das Meer vorspringenden Felsen von der oben erwähnten schwarzen Steingattung und aus schwarzem Schiefer, zwischen denen sich hin und wieder offene, flache Sandufer finden. 17 Werst von unserem Nachtlager beobachtete ich die Mittagshöhe der Sonne und bestimmte darnach die Breite von 70° 03′ 24″. Ungefähr zwölf Werst von hier hören die Felsen ganz auf, die Berge ziehen sich mehr in das Land hinauf und das Ufer ist fast durchgehends sandig. Von einem der zunächst am Ufer stehenden Berge erblickten wir in der Entfernung von 2½ Meilen nach Südost 48° (wahre Himmelsrichtung) ein stark vorspringendes Kap, welches ich nach meinem eifrigen Mitarbeiter Kap Kosmin benannte. Bei diesem Kap ergiesst sich ein kleiner Bach ins Meer, den ich mit dem Namen Poworòtnoj (der Rückkehr) bezeichnet habe. Auch hier fanden wir Spuren der Tschuktschen, eine grosse Grube mit Walfischrippen und Kohlen angefüllt. Nach den ungeheuren, dicht an dem Ufer anliegenden Eisblöcken, die wir fanden, zu urtheilen, ist die Tiefe hier sehr beträchtlich, und da die Küste hier gar keine Buchten oder Einschnitte hat, so muss die Schifffahrt sehr gefährlich sein, weil die Fahrzeuge keinen Schutz finden, sondern ganz dem Andrange des Eises ausgesetzt sind.

Bei dem gänzlichen Mangel an Vorräthen aller Art war es unmöglich, an Weitergehen zu denken; ich musste mich daher zur Rückkehr entschliessen und mich dieses Mal damit begnügen, wenigstens soviel festgestellt zu haben, dass auf einer Strecke von 40 Meilen östlich von Kap Schelagskoj die Küste immer in südöstlicher Richtung fortläuft. Wir bezeichneten den fernsten Punkt unserer diesjährigen Eisfahrt durch Errichtung einer Steinpyramide auf einem Berge, welcher unter 70° 00′ 37″ nördlicher Breite und 171° 47′ östlicher Länge von Greenwich liegt. Diese Pyramide war von unserem Abfahrtspunkt Sucharnoje 418 Werst entfernt. Unsere Rückfahrt war nicht minder beschwerlich als die Herfahrt, und wir erreichten erst spät abends unser Zelt am Kap Schelagskoj. Am andern Morgen (7. März) traten wir bei 28° Kälte und scharfem Winde mit Schneegestöber unsere Rückreise an. Um die Torossen zu vermeiden, entschlossen wir uns, landwärts über einige nach Westsüdwest hin liegende niedrige Hügel zu fahren. Nachdem wir auf diesem Wege ungefähr fünf Werst zurückgelegt hatten, gelangten wir zu unserer grossen Freude jenseits der Torossenkette wieder auf das ebene Meereis. Wir folgten in beinahe südlicher Richtung der Küste und schlugen unser Nachtlager an dem sandigen Ufer einer nach Osten gerichteten Küstenbucht auf, in der wir eine Menge Treibholz fanden.

Als wir ungefähr $10^1/_2$ Werst abgefahren hatten, befanden wir uns in einer Entfernung von $4^1/_2$ Werst nach Südsüdwest $^1/_4$ West beinahe in der Parallele eines abgestumpften Kaps, welches hier eine kleine Bucht bildet, und welches ich nach dem bei unserer Expedition befindlichen Midshipman Kap Matiuschkin benannte. Dasselbe liegt in 69° 43′ 50″ der Breite und 170° 47′ der Länge von Greenwich.

Da wir auf unserem Rückweg nur eines der Proviantdepots unversehrt, die drei andern aber von Steinfüchsen und Vielfrassen völlig ausgeraubt fanden, so mussten wir die zwei letzten Tage ohne Nahrung zubringen. Ich tröstete meine Gefährten mit der Versicherung, wir würden, meinen Anordnungen zufolge, auf der Insel Sucharnoje Narten mit frischen Hunden vorfinden; aber auch diese Hoffnung schlug fehl; wir trafen dort Niemanden an und mussten, selbst hungernd, mit ausgehungerten, kraftlosen Hunden unsere Reise fortsetzen.

Am 14. März langten wir endlich, nach einer Abwesenheit von 23 Tagen, in welchen wir im Ganzen 1122 Werst gefahren waren, in Nishne-Kolymsk an, wo wir im lang entbehrten Genuss eines geheizten Zimmers und ordentlich gekochter Nahrung im vollen Sinne des Worts schwelgten.

Am 19. März kam auch Herr von Matiuschkin von Ostrownoje zurück, wo er mit dem besten Erfolg den von mir erhaltenen Auftrag ausgerichtet hatte. Die Tschuktschen-Oberhäupter hatten die ihnen überreichten Geschenke mit Zufriedenheit und Dank angenommen und auf das Bestimmteste versichert, wir könnten bei einem Besuche in ihrem Lande und in ihren Niederlassungen auf einen freundschaftlichen Empfang rechnen. Von einem Lande, welches von ihrer Küste aus auf dem Meere sollte zu sehen sein, hatte Keiner unter ihnen etwas gewusst.

Wir begannen sogleich die Zurüstungen zu unserer zweiten Eisfahrt.

Achtes Kapitel.
Zweite Eisfahrt; zu den Bäreninseln.

Die Zurüstungen zu unserer zweiten Eisfahrt waren im Wesentlichen dieselben wie die schon oben bei der ersten beschriebenen, nur mussten sie umfassender sein, da unsere Reise viel weiter und von längerer Dauer sein sollte, und weil auch unsere Reisegesellschaft zahlreicher war. Ausser der ungleich grösseren Menge von Lebensmitteln und von Futter für die Hunde fand ich für nöthig, allerlei Vorkehrungen zu treffen, um uns soviel als möglich auf die Beschwerden und Hindernisse vorzubereiten, die uns bei der Fahrt auf dem Meere bevorstanden, wo wir auch nicht, wie auf dem festen Lande oder in der Nähe desselben, unsere Nachtlagerplätze mehr oder weniger bequem wählen konnten. In dieser Rücksicht fügten wir zu unseren Vorräthen und übrigem Gepäck noch einige Gegenstände hinzu, die uns besonders nothwendig zu sein schienen, nämlich etliche eiserne Brechstangen, um uns zwischen und über den Torossen einen Weg zu bahnen, ein tragbares ledernes Boot, um über die Eisspalten und offenen Stellen zu setzen, und eine gewisse Anzahl Walfischrippen zum Unterbinden unter die Nartensohlen. — Proviant für uns selbst und Futter für die Hunde (deren wir 240 hatten) liess ich nur auf 30 Tage mitnehmen, indem ich hoffen konnte, bei einem längeren Aufenthalt auf dem Meere uns durch glückliche Bärenjagd vor Mangel zu sichern.

Eine ganz vorzügliche Sorgfalt ward auf die Auswahl der sechs eigentlichen Reisenarten gewandt; der sämmtliche

Vorrath an Lebensmitteln, Hundefutter und Gepäck sollte auf vierzehn Transportnarten fortgeschafft werden, bei denen es weniger auf grosse Dauerhaftigkeit ankam, weil sie ihre Ladung nur eine gewisse Strecke weit zu führen hatten, und dann leer wieder nach Nishne-Kolymsk zurückkehren sollten.

Unsere sechs Reisenarten befanden sich schon seit dem 16. März auf der Insel Sucharnoj, wo die Hunde durch Ruhe und reichliches Futter zu der bevorstehenden grossen Anstrengung vorbereitet werden sollten. Am 22. März ging Herr von Matiuschkin mit den übrigen Schlitten voraus dorthin, um bei der Vertheilung der Lebensmittel und Sachen auf die Proviantnarten gegenwärtig zu sein. Als ich am 25. anlangte, fand ich Alles aufs Beste besorgt; die Narten waren jede mit ungefähr 30 Pud Ladung bepackt und fest umbunden; die fleissig mit Wasser begossenen Schlittensohlen waren dadurch mit einer dicken Eisrinde versehen, alles war in der besten Ordnung, und die Hunde, durch gute Nahrung und Ruhe gestärkt, waren munter und rüstig.

Meine eigentlichen Reisegefährten waren der Midshipman Matiuschkin*), der verabschiedete Unterofficier Reschetnikow und der Matrose Nechoroschkow. Ausserdem gesellte sich zu uns der kolymskische Kaufmann Bereshnoj, dem ich auf seine Bitte gestattet hatte, uns in zwei eigenen Narten und für seine eigene Rechnung auf unserer Expedition zu begleiten. Zu Führern unserer sechs Reisenarten hatte ich drei hiesige Kosacken, einen russischen Bauer und zwei Jukahiren vom grossen Aniuj gewählt. Die Proviantschlitten wurden theils von Kosacken, theils von kolymskischen Bürgern und Jukahiren geführt.

So traten wir am 26. März bei leichtem Südost-Winde unsere Reise an; der Himmel war bewölkt, das Thermometer zeigte nicht mehr als 5° Kälte. Gegen Abend erreichten wir

---

*) Der Steuermann Kosmin blieb in Kolymsk zurück, um während meiner Abwesenheit ein leichtes Ruderfahrzeug zu erbauen, auf welchem ich im bevorstehenden Sommer den Lauf der Kolyma und womöglich auch die Meeresküste untersuchen und aufnehmen wollte.

den kleinen Baranow-Felsen, wo wir unser Nachtlager aufschlugen. Da wir hier eine grosse Menge Treibholz antrafen, beluden wir unsere Narten mit demselben, so dass wir bei gehöriger Sparsamkeit einen Vorrath für 25 Tage hatten.

Am 27. März, morgens 11 Uhr, als sich die Nebel etwas gelichtet hatten, brach ich mit meiner ganzen Karawane auf, den Curs in nördlicher Richtung nehmend. Die 22 Narten, aus denen unser Zug bestand, bildeten eine über eine halbe Werst lange Reihe, deren beide Enden wir oft aus dem Gesicht verloren.

Wir hatten uns kaum zwei Werst von der Küste entfernt, als wir uns von einem Gürtel hoher Torossen umgeben sahen, die der Küste parallel liefen und in der Breite eine Ausdehnung von sieben Werst hatten. Die Fahrt war eine sehr beschwerliche und ermüdende. Nach drei mühevollen, in diesem Eislabyrinth zugebrachten Stunden gelangten wir endlich an eine unübersehbare Fläche, auf der nur hin und wieder einzelne Eismassen sich erhoben, wie öde Felsen auf dem weiten Ocean.

Die Hoffnung, dass wir unsern Weg nun rasch und ungehindert würden fortsetzen können, machte uns die eben überstandenen Mühseligkeiten sehr bald vergessen und wir blickten anfangs wirklich mit einer Art von Wohlgefallen auf die vor uns liegende, starre Eisfläche, ungefähr wie der Seemann, wenn er durch einen gefährlichen Felsenarchipel hindurchgekommen ist, sich über den Anblick des unbegrenzten Oceans freut, der ihm verspricht, ihn ungehindert zum gewünschten Ziele zu bringen. Aber nur zu bald erkannten wir den gewaltigen Abstand zwischen dem ewig lebendigen, immer wechselnden, offenen Ocean und der schrecklichen Einförmigkeit der vor uns liegenden, todten Ebene, deren Anblick das Auge wie den Geist ermüdet, und das Gemüth in eine nicht zu beschreibende, traurige Stimmung versetzt.

In unserem ersten Entzücken über das vermeintliche Ueberwinden der bisherigen Hindernisse und Beschwerden, welches selbst die Hunde zu theilen schienen, da sie ohne

Antreiben sehr rasch liefen, hatten wir in kurzer Zeit elf Werst in nördlicher Richtung zurückgelegt. Hier liess ich Halt machen, um den Hunden einige Ruhe zu gönnen. Kaum hatten sich aber diese nach ihrer Gewohnheit in den Schnee gelagert, als hinter einer hohen Eismasse ein ungeheurer weisser Bär hervortrat und anfangs Miene machte, uns anzugreifen; das furchtbare Bellen unserer ganzen Hundeheerde aber, und ihr gleich darauf angestimmtes schauerliches Geheul bewogen das Ungethüm, seinen Plan aufzugeben und sein Heil in eiliger Flucht zu suchen. Die ganze Gesellschaft war im Nu auf den Beinen, und unter Anleitung der hiesigen, schon an Dergleichen gewöhnten Jäger begann die Jagd mit Flinten, Lanzen, Pfeil und Bogen. Sie dauerte drei Stunden. Der Bär war drei Mal durch Pfeile verwundet und hatte zwei Kugeln im Leibe; doch schien das ihn nicht sowohl zu ermatten, als vielmehr wüthend zu machen, denn statt wie vorhin zu fliehen, griff er nun an und warf sich wuthschnaubend auf einen der Jäger. Zu dessen grossem Glück gelang es einem der Kosacken, dem Bären eine Kugel durch die Brust zu jagen, der sich nun wüthend nach ihm umwandte, — aber der Kosack fuhr ihm mit seiner Lanze in den weit geöffneten Rachen und warf ihn mit bewunderungswürdiger Kraft und Gewandtheit zu Boden, wo dann die übrigen, herbeigeeilten Jäger ihm den Garaus machten. — Es war ein mächtiges Thier; seine Länge von der Schnauze bis an die Schwanzwurzel betrug reichliche vier Arschin, dabei war es sehr fett und so schwer, dass zwölf starke Hunde es nur mit Mühe fortzuschleppen vermochten. Danach zu urtheilen, muss das Thier etwa 35 Pud gewogen haben.

Während dieses Kampfes waren einige der zurückgebliebenen Proviantnarten bei uns angelangt, deren Führer mir berichteten, dass zwei ihrer Gefährten in den Spalten zwischen den Torossen verunglückt seien, und dass sie ihnen nicht hätten helfen können. Ich liess sogleich drei unserer Narten leeren und schickte sie den Unglücklichen zu Hilfe, die denn auch nach ein paar Stunden zu unser Aller grossen

Freude, zwar ziemlich durchnässt und befroren, sonst aber ganz wohlbehalten bei uns anlangten.

Alle diese Begebenheiten hatten uns viel Zeit genommen; es war spät, Menschen und Hunde ermüdet, so dass wir beschlossen die Nacht hier zu verbringen. Unser Nachtlager war folgendermassen eingerichtet: in der Mitte stand unser kegelförmiges Zelt, welches gewissermassen das Hauptquartier bildete; um dasselbe herum vier kleinere, viereckige Zelte aus Rennthierfellen, die dem Kaufmann und ein paar wohlhabenderen Nartenführern gehörten. Das kleine Lager wurde im Kreise mit den Narten umstellt, an welche, innerhalb des Lagers, die Hunde angebunden wurden. So waren wir gegen jeden unverhofften Besuch der Eisbären gesichert, da sie sich dem Lager nicht nähern konnten, ohne durch die wachsamen Thiere verrathen zu werden, deren Witterung so unbegreiflich scharf und fein ist, dass sie, wie wir eben gesehen hatten, selbst fast schlafend und mit tief versteckter Schnauze doch die Annäherung des Feindes schon in einer ziemlichen Entfernung merken, und durch ihr entsetzliches Tutti von Bellen und Heulen sowohl den Bären zurückschrecken, als auch ihre Herren von der herannahenden Gefahr in Kenntniss setzen.

Das Wetter war schön, und um uns vor dem Schlafengehen noch zu erwärmen, übten wir uns bei der hellen Abenddämmerung im Schiessen und Werfen nach dem Ziel. Eine etwas behauene Eisscholle stellte den Bären vor; Augen, Schnauze und Herz wurden bezeichnet, und wer einen dieser Flecke traf, erlangte dadurch das Recht, sich an der nächsten Bärenjagd zu betheiligen; der Fehlschüsse gab es unter den hier Einheimischen nur sehr wenige.

Während dieser Belustigung eines Theils der Gesellschaft beschäftigte sich der andere mit Ausbesserung der in den Torossen beschädigten Narten, mit Ausweiden des geschossenen Bären, mit Zubereitung unserer Abendmahlzeit u. s. w. Bei letzterem wurde besonders die grösste Aufmerksamkeit auf Ersparung des Holzes gewandt, zu deren specieller Aufsicht ein zuverlässiger Kosack angestellt war. Ueberhaupt muss ich bemerken, dass wir in allen Theilen unserer kleinen Wirthschaft die grösste Ordnung und Sparsamkeit beobachteten; jeder Fischrest, jedes noch so geringe Ueberbleibsel von Grütze, Fleisch, auch Holz wurde gewissenhaft zu dem allgemeinen Vorrathe zurückgelegt.

Am folgenden Tage (28. März) hatten wir Morgens 12° und Abends nur 10° Kälte. Bei heiterem Himmel machten wir uns um 9 Uhr morgens auf den Weg; der uns begünstigende S.O.-Wind und die spiegelglatte Fläche des Eises förderten unsere Fahrt ausserordentlich. Nachdem wir 48 Werst zurückgelegt hatten, wobei unsere Hunde, der Spur von Steinfüchsen nachfolgend, ihren Lauf freiwillig sehr beschleunigten, wählten wir zum Nachtlager eine Stelle, wo sich etwas mehr Schnee vorfand. Schon an diesem zweiten Tage unserer Eisfahrt fühlten wir die schädliche Wirkung, die das Zurückprallen der Lichtstrahlen von der blendenden Schneefläche auf unsere Augen hatte; bei dem fast wolkenlosen Himmel litten wir alle mehr oder weniger an Entzündung und heftigen Schmerzen. Ich hatte mich mit einem Vorrath schwarzen Flors versehen, dessen wir uns jetzt bedienten, um theils unsere Brillen damit zu überziehen, theils auch denjenigen, die letztere nicht besassen, bloss eine Art kleinen Schleiers vorzuhängen, der das Auge gegen das gar zu blendende Sonnenlicht schützte. Zur Linderung der brennenden Schmerzen streuten sich die hiesigen Eingeborenen abends Schnupftabak in die Augen, worauf sie zwar eine qualvolle Nacht verbrachten, sich aber am folgenden Morgen bedeutend erleichtert fühlten. Statt dieses gar zu heftigen Mittels liess ich die leidenden Theile mit Spiritus reiben, welches die erwünschte Wirkung, Linderung der Schmerzen und der Entzündlichkeit, hervorbrachte.

Am 29. März erblickten wir des Nachmittags im Nebel ein Land und richteten unseren Curs dorthin, in der Hoffnung, eine neue Entdeckung zu machen. Die geographische Lage der Bäreninseln war im Jahre 1769 durch die Geodäten Lyssjew, Puschkarew und Leontjew bestimmt worden; nach ihren Beobachtungen liegt die östlichste dieser

Inseln in 71° 58′ nördlicher Breite. Das jetzt von uns gesehene Land konnte demnach nicht zu dieser Gruppe gehören. Als wir uns dem Gegenstande unserer Hoffnungen bis auf 16 Werst genähert hatten, überzeugten wir uns, dass wir wirklich eine kleine nicht sehr hohe Insel vor uns hatten, auf welcher sich drei pfeilerartige Steinmassen von verschiedener Höhe erhoben. Eine derselben, welche höher als die beiden anderen war, schien uns die Form eines plumpen, menschlichen Rumpfes von gigantischen Dimensionen zu haben. Endlich erreichten wir ein kleines Vorgebirge und entdeckten hinter demselben eine kleine Bucht, auf deren abschüssigem Ufer wir zu unserer grossen Freude einiges Treibholz fanden. Dies sowohl, als auch die Ermüdung unserer Hunde, die schon 46 Werst zurückgelegt hatten, bewog mich, unser Nachtlager hier aufzuschlagen.

Während unsere Leute mit Aufrichtung der Zelte und Zubereitung des Abendbrotes beschäftigt waren, benutzten wir den Rest des schwindenden Tageslichtes, um die Anhöhe, auf welcher die drei Pfeiler standen, zu besteigen. Von der Küste bis zum Gipfel dieser Anhöhe, dem höchsten Punkt der Insel, auf einer Strecke von einer halben Seemeile, ist die ganze Oberfläche mit grösseren und kleineren Granit-Porphyrstücken bedeckt. Die Pfeiler selbst bestehen aus lauter 5 Zoll dicken, horizontal liegenden Schichten derselben Steinart. An zweien der Pfeiler finden sich bedeutende Spalten und Risse, aus denen zu schliessen ist, dass diese drei jetzt getrennten Steinmassen einst nur einen ungeheuren Felsen ausmachten, der durch Verwitterung, durch die Gewalt des Frostes, oder aus anderen äusseren Ursachen seine ursprüngliche Form verloren und die jetzige angenommen hat. Der längste der Pfeiler hat eine Höhe von $48^{3}/_{10}$ Fuss und an seiner Grundfläche einen Umfang von 91 Fuss englischen Maasses. Nach oben zu verjüngt sich die Masse etwas, hat aber, wie gesagt, die Form eines menschlichen Körpers, mit einer Art Mütze oder Turban auf dem Kopfe, aber ohne Arme und Beine. Von hier aus erblickten wir auf der östlichen Spitze der Insel noch einen vierten etwas kleineren Pfeilerfelsen, daher sie denn auch den Namen Vier-Pfeiler-Insel (tschetyrèch stolbowòj òstrow) erhielt. In der Nähe unseres Nachtlagers fanden wir zwei alte hölzerne Nartensohlen und ein paar Rennthiergeweihe; ein Beweis, dass dieses Land im Winter sowohl als im Sommer mit Rennthieren besucht worden ist. Am folgenden Tage umfuhr Herr von Matiuschkin auf einer leichten Narte die Insel. Von dem westlichen Ufer aus sah er nach Westen hin zwei kleine Inseln. Diese sowohl, wie die Lage und Richtung unserer Insel lassen mich glauben, dass die Vier-Pfeiler-Insel doch keine andere sei, als die von dem Geodäten Leontjew beschriebene östlichste Bäreninsel. Zwar soll dieselbe nach seiner Bestimmung um $1^0\ 21'$ nördlicher liegen, doch beweist diese Differenz, so gross sie auch ist, nichts gegen die Identität der beiden Inseln, da sie sich in allen seinen Breitenbestimmungen längs der ganzen Küste des festen Landes, westlich von der Kolyma, findet.

Am 31. März machten wir uns bei etwas bewölktem Himmel wieder auf den Weg. Am Mittag, als wir ungefähr 11 Werst gefahren waren, fanden wir die übrigens ebene Eisoberfläche mit Meersalz bedeckt, welches unsere Fahrt sehr erschwerte. Das scharfe körnige Eis scheuerte die Eiskruste unter den Nartensohlen in kurzer Zeit weg, und wir waren genöthigt, zu Fusse neben den Schlitten herzugehen, weil die Hunde sonst nicht im Stande waren, dieselben fortzuziehen. Dies Ungemach wuchs mit jeder Werst, die wir vorwärts machten; der Schnee wurde immer weicher und feuchter und die Salzkruste dicker; dabei ward der O.N.O.-Wind stärker und brachte einen dichten und so nassen Nebel mit, dass unsere Pelzkleidung bald ganz durchnässt war. Alles dieses liess uns schliessen, dass das Meer in unserer Nähe offen sein müsse; unsere Lage wurde mit jedem Augenblick gefährlicher. In solcher peinlichen Ungewissheit sahen wir es als eine wahre Wohlthat an, dass sich der Nebel etwas lichtete, und uns in der Entfernung einer Werst einige ziemlich hohe Torossen erblicken liess. Wir eilten dahin und lagerten uns unter dem Schutze einer 5 Faden hohen und eben so dicken Eiswand, wo wir einen günstigen Wechsel in der Witterung abwarten wollten. Da ich auch hier die nur ungefähr einen Fuss dicke Schneeschicht stark von Seesalz durchdrungen fand, so besorgte ich, dass vielleicht das Meer hier erst vor kurzem zugefroren und folglich das Eis selbst nicht stark genug sein möchte, um uns bei einem eintretenden Sturme Sicherheit zu gewähren. Um mich davon zu überzeugen, liess ich ein Loch in dasselbe hacken; da sich aber in demselben bei einer Tiefe von $1\frac{1}{2}$ Arschin gar keine Veränderung in der Dichtheit des Eises fand, stellte ich die Arbeit ein. In der Nacht erreichte der Sturm den höchsten Grad der Heftigkeit, unser Zelt wurde umgerissen, und wir hätten es vielleicht ganz eingebüsst, wenn es nicht so sorgfältig an die Torosse gebunden gewesen wäre.

Am 1. April hatten wir morgens bei gelindem N.O.-Winde und dünnem Nebel nur 4° Kälte; abends bei heiterem Himmel scharfen N.-O.-Wind und 11° Kälte. Unter die Schlittensohlen hatten wir Walfischrippen gebunden, welche besser über den feuchten Schnee und das Seesalz weggleiten als das Holz. Doch mussten wir immer noch zu Fuss neben den Narten gehen, daher wir denn auch so langsam vorrückten, dass wir nach einem Marsch von 7 Stunden nicht mehr als 33 Werst zurückgelegt hatten. Am Morgen des folgenden Tages (2. April) brachte uns ein frischer N.W.-Wind Schnee. Ungefähr 14 Werst von unserem Nachtlager erblickten wir drei Robben, die sorglos auf dem Eise schliefen; unsere Hunde stürzten zwar auf sie zu, aber die Thiere entkamen ihnen glücklich, indem sie unter dem Eise verschwanden. Wir fanden an der Stelle, wo sie gelegen hatten, ein rundes Loch von $1\frac{1}{2}$ Fuss im Durchmesser; das Eis war hier nur $\frac{1}{2}$ Arschin dick, sehr mürbe und ganz mit Salz durchzogen. Wir untersuchten die Meerestiefe und fanden 12 Faden (zu 6 Fuss); der Grund war weicher grüner Lehm; als wir etwa 34 Werst in einer nördlichen Richtung gemacht hatten, schlugen wir unter dem Schutze eines hohen Toross unser Nachtlager auf.

Das Fahren auf dem mit Salzkrystallen durchdrungenen und bedeckten, feuchten Schnee erschwerte die Fahrt mit den stark beladenen Narten sehr, und da überdiess das gelinde Wetter uns ausserordentlich ermüdete, so beschlossen wir, theils um die frischere Nachtluft zu benutzen, theils um nicht von dem blendenden Tageslicht zu leiden, am Tage zu ruhen und die Nächte hindurch zu fahren, da diese bei der jetzt schon ununterbrochenen Dämmerung vollkommen hell waren.

Am 3. April schickte ich wieder drei leer gewordene Proviantnarten zurück; nach Sonnenuntergang brachen wir auf. Anfangs fuhren wir ziemlich rasch über die ebene Fläche fort; bald aber nahm das Salz so überhand, dass wir uns, nachdem wir 15 Werst gemacht hatten, so zu sagen, in einem tiefen Salzmoore befanden, wo wir durchaus nicht vorwärts kommen konnten. Ich untersuchte die unter der Salzlake befindliche Eisschicht; sie war nur 5 Zoll dick und das Eis so mürbe, dass unsere Führer es mit ihren Messern ohne Mühe durchschneiden konnten. Wir eilten augenblicklich diesen Verderben drohenden Ort zu verlassen, und nachdem wir 4 Werst zurückgelegt hatten, erreichten wir eine ziemlich glatte, mit einer compacten Schneekruste bedeckte Fläche. Als wir auf dieser noch 2 Werst gefahren waren, liess ich das Eis untersuchen und fand es $1/2$ Arschin dick. $1^{1}/_{2}$ Werst weiter machten wir neben einigen unbedeutenden Torossen Halt.

Der Nordwind nahm unterdess an Heftigkeit zu und muss das Wasser im offenen Meere in grosse Bewegung gesetzt haben; wir schlossen es daraus, dass von Zeit zu Zeit aus dem von uns im Eise gemachten Loche Wasser hervorquoll, noch mehr aber aus der beinahe wellenförmig sich bewegenden, dünnen Eisdecke, auf der wir lagen und durch welche wir das unten heftig bewegte Element nicht nur hörten, sondern auch eine schwankende Bewegung des Eises spürten. Unsere Lage war zum wenigsten höchst bedenklich, um so mehr, als wir durchaus kein Mittel hatten, uns vor der drohenden Gefahr zu flüchten, sondern abwarten mussten, was das Schicksal über uns verhängte. Selbst die hiesigen Eingeborenen waren in grosser Unruhe, und nur unsere Hunde, die keine Ahnung von der uns beim Aufbrechen des Eises drohenden Gefahr hatten, schliefen ganz wohlgemuth in ihrer gewöhnlichen zusammengeringelten Lage.

Sobald der Nordwind sich gelegt hatte und die Atmosphäre sich etwas aufklärte, liess ich zwei der besten Narten ausleeren, versorgte mich mit Lebensmitteln für 24 Stunden, nahm das Boot nebst Rudern, Stangen und einigen Brettern mit, und fuhr nach Norden zu, um zu sehen, wie das Eis beschaffen und wie weit es noch fest sei. Dem Herrn von Matiuschkin hinterliess ich die Weisung, sich bei einer eintretenden Gefahr sogleich mit der ganzen Gesellschaft so weit zurückzuziehen, als es erforderlich sein würde, ohne meine Rückkehr abzuwarten.

Auf einer Strecke von 7 Werst war die Fahrt sehr mühsam durch die dicke Salzlake; dann trafen wir eine Menge Risse und Spalten im Eise, über welche wir nur mit Mühe, vermittelst einiger darüber gelegten Bretter, gelangten. An manchen Stellen hatten sich kleine Hügel und Höcker gebildet, die beim geringsten Stoss zusammenbrachen und eine Lache bildeten. Das so mürbe Eis hatte nur eine Dicke von kaum einem Fuss; das Meer hatte 12 Faden Tiefe, mit einem Grunde von grünem Lehm.

Die zahllosen, nach allen Richtungen hin gehenden Risse, durch welche das Seewasser sich heraufdrängte, der damit herauf kommende, gelblich graue Schlamm, jene oben erwähnten kleinen Hügel und das dazwischen rieselnde Wasser, alles das gab der zerstörten Eisfläche das Ansehen eines ungeheueren Morastes, auf dem wir indessen noch 2 Werst weiter nördlich vordrangen, indem wir die schmalen Spalten übersprangen und die offenen Stellen umgingen. Endlich aber zeigten sich so viele offene Stellen, dass es schwer ward zu entscheiden, ob das Meer wirklich noch mit einer zusammenhängenden Eisdecke oder nur mit darauf herumschwimmenden Eisstücken bedeckt sei, die fast durchgehends durch Zwischenräume von ein paar Fuss Breite von einander getrennt waren und durch die geringste Erschütterung in allgemeine Bewegung gerathen konnten. Ein starker Windstoss genügte, um sie gegen einander zu treiben und zu zerschellen; dann versanken die, vom Wasser durchdrungenen Bruchstücke, und in wenig Minuten war da, wo wir jetzt standen, klares Wasser. Unser Schicksal hing, wie gesagt, von einem einzigen Windstoss ab; ich gab daher das durchaus fruchtlose Weiterfahren auf und eilte zurück zu unseren Gefährten, um mit ihnen, wo möglich, einen sicheren Ort zu erreichen. Unsere nördlichste Breite war 71° 43'; wir befanden uns 215 Werst in grader Linie vom festen Lande und von dem kleinen Baranow-Felsen. Gleich nach meiner Rückkehr liess ich das Lager abbrechen und wir zogen nach S.S.O.

Ehe ich in meiner Erzählung fortfahre, muss ich der Geschicklichkeit erwähnen, mit der unsere Nartenführer sowohl mitten in den ungeheueren Torossen, als auch auf den unabsehbaren Schneefeldern immer, ohne sich zu irren, die Richtung ihres Curses beizubehalten wussten; ein untrügliches Gefühl, eine Art Instinkt leitete sie immer vollkommen richtig. Besonders zeichnete sich mein Nartenführer, der Kosack Tatarinow darin aus. Mitten in diesen verwickelten Eisklippen, Labyrinthen, bald rechts, bald links wendend, hier eine grosse Eismasse umgehend, dort über eine kleinere hinüberfahrend, wusste er diese beständigen Abweichungen von der Haupt-Richtung so einzurichten, und, wenn ich so sagen darf, den Plan derselben im Gedächtniss zu behalten, dass sie sich gegenseitig compensirten und wir unsere Hauptrichtung nie verloren. Während ich mit dem Kompass in der Hand den verschiedenen Wendungen folgte und den mittleren Curs zu resumiren suchte, hatte er ihn empirisch immer richtig herausgefunden. Sogar seine Schätzung der zurückgelegten Entfernung, auf eine gerade Linie reducirt, traf gewöhnlich mit den Bestimmungen überein, die ich aus den beobachteten Breiten und täglichen Cursen ermittelte.

Auf den ebenen Flächen war es leichter, die Richtung einzuhalten. Wo sich dem Auge als fester Zielpunkt keine grössere Eismasse oder sonstige Erhöhung darbot, richteten wir uns nach den wellenförmig angewehten Schneestreifen (Sastrùgi genannt), die sich auf offenen Flächen, auf dem Lande sowohl als auf dem Meere, bilden, wenn der Wind anhaltend von einer Seite geweht hat. Die Bewohner der Tundry durchziehen oft weite Strecken von mehreren Hundert Werst, ohne in diesen physiognomielosen Einöden irgend einen anderen Leiter zu haben als diese Sastrùgi. Oft geschieht es, dass die frühere ächte Sastrùga von einer späteren, bei momentan verändertem Winde verweht oder durchkreuzt wird; das macht aber den Reisenden nicht irre, dessen geübter Blick dies gleich erkennt; dann gräbt er den später gefallenen Schnee vorsichtig weg und berichtigt seinen Curs nach dem Winkel, den die beiden Sastrùgi gegen einander machen. Auch uns diente die Sastrùga zur Bestimmung unseres Weges, da der Kompass während des Fahrens nicht zu gebrauchen ist, weil man, um ihn zu Rathe zu ziehen, allemal anhalten muss, was bei der Fahrt sehr zeitraubend ist.

Als wir 20 Werst von unserem Lager entfernt waren, nahmen die Torossen an Höhe und Menge zu, bis sich schliesslich ganze Ketten von Torossen bildeten, die nicht selten eine Höhe von 80 Fuss erreichten. Diese grossen Eismassen waren durchgehends von grünlich-blauer Farbe und stark salzigem Geschmack. Die Schwierigkeit, uns durch diese zackigen Klippen durchzuarbeiten, wurde noch bedeutend erhöht durch den lockeren Schnee, der die Zwischenräume anfüllte und nur locker Tausende von spitzigen Eisstücken bedeckte, die häufig unsere Narten umwarfen und uns selbst schmerzhaft verletzten. Jene, von allen bisherigen ganz verschiedenen Torossen, waren sogenannte Wintertorossen; sie entstehen sowohl im letzten Winter als auch im Frühling und Herbst, wenn bei heftigen Stürmen das Meereis gebrochen, aufgewühlt und dann durch wieder eintretende starke Fröste gefestigt wird.

Kaum hatten wir uns durch diese zackigen Wintertorossen durchgearbeitet, als wir in eine andere Gruppe geriethen, deren Formation noch origineller und auffallender war. Diese Gruppe bestand aus einer Menge theils kegel-, theils kugelförmiger Hügel von ungleicher Höhe (bis zu 90 Fuss senkrecht über der Meeresfläche), die bald dicht neben einander standen, bald längliche oder runde Thäler umschlossen. Das Eis war von weisslich-grauer, ins Schwarze übergehender Farbe; es hatte einen ganz reinen Geschmack und war grobkörnig und undurchsichtig. Die Abhänge der Hügel waren mit compactem Schnee überzogen, wir fuhren leicht und ungehindert über den festen Schnee an den Abhängen und über die Zwischentiefen dahin.

Das Eis dieser Torossen, erklärten uns die Führer, sei gleich bei der Erschaffung der Welt entstanden, daher es auch „adamitisches Eis" genannt wird und durch sein hohes Alter so fest ist, dass es selbst am Feuer nicht schmilzt. Von dem Ungrunde dieser letzten Meinung hatten wir Gelegenheit, die guten Leutchen bei dem ersten an's Feuer gesetzten Theekessel zu überführen.

Durch die beschwerliche Fahrt in den Torossen waren unsere Proviantnarten nach und nach so sehr beschädigt, dass sie beständig brachen, auch die Hunde vor denselben waren sehr angegriffen und entkräftet. Ich entschloss mich daher (am 5. April), mich lieber der lästigen Bürde zu entledigen, indem ich die Proviantnarten zurückschickte und hier wie früher ein Proviant-Depot hinterliess. Auf unsere sechs Reiseschlitten vertheilten wir so viel Proviant als ungefähr auf 14 Tage erforderlich sein konnte. Die acht ausgeleerten Transportnarten kehrten nach Nishne-Kolymsk zurück. Unsere ganze Gesellschaft bestand jetzt nur noch aus zehn Personen auf sechs Narten. Anstatt des Unterofficiers Reschetnikow, den ich als Anführer der Rückkehrenden abfertigte, blieb der Kaufmann Bereshnoj bei uns.

Eine Kette hoher Wintertorossen, die sich nach S.O. hinzogen, schien die Südgränze der neueren Eisbrüche und Oeffnungen auszumachen, welche den ganzen Horizont zwischen N. und O. einnahmen; von dieser Torossenkette waren nach Süden hin wohl noch viele und dichte Torossen zu sehen, aber das Meer schien dort keine Risse und offene Stellen zu haben. Bei solcher Beschaffenheit des Eises wählten wir eine dicht an der Südseite des Eisbergrückens hinführende ziemlich ebene Bahn. Zur Linken hatten wir einen ununterbrochen fortlaufenden Eisrücken von 100 Fuss senkrechter Höhe, und zur Rechten eine weite, mit grösseren und kleineren Eisschollen übersäete Fläche. Sowohl diese Eisblöcke, die meistentheils einen halben Kubikfaden hielten, als auch den Grund zwischen denselben, fanden wir mit tiefem lockern Schnee bedeckt; wir schlossen daraus, dass diese Torossen sich im Herbste beim Zufrieren des Meeres gebildet haben müssten und nachher nicht gebrochen wären, wo dann der während des Winters gefallene Schnee hier zurückgeblieben war. Der Eisrücken zu unserer Linken hingegen hatte sich offenbar erst vor wenigen Tagen gebildet, und gehörte daher zu der Klasse der Frühlingstorossen. Indem ich den frischen Bruch dieser Eismassen mit dem der Eisspalten und Oeffnungen, die nach Norden hin von diesem Eisrücken ausgingen und die Gestaltung dieses letzteren genau verglich und untersuchte, machte ich mir folgende Erklärung über das Entstehen dieser Eiswand. Nördlich von den Herbsttorossen hatte sich die ganze Meeresfläche während des Winters mit ebenem Eise und compactem Schnee überzogen; im Frühling war dieses Eis geborsten und, in einzelne Stücke zerbrochen, gegen ein anderes Eisfeld getrieben worden, das noch durch keine Risse geschwächt worden war; grosse umherschwimmende Eismassen hatten sich hierbei unter das noch feste Eisfeld geschoben, dort angehäuft und hatten dasselbe nach und nach aufgehoben, wodurch es dann endlich die schiefe Lage annehmen musste, durch welche die südwestliche Seite dieses Eisberges sich von der nordöstlichen unterscheidet; jene war nämlich abschüssig, glatt und mit festem Schnee bedeckt, diese dagegen erhob sich senkrecht bis zu einer Höhe von hundert Fuss, und hatte sich aus unzähligen der verschiedenartigsten über einander aufgethürmten Eisstücken gebildet, die den anderseitigen glatt abschüssigen Rücken unterstützten. Auf dem

Gipfel dieser Eiswand lagen grössere und kleinere Eisklumpen, die sich auf eine fast unerklärliche Art dort schwebend erhielten.

Der 8. April brach heiter an mit mässigem N.O.-Winde und 6° Kälte. Aus unseren über die Strömung angestellten Beobachtungen ergab sich, dass dieselbe bei einer Geschwindigkeit von $^1/_2$ Knoten eine O.S.O.-Richtung hatte. Die Meerestiefe war $12^1/_2$ Faden. 22 Werst weiter erblickten wir nach S.O. am Horizonte den grossen Baranow-Felsen, der unserer Berechnung zufolge nach S.W. in der Entfernung von 114 Werst liegen sollte. Während wir uns über diese Differenz besprachen, entdeckten wir eine nach Westen gehende frische Bärenspur.

Herr v. Matiuschkin und ich machten uns sogleich in zwei Narten auf, um dieselbe zu verfolgen. Wir waren ungefähr 10 Werst gefahren und befanden uns zwischen ziemlich dichten Torossen, als ein fernes Getöse, das sich rasch zu nähern schien und bald die Stärke eines starken, betäubenden Donnerschlags erreichte, unsere ganze Aufmerksamkeit in Anspruch nahm; zugleich erbebte das Eis unter uns heftig und begann sich nach allen Richtungen hin zu spalten, so dass an mehreren Stellen das Wasser hervorquoll. Da war nun an die Bärenjagd nicht weiter zu denken; wir eilten, den gefährlichen Ort zu verlassen und zu unseren Gefährten zurückzukehren, die sich vielleicht in einer ähnlichen Lage befanden und unserer Gegenwart und Anordnungen bedurften.

Wir fanden unsere zurückgebliebenen Gefährten vollkommen ruhig; das Bersten des Eises war hier gar nicht bemerkbar gewesen, und da unsere Hunde der Ruhe bedurften, beschloss ich, die Nacht hier zu verbringen.

Am folgenden Morgen brachen wir bei frischem N.O.-Wind und 12° Kälte auf; je weiter wir fuhren, desto häufiger wurden die Torossen, die Spalten und offenen Stellen; endlich sahen wir uns nach allen Seiten von unübersteiglichen Felsklippen umgeben. Alle Anstrengungen, dieses Hinderniss zu überwinden, waren vergeblich; wir sahen uns genöthigt, nachdem wir uns selbst und unsere Hunde fruchtlos ermüdet hatten, mit zerbrochenen Schlitten auf dem eben gemachten Wege zurückzufahren, und schlugen unser Nachtlager in der Nähe des gestrigen auf.

Auf den 10. April fiel das heilige Osterfest, welches in der ganzen Christenheit, besonders aber in Russland, immer hoch gefeiert wird. Von Allem entblösst, was nur irgend zu solch einer Feier erforderlich ist, wünschten wir doch wenigstens gleichzeitig mit unseren daheim lebenden Mitbrüdern uns im Gebet zu vereinigen. Ein möglichst regelmässig behauener Eiswürfel vertrat die Stelle des Altares; vor dem darauf aufgestellten Bilde des heiligen Wunderthäters Nikolaus brannte, auf einem „Oschtol" (Lenkstab der Nartenführer), die einzige Wachskerze, die wir mit hatten; der Kaufmann Bereshnoj übernahm es, in Ermangelung eines Priesters, die für diesen Tag vorgeschriebenen Gebete zu lesen, und die Kosacken und Nartenführer stimmten die Gesänge und Responsorien an. Wie prunklos und schlicht unser Gottesdienst auch sein mochte, so war die Andacht der kleinen Versammlung von Schicksalsgenossen doch herzlich und wahrhaft erbaulich. — Das hierauf folgende Festmahl war ebenso einfach, und zeichnete sich durch einige für diesen Tag aufgesparte Rennthierzungen und durch eine doppelte Portion Branntwein aus. Was aber ganz besonders zur Feier und Fröhlichkeit stimmte, war ein kleines, länger als gewöhnlich unterhaltenes Feuer, um welches Alle sich lagerten und den Rest des Tages ohne zu arbeiten in traulichen Gesprächen von den bis jetzt glücklich überstandenen Mühseligkeiten und Gefahren und von den Hoffnungen einer frohen Rückkehr verbrachten.

Noch nie ist wohl eine Gesellschaft unter solchen Umständen, bei so gänzlichem Mangel an Allem, was auch nur entfernt Genuss und Bequemlichkeit heissen kann, so heiter und froh gewesen, als es unser kleines Häuflein war; grösstentheils rührte das wohl von dem behaglichen Gefühl her, sich einmal wieder nach langer Zeit ordentlich an einem wenn auch kleinen, so doch fortlodernden Feuer wärmen zu können, und einmal einen ganzen Tag der Ruhe zu weihen, deren wir Alle nach so vielen Anstrengungen und fast ununterbrochenen Arbeiten sehr bedurften.

Die Beschaffenheit des Eises nach der Gegend hin, in welcher wir unsere Forschungen anstellen sollten, und das immer weiter rückende Brechen desselben in so geringer Entfernung von dem Festlande, die häufigen offenen Stellen, deren Umgehung wegen der ungeheuren Torossen immer schwieriger und beinah unmöglich war, benahmen mir jetzt jede Hoffnung, mit unseren, durch die langwierige, beständige Anstrengung sehr entkräfteten Hunden unsere Reise mit einigem Erfolg fortsetzen zu können. Diese Hindernisse bewogen mich nach reiflicher Ueberlegung, das weitere Vordringen in der bisherigen Richtung aufzugeben und nach unserem Vorrathskeller, an dessen Erhaltung unsere Nartenführer schon längst gezweifelt hatten, zurückzukehren. Diesem Entschlusse zufolge nahmen wir (12 April), um aus den Torossen herauszukommen, unseren Curs nach dem näheren Westen und gelangten bald auf ebenes Eis und festen Schnee, wo wir 64 Werst zurücklegten und uns an einer einzeln stehenden, sieben Faden hohen und breiten Eisklippe vom alten Eise zur Nacht lagerten.

Am 14. April sahen wir, als wir bei 9° bis 14° Kälte weiter fuhren, häufige, theils alte, theils auch noch ganz frische Spuren von Bären und Steinfüchsen, die auch längs unserem Wege nach dem Vorrathskeller hingezogen waren. Dieser Umstand liess uns natürlich befürchten, dass es einer so bedeutenden Anzahl Bären doch wohl gelungen sein könnte, trotz aller von uns getroffenen Sicherungsmassregeln in unser Magazin zu dringen. Um so schnell als möglich irgend eine Gewissheit hierüber zu erlangen, eilte ich mit drei Narten voraus nach N.O., der frischen Bärenfährte folgend. Bald stiess ich auf ein verlassenes Bärenlager, welches einen Faden tief in den Schnee gegraben war; zwei sehr enge, einander gegenüberstehende Oeffnungen dienten zum Eingang in die Höhle, die Raum genug für zwei Bären hatte. Nicht weit davon war eine Oeffnung im Eise, die den Robben als Luftloch diente; an der einen Seite befand sich eine von Schnee aufgeworfene Erhöhung, in welcher unten am Boden eine kleine Oeffnung nach dem Eisloch zu gemacht war. Hinter dieser Art von Brustwehr, welche die Bären gewöhnlich neben den Eislöchern der Robben aufzuwerfen pflegen, liegen sie ruhig, die Tatze durch jene Oeffnung gesteckt und erwarten die Robben. Sobald eine derselben auf das Eis gekrochen ist, streckt der Bär seine gewaltige Tatze plötzlich hervor, schleudert mit einem Schlage das harmlose Thier von seinem einzigen Rettungsort, dem Eisloch weit fort, und bemächtigt sich dann seiner Beute mit leichter Mühe.

Merkwürdig ist dabei das Treiben des Steinfuchses, der, alle Furcht vor dem, im Vergleich zu ihm ungeheueren, Bären vergessend, und auf seine eigene Schnelligkeit und Gewandtheit vertrauend, immer einen Theil der Beute so zu sagen unter den Tatzen des Fängers zu entwenden versteht. Der Steinfuchs ist im eigentlichen Sinne des Worts Kostgänger des Bären, und man ist daher sicher, die Spuren dieser beiden Thiere immer bei einander zu finden.

Nach einer höchst gefährlichen und mühevollen Fahrt von elf Stunden gelang es uns endlich, unseren Vorrathskeller zu erreichen, den wir zur allgemeinen Freude unversehrt fanden. Aus den vielen Spuren am Fusse des Eisberges sahen wir deutlich, dass die Bären fleissig hier herum gewesen waren; glücklicher Weise aber hatte keiner den Versuch gemacht, hinanzuklettern. Bald nach uns trafen auch unsere zurückgebliebenen Gefährten ein.

Am 16. April setzten wir bei leichtem Westwind und 8^0 Kälte unsere Reise fort. In der Nacht wurden wir durch ein plötzliches, heftiges Bellen der Hunde geweckt, welches uns die Annäherung eines Bären vermuthen liess. Wir waren gleich alle auf den Beinen und eilten bewaffnet und gerüstet dem Feind entgegen. Bald erblickten wir ziemlich nahe vor uns hinter den Torossen zwei Bären von ungewöhnlicher Grösse, welche unschlüssig dastanden. Es wurde sogleich Jagd auf sie gemacht, die aber leider nicht den gewünschten Erfolg hatte. Im ersten Eifer zielten wir schlecht und trafen nicht; die Hunde waren in ihrem Angriff auch nicht glücklicher, und so geschah es, dass die Bären, durch die Schüsse bloss erschreckt, ihr Heil in der Flucht nach verschiedenen Seiten hin suchten. Ein Kosack mit einem Jukahiren setzten indessen dem einen Thiere nach, während die Uebrigen ziemlich planlos und zerstreut das andere verfolgten. Vergebens rief ich die Jäger zurück, die im Gefühl der Schande und des Verdrusses über die ihnen entgangene Beute alle Disciplin vergassen, oder vielleicht auch meinen Ruf nicht hörten und mich mitten in einer wilden Torossengruppe zurückliessen. Ich erkletterte mit vieler Mühe einen hohen Eisblock, in der Hoffnung, von dieser Höhe die Jäger vielleicht zu erblicken, aber vergebens; ausser dem Kaufmann Bereshnoj und meinem Nartenführer Tatarinow, die, ersterer mit einer Flinte, letzterer mit Bogen und Lanze neben einander in einiger Entfernung von mir standen, sah ich Niemanden. Da plötzlich trat ein dritter Bär nahe bei mir hinter den Torossen hervor und fasste mich scharf in's Auge; doch wandte er sich bald wieder nach der Seite, wohin seine Kameraden entflohen waren und schien ihnen folgen zu wollen; als er aber die beiden Männer unten erblickte, änderte er seinen Plan und ging trotzig auf sie los. Da sie nur eine einzige Ladung bei sich hatten, von der ihre Rettung abhing, so war ihre Lage eine sehr gefährliche. Im Vertrauen auf seine Geschicklichkeit liess indess Tatarinow den Bären bis auf 3 Faden an sich herankommen, schoss dann das Gewehr ab und zerschmetterte ihm das Schulterblatt, worauf der Bär, schnaubend und blutend zwischen den Eisschollen verschwand.

Erst gegen Morgen versammelte sich die kleine Gesellschaft wieder im Lager, aber der Jukahire und der Kosack fehlten noch, was uns in grosse Unruhe versetzte. Nach ein paar Stunden stellten auch sie sich ein, vom langen Umherirren und der vollständigen Nüchternheit so ermattet, dass sie ohne Zweifel eine leichte Beute der Bären geworden wären, wenn diese sie überfallen hätten. So endigte diese zum allgemeinen Aerger und Leidwesen ganz fruchtlose Jagd, die kein anderes Resultat lieferte, als eine so grosse Ermattung der Menschen sowie der Hunde, dass wir genöthigt waren einen ganzen Tag hier liegen zu bleiben.

Der 17. April brach trübe an; bei leichtem Ostwind hatten wir Morgens 5°, Abends 7° Kälte und feinen Schnee; um die Sonne bildeten sich drei Kreise. Wir eilten den Rest unserer Provisionen aus dem Vorrathskeller auf die Narten zu laden, und setzten unsere Fahrt in westlicher Richtung 50 Werst weit fort. Da dieser Theil des Eismeeres schon im Jahre 1810 durch Herrn Hedenström befahren war, so hielt ich unser weiteres Vordringen nach Westen für unnütz, und richtete daher unseren Curs nach Süden, um die Inseln aufzunehmen, die wir von der Vier-Pfeiler-Insel gesehen hatten, in deren Meridian wir uns jetzt befanden. Am 18. April legten wir 42 Werst zurück, obgleich der Wind so heftig war, dass unsere Hunde sich nur mit Mühe im Lauf erhalten konnten und mehrere Mal umgeworfen wurden. Dabei war ein so starkes Schneegestöber, dass die hinten Fahrenden die vorderen gar nicht sehen konnten und Gefahr liefen, den Weg zu verfehlen, weil die Spur augenblicklich verweht wurde. Um zu verhüten, dass ein Unglück dadurch entstehe, banden wir die Narten je zwei und zwei neben einander zusammen, ausserdem aber knüpften wir die Leithunde der nachfahrenden Narten an die vorausfahrenden an. Auf diese Weise fuhren wir den ganzen Tag ohne zu sehen wohin, fast nur nach dem Kompass und mussten schliesslich, da sich durchaus keine schutzbietende Erhöhung fand, unser Nachtlager mitten auf der Eisfläche wählen, wo wir des anhaltenden Sturmes wegen weder unser Zelt aufschlagen, noch auch ein Feuer anmachen konnten. Diese Nacht war eine der schwersten und unangenehmsten auf der ganzen Fahrt: bei 11° Kälte ohne Obdach der ganzen Gewalt des Sturmes und Schneegestöbers ausgesetzt, ohne Feuer, um uns zu erwärmen oder etwas Thee und Suppe bereiten zu können, anstatt deren wir uns mit einigen Mundvoll Schnee begnügen mussten, um unseren Durst zu löschen, und als Mahlzeit etwas trockener Zwieback und verdorbener Fisch — so brachten wir die Nacht auf unseren schmalen Narten zu und freuten uns herzlich, als wir nach 5 bis 6 ziemlich langen Stunden wieder aufbrechen konnten. Dazu mussten wir aber erst die Hunde aus dem tiefen Schnee hervorschaufeln, der sowohl sie als auch zum Theil uns und unsere Narten verschüttet hatte. Nachdem diese ziemlich langwierige Arbeit vollbracht war, machten wir uns auf den Weg und fuhren ziemlich rasch nach Süden, nicht ohne Besorgniss, dass wir bei dem anhaltend trüben Wetter und Schneegestöber die Vier-Pfeiler-Insel verfehlen könnten. Zu meiner grossen Befriedigung erwies sich jedoch, wie richtig unsere Berechnungen waren. Obgleich wir die Insel nicht eher als in der geringen Entfernung von 5 Werst zu unterscheiden vermochten, so führte uns unser Curs dennoch gerade in die auf der Nordseite der Insel belegene Bucht, wo wir Halt machten, nachdem wir am heutigen Tage 52 Werst zurückgelegt hatten.

Nach den zuletzt ausgehaltenen Strapazen und Entbehrungen schien uns der Aufenthalt in dieser Bucht eine wahre Wohlthat. Wir konnten hier im Schutze des hohen, steilen Ufers unsere Zelte aufschlagen und es uns überhaupt einigermassen bequem machen; besonders glücklich waren wir aber über die Menge Treibholz, die wir hier vorfanden. Da wurden gleich ein paar tüchtige Feuer angemacht, das eine um Thee und Suppe zu kochen, das andere um unsere vom feuchten Schnee ganz durchnässten Kleider zu trocknen, was wir wegen Mangels an Holz uns schon seit einiger Zeit nicht hatten erlauben dürfen. Wir schwelgten im reichlichen Genuss des Feuers und vergassen bei der freilich recht mageren aber siedend heissen Suppe und dem balsamischen Thee bald alles überstandene Ungemach und selbst die zwei letzten Hungertage. Nur der Gedanke, dass unsere Anstrengungen vergeblich gewesen waren, indem das gesuchte, fragliche Land nicht gefunden war, trübte unsere Zufriedenheit.

Am folgenden Morgen verliessen wir neu gestärkt unsere

freundliche Herberge und fuhren einer der gesehenen Inseln zu, wo wir abermals in einer kleinen Bucht an der Ostseite viel Treibholz fanden.

Hier begrüssten uns ganz unverhofft die frohen Verkündiger des herannahenden Frühlings, einige muntere Finken mit den ersten Tönen, die wir seit unserer Eisfahrt hörten und die uns in dieser todten Einöde einen ganz unbeschreiblichen Genuss gewährten.

Nach vollendeter Aufnahme der fünf anderen Bäreninseln, zu denen die Vier-Pfeiler-Insel als sechste gehört, setzten wir unseren Weg in S.S.-Westlicher Richtung fort. Völliger Mangel an Lebensmitteln und die schon weit vorgerückte Jahreszeit, bei der jede weitere Untersuchung auf dem Eise unmöglich wurde, nöthigten uns, sobald wir glücklich das Festland erreicht hatten, auf dem kürzesten Wege nach Nishne-Kolymsk zurückzukehren. Am 26. April kamen wir an den jakutskischen See, wo einer unserer Nartenführer einen Vorrath von Fischen im Eise hatte, aus dem er uns bewirthete. Es war dazu in dem Eise eine Art Keller ausgehauen, dessen Oeffnung nachher wieder mit ebenen Eisstücken belegt, mit Schnee verschüttet und mit Wasser begossen war, so dass die Oberfläche des Sees durchaus keine Spur des hier verborgenen Schatzes andeutete und letzterer den Bären unzugänglich blieb.

Während wir mit Oeffnen und Wiederverschliessen des Eiskellers beschäftigt waren, lief eine beträchtliche Heerde Rennthiere in einiger Entfernung von uns über die Tundra. Dieses uns neue, merkwürdige Schauspiel hätten wir beinahe theuer bezahlen müssen, denn unsere Hunde, dem Naturtrieb folgend, setzten sich gleich alle in Bewegung um dem Wilde nachzujagen, und es kostete viel Mühe sie wieder in Ordnung zu bringen und aufzuhalten; wäre uns dieses nicht gelungen, so hätten wir den Rest unserer Reise zu Fuss machen und unser Gepäck selbst schleppen müssen.

Am 27. April kamen wir an ein im Winter leer stehendes Dorf an einem Flüsschen. Dieser aus fünfzehn alten Hütten und einer halb verfallenen Kaserne bestehende

Flecken ist im Winter durchaus unbewohnt, im Sommer finden sich des guten Fischfangs wegen einige Familien aus dem 50 Werst weiter liegenden Dorfe Pochodsk ein, wo wir spät in der Nacht anlangten. So jämmerlich diese Niederlassung war, erregte ihr Anblick doch allerhand angenehme Gefühle in uns; an einigen Stellen zwischen den Hütten hatte die Frühlingssonne den Schnee schon weggethaut und es zeigte sich etwas Erde; rauchende Schornsteine, hin und wieder eine durch die matten Eisscheiben blinkende Thranlampe, — wir waren wieder unter Menschen! — Bald verkündigte das Bellen der wachsamen Hunde unsere Ankunft; aus jedem Pförtchen erschallte das herzliche russische: „Seid uns willkommen!" — Wir betraten nach einem langen, in der Eiswüste unter Mühseligkeiten und Entbehrungen verbrachten Monat eine menschliche, warme Wohnung, wo wir unsere schweren, steifgefrorenen Pelzkleider abwerfen, uns an einem Ofen wärmen, ausruhen konnten. Es ward uns allen sehr wohl; unsere freundlichen Wirthe trugen das Beste auf, was ihre ärmliche Wirthschaft vermochte und auch einige kürzlich geschossene Feldhühner in unseren Suppennapf. — Bei allen diesen lange entbehrten Genüssen ward uns dieser Tag zu einem wahren Fest, das wir unter traulichen Gesprächen mit unseren Wirthen froh verbrachten.

Am folgenden Tage setzten wir unsere Fahrt weiter fort und gelangten am 28. glücklich in Nishne-Kolymsk an, nach einer Abwesenheit von 36 Tagen, während welcher wir, ohne die Hunde zu wechseln, grösstentheils auf dem Meere, zwischen ungeheueren Torossen und gefährlichen Eisspalten uns durcharbeitend, 1210 Werst zurückgelegt hatten.

Neuntes Kapitel.
Sommer in Kolymsk.

In Nishne-Kolymsk fanden wir schon den Frühling; mit ihm hatte sich aber auch der zu Ende jedes Winters immer eintretende Mangel an Lebensmitteln mit seinem ganz furchtbaren Gefolge von Noth und Krankheiten eingestellt; und kaum hatte sich die Eisdecke auf den Strömen gelöst, so zog die ganze Bevölkerung des Ortes nach den sogenannten Sommerwohnungen, an den Ufern der Flüsse hin, den Fischen und Zugvögeln entgegen.

Ich überliess dem Herrn von Matiuschkin die Aufnahme der Meeresküste zwischen den Mündungen der Kolyma und Indigirka zu Pferde, und behielt mir die Untersuchung der Kolymamündungen zu Boote vor. Mit dem Unteroffizier Reschetnikow fertigte ich einen anstelligen Zimmermann nebst ein paar tüchtigen Arbeitern ab, um am Ausfluss der grossen Baranicha ein kleines Wohngebäude nebst einem Vorrathskeller für unsere Winterexpedition zu erbauen.

Ich hätte schon früher des Bootes erwähnen sollen, welches Herr Kosmin während unserer zweiten Eisfahrt in Nishne-Kolymsk baute, und trotz dem Mangel an Materialien und Hülfsmitteln jeder Art vollkommen gut zu Stande gebracht hatte. Er war so glücklich gewesen, unter dem Schnee eine hinlängliche Anzahl Kniehölzer zum Gerippe des Fahrzeuges zu finden, und nachdem er sich ein stehendes Sägewerk eingerichtet und seine Leute gelehrt hatte, damit umzugehen, rückte er so rasch in der Arbeit fort, dass wir bei unserer Ankunft schon den grössten Theil derselben gemacht fanden.

Am 25. Mai ging endlich die Eisdecke des Stromes auf; in der folgenden Nacht hatten wir den ersten Regen, der einiges Leben in die Vegetation brachte. An den Ufern und auf den der Sonne ausgesetzten Abhängen keimte Gras hervor; die Knospen des Weidengebüsches öffneten sich und trieben falbe Blätter, und damit in der kurzen hiesigen Sommerperiode Alles schnell genug wachsen möge, trat auch gleich eine Wärme der Luft ein, die oft auf 10^0 bis 16^0 stieg und die Vegetation sichtbar fortschreiten machte. Dies Bild des allbelebenden Frühlings gewährte uns einen grossen Genuss; nach dem langen, alles lähmenden Winter zeigte sich überall die grösste Thätigkeit; Jedermann eilte, die kurze, freundliche Lebensperiode zu benutzen, zu geniessen.

Aber leider war unsere Freude nicht von langer Dauer; am 4. Juni schon stellten sich die hier gewöhnlichen, ungeheuren Mückenschwärme ein, die die Luft nicht selten verfinsterten und mit ihren unleidlichen Bissen uns jeden Genuss im Freien verbitterten. Um uns einigermassen ihrer zu erwehren, waren wir genöthigt uns in unsere Zimmer zu flüchten und vor deren Fenstern und Thüren einen immerwährenden dicken Rauch zu unterhalten, der uns zwar die Augen beizte und das Athmen erschwerte, aber uns doch vor den Bissen der Mücken schützte.

Unsere neuerbaute Schaluppe, der wir den Namen Kolyma gaben, konnten wir nicht vor dem 11. Juni vom Stapel lassen, weil dann erst der durch das Schmelzen des Gebirgsschnees hoch angeschwellte Strom wieder in sein altes Bett trat. Sie hielt im Kiel 14 Fuss Länge und hatte die Gestalt einer Lastbarkasse. Ausser dieser Schaluppe war auch noch zum Uebersetzen an seichten Stellen ein nach jukahirischem Zuschnitte gestaltetes Boot erbaut, welches drei Menschen fassen konnte. Am 17. Juni fuhren wir in dem vierrudrigen Boote bei frischem N.N.O.-Winde die langsam fliessende Kolyma hinab.

Nach einigem Aufenthalt langte ich am 25. Juni bei dem Flusse Maloje Tschukotschje an. In den Dörfern, die wir unterwegs besuchten, um uns nach dem Fortgang der Fischerei zu erkundigen, fanden wir, dass die Bewohner mit Reusen und Satzkörben für ihren eigenen Bedarf hinlängliche Fische einfingen. Diese Art des Fischfanges ist so leicht und erfordert so wenig Kraft, dass sie ganz füglich von Weibern besorgt werden kann, indem die Männer, sobald die Wehre in den Strom gesetzt und alles Nöthige eingerichtet ist, der Jagd nachgehen. Ein Theil derselben fährt auf Karbassen, Böten, die aus einem Stamme ausgehöhlt sind und nicht selten Lasten von 50 Pud tragen, in die Gegenden, die besonders reich an Wild sind, und kehrt gewöhnlich, beladen mit Gänsen und Enten zurück, die theils geschossen, theils auch nur mit Knitteln erlegt sind. Andere ziehen zu Pferde längs den Uferthälern hin und stellen den Rennthieren nach, die sie auf folgende Art erlegen: Die Jäger (gewöhnlich zwei) sind zu Pferde und schleppen jeder hinter sich seine leichte Wetka oder Boot; ein paar oder mehrere gut abgerichtete Hunde folgen ihnen. So suchen sie die Rennthiere auf, die, um sich der Hitze und der Mücken zu erwehren, bis an den Hals im Wasser zu stehen pflegen, oder von den Hunden gejagt, sich vom Ufer in dasselbe stürzen, um schwimmend ihren Verfolgern zu entgehen. Unterdessen aber haben die Jäger schon ihre Böte in's Wasser gebracht, eilen den nicht so schnell schwimmenden Thieren von verschiedenen Seiten entgegen und erlegen sie mit einer eigenen Art von Spiessen, Pokoliuga genannt.

Am 3. Juli kehrten einige meiner Leute, die ich in dem Karbass den Fluss Tschukotschje hinabgeschickt hatte, mit dem unangenehmen Bericht zurück, dass die Bai Tschukotskaja und selbst die Mündung des Flusses noch völlig mit festem Eise bedeckt sei, ein Umstand, der mich ganz wider meinen Willen zwang, vielleicht noch ziemlich lange hier zu verweilen. In ungeduldiger Erwartung untersuchten wir fleissig den Zustand des Eises vor und in der Mündung des Flusses, kehrten aber jedes Mal mit der wenig erfreulichen Ueberzeugung von da zurück, dass es immer noch ganz unmöglich sei, mit unserem Boote auszulaufen. Da sich gar kein Anschein einer Aenderung zeigte, so entschloss ich mich endlich für dies Mal mein Vorhaben aufzugeben, und diese traurige Einöde zu verlassen, auf deren endloser Fläche kein Baum, kein Strauch, ja nicht einmal ein grünender Grashalm dem, ich möchte sagen, vom Nichtssehen ermüdeten Auge eine Erholung darbot. Dabei war es wegen des anhaltenden scharfen Nordwindes trotz dem Juli immer sehr kalt, nicht selten schneite es und der Schnee blieb ganze Tage auf der Fläche liegen, ohne zu schmelzen.

Ich trat daher meinen Rückweg wieder zu Boote an, und beschäftigte mich unterwegs mit Aufnahme und Bestimmungen der bemerkenswerthesten Punkte an der Kolyma. Am 15. Juli befand ich mich am Ausflusse des Baches Krutaja, in der Parallele des Berges Sucharnaja, dessen Breite ich zu bestimmen suchte; hier schlug ich mein Zelt in einem Weidengebüsch auf, wobei ich genöthigt war, an der Windseite ein Rauchfeuer anzumachen, um mich der bei etwas gelinderer Temperatur der Luft wieder erschienenen Mücken zu erwehren. Um uns gutes reines Wasser zum Trinken und Kochen zu verschaffen, fuhren wir gewöhnlich von dem seichten, schlammigen Ufer abwärts in die Mitte des Stromes und schöpften dort; auch heute geschah dies, und da es durchaus Windstille war, so hielten wir es nicht der Mühe werth, für die kurze Zeit unseres Wegbleibens das unweit unseres Zeltes brennende Rauchfeuer auszulöschen. Wir fuhren ab; kaum aber hatten wir uns etwas vom Ufer entfernt, als das Feuer, von einem plötzlichen Windstoss gegen das Zelt getrieben, dasselbe so schnell ergriff, dass, ehe wir noch Zeit hatten zur Rettung herbeizueilen, das Zelt sowohl als auch alle unsere Sachen in Flammen standen. Dieser Verlust war freilich empfindlich, unersetzlich aber wäre er für mich gewesen, wenn es uns nicht gelungen wäre, aus den Flammen einen in Felle vernähten Kasten zu reissen, der alle meine Tagebücher, Notizen, Karten und Instrumente enthielt.

Dieser Unfall, der uns um die meisten auf der Reise unentbehrlichen Sachen brachte, bewog mich unsere Rückfahrt nach Nishne-Kolymsk möglichst zu beschleunigen, wo wir denn auch am 20. Juli anlangten, und die Herren von Matiuschkin und Kyber noch antrafen, die sich zu ihrer Reise an den Aniuj anschickten. Da ich mir eine Erkältung zugezogen hatte und sehr an Rheumatismus litt, rieth mir letzterer nach Sredne-Kolymsk zu gehen, wo das weniger rauhe und wechselnde Klima und leichtere, frische Nahrungsmittel, die hier nicht zu haben sind, gewiss zu meiner Genesung beitragen würde. Diesem unstreitig zweckmässigen Rathe zufolge verliess ich am 26. Juli Nishne-Kolymsk, und fuhr mit günstigem Winde die Kolyma hinauf. An demselben Tage traten auch die beiden Reisenden ihre Fahrt nach dem Aniuj an.

Bei dem 150 Werst von Sredne-Kolymsk entfernten

Flecken Nisowoj-Albut, der nördlichsten jakutischen Niederlassung, verliess ich am 2. August mein Boot und setzte meine Reise zu Pferde landeinwärts fort. Nach den todten Eiswüsten, auf denen ich so viele Monate zugebracht hatte, erschienen mir die mit üppigem Graswuchse bedeckten hiesigen Wiesen mit den kräftigen Lärchenbäumen, Pappeln und Weidenbüschen, mit den zahlreichen Heerden, mit den überall verstreuten menschlichen Niederlassungen ein wahres Paradies. Boden, Gewächse, die mildere Luft, die ganze Physiognomie des Landes war freundlich und athmete Leben.

Besonders üppig ist die Vegetation auf den sogenannten Albuty, oder abgelaufenen, trocken gewordenen Seen, deren es hier eine grosse Menge giebt, und die eine Eigenthümlichkeit des nördlichen Sibiriens ausmachen. Dieselben sind eigentlich nichts Anderes als flache Thäler, die sich im Frühling beim Austreten der Ströme mit Wasser anfüllen, und unzählige kleinere und grössere, immer aber fischreiche Landseen bilden. Bei den gewaltigen Frösten im Winter bekommt der ganze Boden umher tiefe Risse und Spalten, die so gross werden, dass daraus förmliche Abzugskanäle entstehen, durch welche das Wasser des Sees, nach Umständen, in einigen Jahren, oft auch in einem Winter, abfliesst, indem die Heftigkeit der Strömung darin so gross ist, dass das Wasser selbst bei starkem Froste nicht gefriert. Dann überzieht sich der nun trockene und durch den zurückbleibenden Schlamm gedüngte Boden des Sees schnell mit dem schönsten Gras, und die Jakuten ermangeln nicht, sich gleich bei einem solchen neu entstandenen Weideplatz niederzulassen. Diese Sommerniederlassungen mit ihrer ganzen Umgebung, die um dieselben herum weidenden Viehheerden, das geschäftige Leben der Bewohner, die nicht, wie alle meine bisherigen Gefährten, in dicke Pelze vermummt, sondern in einfach zierlicher Hauskleidung ihren ländlichen Beschäftigungen nachgehen, alles das zusammen machte ein freundliches Bild. Wirklich fühlte ich auch sehr bald den wohlthätigen Einfluss meines hiesigen Aufenthalts.

Unter andern lang entbehrten Genüssen machte ich auch

kleine Fussreisen, und besuchte die oft 20 bis 30 Werst von einander liegenden Albuty, unter denen mir eine besonders merkwürdig war. Hier lebte ein alter zweiundachtzigjähriger Jakut, Taufsohn des Lieutenants Laptew, der im Jahre 1739 die Kolyma bereiste, und dessen Namen er auch angenommen hat. Mit diesem ehrwürdigen, nach hiesigem Massstabe gebildeten Greise, denn er sprach nicht nur geläufig das Russische, sondern las und schrieb es auch recht gut, habe ich viele sehr angenehme Stunden verbracht. Er klagte sehr über die jetzige Unwissenheit seines Volkes, das seiner Meinung nach ehemals einen gewissen Grad von Bildung hatte, aber seit der Absonderung von den übrigen tatarischen Horden, deren Stammverwandte die Jakuten sind, den Gebrauch und die Kenntniss der Schriftzeichen und damit die Mittel zur geistigen Ausbildung verloren haben soll. Unter Anderem behauptete er auch, dass die Jakuten früher einmal viel südlicher gelegene, weit von hier entfernte Länder bewohnt haben, und führte als Beweis dafür mehrere Volkssagen an, in denen von Gold und kostbaren Edelsteinen, und von Löwen und Tigern die Rede ist. Bestimmteres über den ehemaligen Zustand seines Volkes und über dessen frühere Wohnorte konnte er mir nicht angeben, weil das Alles sich nur in Traditionen erhalten hatte, die aber seit Einführung der christlichen Religion mit dem ehemaligen Schamanismus verschwunden sind.

Die hiesigen Jakuten sind in ihren Sitten und Gebräuchen den um Jakutsk lebenden ganz ähnlich. Die Viehzucht ist die Hauptquelle ihres Unterhalts, während Fischerei und Jagd nur Nebenbeschäftigungen sind. Ihr Wohlstand, ja ihre ganze Existenz hängt von der Erhaltung ihrer Heerden ab, folglich von dem grösseren oder geringeren Vorrath an Heu, den sie während des kurzen Sommers zu machen im Stande sind; auch ist während dieser Zeit ihre Thätigkeit unbeschreiblich. Oft aber tritt plötzlich ein früher Winter ein, der ihrer Heu-Ernte ein Ende macht und von den traurigsten Folgen für sie ist. Davon war ich selbst bei meinem diesjährigen Aufenthalte unter ihnen Zeuge. Am 22. August fiel, bei sehr kaltem, schneidendem N.W.-Winde, ein so dichter Schnee, dass er in sehr kurzer Zeit das auf den Wiesen liegende Heu bedeckte. Dabei trat starke Kälte ein, und aus den Wäldern kamen grosse Schaaren von Wölfen, die die Thäler durchzogen, und im Laufe eines Monats über 80 Kühe raubten. Um das Unglück vollkommen zu machen, war durch die häufigen Regengüsse die Kolyma ungewöhnlich ausgetreten, so dass auch der Fischfang missrieth. So sah ich jetzt dies gutmüthige Hirtenvölkchen in Kummer und Besorgniss versunken, und konnte ihnen nichts anbieten, als meine aufrichtige Theilnahme und die herzlichste Erkenntlichkeit für die gastfreundliche Aufnahme und für meine wiedergefundene Gesundheit und Kräfte.

Der so unverhofft frühzeitig eingetretene Winter nöthigte mich zur Rückkehr nach Nishne-Kolymsk. Am 31. August trat ich zu Wasser meine Reise dahin an, und erreichte es Tags darauf.

Nach und nach sah man die ausgewanderten Jäger zurückkehren und mit nicht geringer Mühe sich Wege zu ihren hochverschneiten Wohnungen bahnen. Die Nachrichten, die sie mitbrachten, waren nichts weniger als erfreulich. Die Einen klagten über unglückliche Rennthierjagd, die anderen über fehlgeschlagenen Fischfang; kurz alles verkündigte allgemeinen Mangel und Hungersnoth für den bevorstehenden Winter.

Am 29. September langten die Herren von Matiuschkin und Kyber von ihrer Reise hier an, und eine Woche später erfreute uns auch Herr Kosmin durch seine glückliche Rückkehr von seiner Küsten-Expedition an die Indigirka.

Zehntes Kapitel.
Dritte Eisfahrt.

Auf den kurzen an Missgeschick aller Art für die Bewohner von Kolymsk reichen Sommer von 1821 folgte ein langer, für sie höchst qualvoller Winter, der auch uns in eine peinliche Lage versetzte, da wir durchaus gar keine Mittel hatten, dem allgemeinen Elende abzuhelfen. Die grösstentheils verunglückte Rennthierjagd, und die durch das Austreten der Flüsse und den frühzeitigen Winter auch sehr kärglich ausgefallene Fischerei hatten über das ganze Land eine unvermeidliche Hungersnoth herbeigeführt. Hiezu gesellte sich aber noch ein neues bis jetzt fast unerhörtes Unglück: eine verheerende Seuche unter den Hunden, welche den grössten Theil dieser nützlichen und für die Bewohner dieses Theiles von Sibirien durchaus unentbehrlichen Thiere wegraffte. Die Sterblichkeit unter den Hunden wuchs mit der steigenden Kälte von Tag zu Tag und verbreitete sich bald über sämmtliche Dörfer und Niederlassungen des Kolymskischen Kreises, so dass da, wo es sonst von Hunden wimmelte, die Erscheinung eines dieser Thiere eine Seltenheit war. Die Einwohner mussten sich jetzt selbst vor die Narten spannen, um ihr Brennholz aus dem Walde, um die Fischvorräthe, die an verschiedenen Orten längs des Flusses aufbewahrt werden, herbeizufahren; endlich mussten sie ihren Haupterwerbszweig während des Winters, die Jagd der Pelzthiere aufgeben, weil sie derselben nicht anders als mit Narten in den entfernten Wäldern nachgehen konnten. Ihre ganze Existenz war durch den Verlust der Hunde vernichtet, und der Jammer unter den unglücklichen Besitzern unendlich.

Unter diesem allgemeinen Elende traten wir in das Jahr 1822; mit Abnahme der strengen Fröste liess auch die Seuche nach; aber die unglücklichen Einwohner hatten über vier Fünftel ihrer einzigen und unentbehrlichen Hausthiere verloren. Für unsere Expedition fanden sich überhaupt nur

Zehntes Kapitel.

60 Hunde, die zu einer weiteren Fahrt tauglich und zuverlässig waren, und diese reichten nur zu fünf Schlitten hin. Am 10. März verliess ich Nishne-Kolymsk in Begleitung des Midshipmans Matiuschkin, des Steuermanns Kosmin und des Matrosen Nechoroschkow; wir hatten nur fünf sogenannte Reisenarten, welche nämlich die ganze Reise mit uns machen sollten; zum Transport der Provisionen folgten uns ausserdem 14 Narten, auf deren Auswahl weniger Sorgfalt gewendet war, weil sie zurückgeschickt werden sollten, sobald sie geleert waren. Am 12. März erreichten wir Sucharnoj, und am 14. begann unsere Fahrt auf dem Eismeere*).

Ich fand es dem Zweck unserer Reise am angemessensten, vom grossen Baranow-Felsen in gerader Richtung nach N.O. bis in $71^{1}/_{2}°$ zu fahren, wo ich im Meridian des Vorgebirges Schelagskoj, aber 150 Werst von demselben entfernt, ein Vorrathsmagazin anlegen wollte, um dann meine Untersuchungen nach O., N., und N.W. fortzusetzen. Auf diese Art wurde unsere jetzige Reise eine Fortsetzung der vorjährigen, und so konnten wir demnach hoffen, zu einem befriedigenden Resultat über das Dasein des problematischen Landes im Norden zu gelangen.

Am 22. März ergab die Mittagsbeobachtung 70° 39 Breite und die Berechnung 1° 51' östlich vom grossen Baranow-Felsen. Zu unserer grossen Freude erhob sich am 23. März der früher beschriebene warme Wind, der einen solchen Einfluss auf die Temperatur hatte, dass das Quecksilber bei heiterem Himmel in kurzer Zeit bis auf $1^{1}/_{2}°$ stieg. Wir eilten diese günstige Veränderung zu benutzen, indem wir Zelte, Narten, Pfähle und was nur sonst noch irgend dazu tauglich war, mit unserer Wäsche und unsern von dem feuchten Schnee ganz durchnässten Kleidern behingen, um sie zu trocknen; die ausgehängte Garderobe, die Geschäftigkeit, mit der ein Jeder den höchsten, dem Winde am meisten

---

*) Der Bericht über die Einzelheiten dieser Reise ist in der hier vorliegenden Ausgabe nur ganz kurz wiedergegeben: für ein genaueres Studium muss auf das Originalwerk verwiesen werden.   D. H.

ausgesetzten Punkt zu erreichen suchte, um seine Lumpen aufzuhängen, das Jubeln über den Genuss einer Luft, die man doch einathmen konnte, ohne zu erfrieren, — das Alles gab ein so grotesk-komisches Bild, dass wir selbst, obgleich mitspielende Personen, es nicht ohne Lachen ansehen konnten.

Während dieses Intermezzos fuhr Herr von Matiuschkin mit zwei Narten nach N.O. hinauf, um zu untersuchen, ob die Torossen nicht etwa in dieser Richtung sich verminderten; er kehrte aber nach zwei Stunden mit der Nachricht zurück, dass sie vielmehr noch dichter und grösser würden, dass er eine sich nach Westen hinziehende Bahn gefunden habe, die ihm etwas weniger mit Torossen bedeckt zu sein schien. Ich beschloss gleich in westlicher Richtung weiter zu gehen.

Die Fahrt war äusserst schwierig; bald fanden wir ebenso hohe und steile Torossen als früher und es gab allerlei Unfälle. Unter anderen riss beim Heraufziehen meiner Narte auf einen der höchsten Torossen, als wir eben den Gipfel desselben erreicht hatten, der Riemen, mit welchem die Hunde angespannt sind; sie flogen von der Höhe hinab und liessen mich mit der Narte oben sitzen. Unglücklicher Weise trafen sie unten auf eine frische Bärenspur, der sie nun unaufhaltsam folgten; alles Rufen u. s. w. war vergebens, und ich wäre durch den Verlust der Hunde in die grösste Verlegenheit gerathen, wenn nicht endlich der ihnen lang nachschleppende Anspann-Riemen zwischen ein paar Eisschollen hängen geblieben wäre und sie aufgehalten hätte. So fanden wir sie nach langem Suchen über vier Werst weit von dem Orte, wo die gescheiterte Narte stand, ganz erschöpft von den Anstrengungen, die sie gemacht hatten, um sich zu befreien.

Die Mühseligkeiten, die wir am 24. März zu bekämpfen hatten, überstiegen alle bisherigen; nur mit Hülfe der Brechstangen konnten wir uns über und durch eine dichte Gruppe von Torossen durcharbeiten, die höher waren als alle bis jetzt gesehenen. Nach fünfstündiger, ununterbrochener Anstrengung waren wir nur um 5 Werst weiter gekommen und sahen uns genöthigt, theils aus Entkräftung, theils auch wegen des üblen Zustandes unseres Fuhrwerkes Halt zu machen. Da besonders die Transportnarten immer schlechter wurden, so entschloss ich mich, hier eine grosse Proviantniederlage im Eise zu machen, und sämmtliche dadurch geleerte Narten mit ihren schwachen Hunden zurückzuschicken. Als ich die Lage unseres jetzigen Standpunktes bestimmt hatte, fand es sich, dass der östlichste Punkt unserer vorjährigen Reise jetzt von uns in einer Entfernung von 30 Werst westlich lag.

Schon am vorigen Tage hatte ich den Herrn v. Matiuschkin in zwei Narten mit Provision auf 5 Tage ausgesandt, um in nordöstlicher Richtung einen Ausweg aus den Torossen zu suchen; heute (26. März) fuhr ich selbst, in Begleitung des Herrn Kosmin, mit drei Narten und Vorräthen auf 3 Tage gerade nach Norden hinauf. Mit dem Herrn v. Matiuschkin hatte ich verabredet, dass wir uns am 29. bei den eben angelegten Vorrathskellern treffen sollten. Auf unserer Fahrt erblickten wir zu unserem grossen Erstaunen alte Schlittenspuren, die wir nach genauerer Untersuchung für die noch von unserer vorjährigen Fahrt erhaltenen erkannten. Da wir uns jetzt wenigstens 35 Werst von dem Striche befanden, den wir damals befahren hatten, so ist es wahrscheinlich, dass der den ganzen Sommer über herrschende N.W.-Wind jene Eisfläche so weit nach Osten vorgeschoben hatte.

Am 27. um Mittag hatten wir die Breite von 71° 13′ erreicht. Bei der Beobachtung glaubte Herr Kosmin von dem Gipfel einer der höchsten Torossen nach N.O. zwei Hügel zu erblicken; wir richteten unser Fernrohr dahin, konnten jedoch auch damit nichts Bestimmtes entdecken. Dem blossen Auge stellten sich ziemlich deutlich ein paar dunkelblaue, wie Berge gestaltete Hügel dar, die aber zuweilen verschwanden und dann wieder sichtbar wurden.

Je weiter wir vorrückten, desto deutlicher wurden die Flecke, die sich nach und nach vor unseren Blicken ausdehnten und ganz das Aussehen eines nicht sehr entfernten, flach gebirgigen Landes gewannen. Die Hügel traten deutlich hervor, wir unterschieden vollkommen die dazwischen liegenden Thäler und sogar einzelne Felspartien; — Alles bekräftigte uns in der Ueberzeugung, wir hätten das mit so viel Beschwerden und Mühseligkeiten gesuchte Land endlich gefunden. Wir beglückwünschten uns gegenseitig zu der Erreichung unseres Zieles und eilten froh vorwärts, um noch vor Abend das langersehnte Ufer zu betreten. Aber unsere Freude war nicht von Dauer, und bald fielen unsere schönen Hoffnungen in ihr Nichts zurück. Mit der veränderten Abendbeleuchtung ward unser neuentdecktes Land plötzlich um 40° in der Richtung des Windes fortgerückt; dann dehnte es sich nach allen Seiten aus und bedeckte den ganzen Horizont, so dass wir in der Mitte eines ringsum von Bergen eingeschlossenen Landsees zu stehen schienen.

Am folgenden Morgen (28. März) hatten wir zu unserem Verdruss eine Wiederholung des gestrigen optischen Phänomens; durch die sonderbare Strahlenbrechung in der unteren mit Dämpfen erfüllten Schicht der Atmosphäre bildeten die näheren und fernen Torossen wieder ein weit ausgedehntes, hügeliges Land, welches uns zu umgeben schien. Nachdem wir noch $11^1/_2$ Werst in N.N.W.-Richtung gemacht hatten, befanden wir uns in der Breite von 71° 34' und in der Länge 2° 50' östlich von dem grossen Baranow-Felsen. Da durchaus keine Verminderung in den Torossen zu bemerken war, so entschloss ich mich hier umzukehren, um zur bestimmten Zeit bei unserem Vorrathskeller einzutreffen. Spät am Abend des 29. langten wir dort an, wo wir den Herrn v. Matiuschkin schon vorfanden, welcher am Morgen eingetroffen war.

Am 31. März traten wir unsere weitere Reise wieder an, indem wir den vorigen Weg nach Norden nahmen. Am 9. April hatten wir bei heiterem Himmel und mässigem Ostwinde — 10°. Nach der Mittagsbeobachtung befanden wir uns in 71° 50' der Breite; die Länge fand sich nach Berechnung 3° 20' östlich vom grossen Baranow-Felsen.

Nachdem wir den Eisrücken überschritten hatten, hinter

dem unser Nachtlager stand, befanden wir uns inmitten einer der wildesten Torossen-Gruppen, die uns bis jetzt vorgekommen war, in der wir nach siebenstündiger Arbeit mit Brechstangen doch nicht mehr als 3 Werst vorgerückt waren. Da dieses Eischaos kein Ende nahm und die völlige Ermattung der Hunde, sowie der traurige Zustand unserer Narten uns täglich mit dem gänzlichen Verlust der einen oder der anderen derselben bedrohte, so hielt ich mit den beiden mich begleitenden Offizieren Rath und befragte sie um ihre Meinung, ob sie unter den obwaltenden Umständen noch eine Möglichkeit sähen, auf irgend eine bedeutendere Entfernung weiter vorzudringen? Beide erklärten, dass, wenn auch das Eis weiterhin noch sicher wäre, wir doch mit unseren matten Hunden zwischen unabsehbaren Torossen in einer ganzen Woche kaum um 30 Werst vorrücken könnten. Diese, auf die bisherige Erfahrung begründete Meinung, die ich vollkommen theilte, bewog mich zum Entschluss, den Rückweg anzutreten. Um uns aber durchaus keine Uebereilung zu Schulden kommen zu lassen, trug ich dem Herrn v. Matiuschkin, auf dessen Eifer und Gewissenhaftigkeit ich mich vollständig verlassen konnte, auf, in einer leeren Narte das Eis weiter nach Norden hin zu untersuchen und sich zu überzeugen, ob es wirklich unmöglich sei, weiter zu fahren.

Nach 6 Stunden kehrte Herr v. Matiuschkin zurück. Er war über viele hohe und äusserst schwierige Torossen gegangen, hatte über mehrere breite Eisspalten setzen müssen, war aber ungeachtet der Leichtigkeit seines unbepackten Schlittens nicht mehr als 10 Werst in nördlicher Richtung vorgerückt, als der völlige Bruch des Eises und das offene Meer ihm jedes Weitergehen verboten.

Hier war er Zeuge des grossen Naturschauspiels gewesen, das nur in den Polarregionen stattfindet und mit dem Eisgang auf den grössten und reissendsten Strömen in keiner Weise zu vergleichen ist. Er sah, wie das Eismeer seiner Fesseln sich entledigte, wie die ungeheuren Eisfelder von den tobenden Meereswogen fast senkrecht in die Höhe gerichtet, fortgetrieben, mit furchtbarem Krachen an einander geschleudert, dann durch die Gewalt der schäumenden Wellen in die Tiefe hinabgeschleudert wurden, von wo sie, durch das aufgeregte Element wieder gehoben, auf's Neue an der Oberfläche erschienen, bedeckt mit dem durch sie aufgewühlten grünlichen Lehm, der hier überall den Boden des Meeres bedeckt, und den wir so oft schon auf den höchsten Torossen gefunden hatten.

Es ist unmöglich, sich eine Vorstellung von diesem ungeheuren Zerstörungschaos zu machen; die unabsehbare, in die furchtbarste Bewegung gesetzte, todte, einfarbige Fläche, diese, hunderte von Klaftern grossen Eismassen, die wie leichte Brettchen auf und ab geschleudert werden, das unaufhörliche, donnerähnliche Krachen der berstenden dicken Eismassen, das Rauschen und Brausen der dazwischen wüthenden Meereswogen, — es ist ein Schauspiel, einzig in seiner Art, — unbeschreiblich grossartig! — Das Eismeer hatte seine Fesseln gesprengt, und auf dem Rückwege fand Herr v. Matiuschkin schon an mehreren Stellen die Spur seines Hinwegs ganz verschoben und grosse Strecken mit Wasser bedeckt. Hier war an kein Weitergehen zu denken, wir mussten vielmehr eilen, den Rückweg anzutreten.

Nach mancherlei Beschwerden und Gefahren glückte es uns, am 1. Mai Abends **die Küste des Festlandes** zu erreichen.

Trotz unserer Ermüdung waren wir früh, mit der ersten Morgendämmerung wach, um uns an dem langentbehrten Anblick der schon von ihrer Schneedecke befreiten Erde zu erfreuen, ein Gefühl, das sich nicht beschreiben lässt! — Schon der Seemann freut sich, wenn er nach einer langen Fahrt auf dem Meere wieder einmal Land erblickt; um wie viel mehr mussten wir uns darüber freuen, da wir **49 Tage** auf dem todten, starren Eismeere herumgeirrt waren, während der ganzen Zeit nichts als ewiges Eis und Schnee gesehen hatten und unaufhörlich mit Gefahren, Kälte und Mangel an allen Lebensbedürfnissen und Bequemlichkeiten kämpfend, als einziges Obdach gegen Polarfrost und Stürme nur ein leichtes Zelt und oft nicht einmal Feuer gehabt hatten, um unsere erstarrten Glieder etwas zu erwärmen. Das Alles war nun glücklich überstanden, und wir begrüssten froh die mütterliche Erde und die Uferberge, die trotz ihrer Nacktheit unseren ermüdeten Blicken malerisch und freundlich erschienen. Das kümmerlich falbe Moos, der niedrige, blätterlose Strauch, das Gezwitscher der hie und da umherflatternden Vögelchen — Alles verkündete uns den Frühling und unsere Wiederkehr in die belebte Natur; unter frohen Gefühlen begrüssten wir sie und wünschten uns gegenseitig Glück zu dem Ende unserer diesmaligen Mühseligkeiten.

Mit wahrem Vergnügen erfülle ich hier die Pflicht, meinen beiden wackeren Gefährten, dem Midshipman Matiuschkin und Steuermann Kosmin meinen herzlichen Dank abzustatten für den rastlosen Eifer, mit dem sie mir während der ganzen Dauer dieser Eisfahrt beistanden, auf der wir unzählige Mal selbst Hand anlegen mussten, um die Schlitten bald durch beinah bodenlosen Schnee, bald über fast senkrechte Eiswände hinüberzuschaffen. Ihrer unermüdlichen Thätigkeit und Ausdauer verdankte ich es hauptsächlich, dass auch unsere Nartenführer, dem Beispiel der Offiziere folgend, sich den vielfachen Gefahren und Mühseligkeiten willig und ohne Murren unterzogen.

Am 4. Mai langten wir im Flecken Pochodsk an, wo mich eine frohe Ueberraschung erwartete. Mein Freund und Dienstgefährte, Lieutenant Anjou, war eben, mit seiner Expedition von Neu-Sibirien kommend, hier eingetroffen, um nach Nishne-Kolymsk und von dort längs der Küste nach der Lena zurückzugehen.

Das unerwartete Wiedersehen in diesen entlegenen Eiswüsten gewährte uns einen unbeschreiblichen Genuss, der aber leider durch den Anblick des uns umgebenden Elends und Jammers sehr getrübt wurde. Sechs halb verhungerte Tungusen-Familien hatten in der höchsten Verzweiflung ihre Steppen verlassen und waren mit Anstrengung ihrer letzten Kräfte hierher gewandert, in der Hoffnung, in Pochodsk Hilfe und Rettung vom Hungertode zu finden. Aber auch die hiesigen, wenigen Einwohner befanden sich in einer fast ähnlichen Lage. Ihre geringen Vorräthe waren verzehrt, sie fristeten ihr elendes Leben mit den widernatürlichsten Gegenständen, und nur die Hoffnung auf die mit dem eintretenden Frühling zu erwartende Jagd und Fischerei schützte sie vor Verzweiflung. — Das Elend und der Jammer, die hier herrschten, waren entsetzlich! Wir theilten den ganzen Rest unserer Vorräthe unter diese Unglücklichen aus und durften wenigstens das erfreuende Bewusstsein mitnehmen, Viele von ihnen vom Hungertode wahrscheinlich errettet zu haben.

Am 5. Mai zogen wir in Nishne-Kolymsk ein, nach einer Abwesenheit von 57 Tagen, in welcher Zeit wir im Ganzen 1355 Werst zurückgelegt hatten.

Der Ort war, wie wir es erwartet hatten, von allen Bewohnern verlassen, die ihren Sommerbeschäftigungen nachgingen; wir fanden Niemanden als einen lahmen Kosacken und die alte Bürgersfrau Suchomässicha, die beständige Hüterin des Ortes, die uns nach alter Sitte mit einem frischgebackenen, wohlschmeckenden Kuchen empfing und es sich überhaupt angelegen sein liess, durch ihre geschäftige Dienstfertigkeit uns das überstandene Reiseungemach vergessen zu machen.

Am 10. Mai Abends fiel der erste Regen, der uns indess noch nicht den Sommer brachte, indem wir nachher mehrmals recht starken Schnee hatten. — Am 17. zeigte sich an einigen geschützten und den Sonnenstrahlen recht ausgesetzten Uferbuchten etwas keimendes Gras, und am 22. begann endlich der Eisgang, nachdem der Strom 259 Tage hindurch mit Eis bedeckt gewesen war. Hiermit trat aber auch die hier gewöhnliche Ueberschwemmung ein, die uns am 26. zwang, aus unseren Wohnungen auf die platten Dächer der Häuser zu flüchten, wo wir, die einzigen lebenden Wesen in der ganzen Gegend, umringt von all unseren Sachen, Vorräthen und Hunden, unter freiem Himmel das Ende dieser Sündfluth abwarteten.

Für den bisweilen eintretenden Fall, dass das Gebäude von den mit grosser Gewalt daranstossenden Eisschollen beschädigt würde, oder dass das Wasser bis zu uns heraufstiege, hatten wir unsere Böte in der Nähe in Bereitschaft, um uns nach dem Berge Pantelejew zu begeben, der selbst beim höchsten Wasserstande eine sichere Zuflucht bietet.

Die Bewohner des Orts ermangeln nie, bei ihrem Auszug für den Sommer all ihre Habseligkeiten, Alles, was nicht niet- und nagelfest in Wohnung und Vorrathskammer ist, auf die Dächer zu bringen, die dann so mit allerhand Hausrath, Kisten, Tönnchen, Schlitten und dergleichen bedeckt, nebst den dazwischen herumrudernden Böten, dem einzigen Communikationsmittel, einen höchst sonderbaren Anblick gewähren. Am 31. Mai fing das Wasser an zu fallen, und bald darauf konnten wir wieder in unsere Wohnung hinunterziehen, wo wir zwar unter Dach, aber trotz dem beständig auf dem Herde lodernden Feuer noch lange in einer nasskalten, dumpfigen Atmosphäre leben mussten, bis die Wände und Böden das eingesogene Wasser wieder verdunstet hatten.

Elftes Kapitel.
Reise durch die steinige Tundra.

Der Sommer 1822 wurde zur Aufnahme der Meeresküste von der Mündung der Kolyma bis zum grossen Baranow-Felsen, sowie zu astronomischen Ortsbestimmungen benutzt und eine Reise durch die „steinige Tundra" unternommen, um das Gebirge zu untersuchen und die Waldgrenze festzustellen.

Am 23. Juni bestiegen wir unser Boot Kolyma und fuhren den Strom hinab, an den Niederlassungen vorbei, wo ich die daselbst für die Expedition angelegten Fischereien besichtigte. Am 26. erreichten wir eine am rechten Ufer der Kolyma befindliche felsige Landspitze Krest, das Kreuz genannt, wo wir ein Paar russische Familien fanden. Die Lage dieses Punktes hat in jeder Rücksicht so grosse und wesentliche Vorzüge vor der von Nishne-Kolymsk, dass die Versetzung dieses Städtchens hierher gewiss von dem grössten Nutzen sowohl für die eigentlichen Einwohner selbst, als auch für die Bewohner der ganzen Umgegend sein würde.

Wegen widrigen Windes mussten wir einen Tag liegen bleiben; am 28. verliessen wir die Kolyma, um unsere Fahrt auf der Pantelejewka fortzusetzen, welche an ihrer Mündung nicht mehr als 12 Faden Breite hat. Zwölf vor das Boot gespannte Hunde zogen uns ziemlich rasch stromaufwärts. Bei der anhaltend warmen Witterung war die ganze Luft mit dichten Wolken von Mücken, dieser Sommerplage der sibirischen Haiden, angefüllt, und wir waren froh, als wir das (17 Werst stromaufwärts gelegene) Dorf Pantelejew erreichten, wo wir uns in einer mit bitterem Rauche angefüllten Scheune etwas erholten. In dem Dorfe trafen wir den rastlos thätigen Kaufmann Bereshnoj, meinen früheren Reisegefährten auf unserer zweiten Eisfahrt, der uns hier aus einer grossen Verlegenheit half. Es war nämlich unmöglich gewesen, aus Nishne-Kolymsk Pferde zu meiner ferneren Reise zu bekommen, und ich hätte die hier so kurz zugemessene, günstige Sommerzeit mit vielleicht fruchtlosem Umhersuchen nach anderen Pferden verlieren müssen, wenn nicht Herr Bereshnoj mir auf die gefälligste Weise zehn von den seinigen überlassen hätte, die er für jetzt entbehren konnte, und für die er durchaus gar keine Zahlung von uns annehmen wollte. Er war eben auf einer Reise nach der Tschaunbucht begriffen, um dort Mammuthsknochen zu suchen, mit denen er einen sehr ausgebreiteten Handel treibt, und da nach unserem Reiseplan für diesen Sommer der Herr von Matiuschkin auch jene Gegend besuchen sollte, so bot er sich ihm als Reisegefährten an, womit gewiss beiden Theilen sehr gedient war.

Nachdem wir am folgenden Tage noch einige Untersuchungen zu unserer weiteren Reise getroffen hatten, benutzten wir das heitere, milde Wetter, um einen Gang nach dem Pantelejew-Berge zu machen, der sich mit seinen beiden Gipfeln auf dem rechten Ufer in einer Entfernung von 8 Werst erhebt. Wir fanden bis zur Spitze desselben einen gebahnten schmalen Fusssteg, den die hiesigen Einwohner immer gehen, um die Rauschbeere (vaccinium ulginorum) zu sammeln, die nirgends so häufig und so gross zu finden ist, als hier. So öde und traurig auch dieser Berggipfel ist, so wird man doch für die Mühe des Ersteigens (die Berechnung ergab 1491 engl. Fuss verticaler Höhe über den Ostrog von Kolymsk) durch das den Fuss des Berges umgebende schöne Grün der jungen Lärchen und durch den Anblick der üppig mit Blumen besäeten Wiesen entschädigt. Auch die weit ausgedehnte Aussicht, die sich von hier nach allen Seiten in die Ferne eröffnet, ist, freilich nur in dieser kurzen Jahreszeit, sehr schön. Von Nordwest nach Süden übersehen wir die weite, am Horizonte sich verlierende Tundra mit ihren zahllosen, kleineren und grösseren Landseen; sie bildet das linke Ufer der Kolyma und die Mündungen der beiden Aniuj-Flüsse. Den Lauf der mit einer Menge theils bewachsener, theils nackter Inseln besäeten Kolyma verfolgten wir über Nishne-Kolymsk hinaus, eine Strecke von 130 Werst bis in das Meer. — Im Norden war die Aussicht durch die näher gelegenen flachen Berge begrenzt, hinter denen die Berggruppe von Sucharnoj mit ihren weissen, unter einer ewigen Eis- und Schneedecke liegenden Gipfeln hervorragt. Noch weiter hinauf erblickt man die schwarzen, zackigen Spitzen der längs der Meeresküste hinlaufenden Felsen. Gegen Osten erheben sich die **weissen Felsen**, die zwar eine ziemlich lang ausgedehnte Kette bilden, doch aber, von hier aus gesehen, sich wie eine abgesonderte Gruppe darstellen, weil der Blick gerade auf das vordere Ende der Felsenreihe trifft. In S.O. und S. ragen in weiter Ferne vom Horizonte der Fläche die längs den Ufern der Flüsse Aniuj und Tunkina fortlaufenden Berge hervor. Der Landstrich, den man von hier aus überschaut, beträgt fast nach allen Richtungen gegen 300 Werst.

Am 1. Juli nahm ich meinen Weg der Meeresküste zu, nach dem Baranow-Felsen, wo ich die daselbst im Jahre 1787 durch den Kapitän Billings gemachten Breitenbeobachtungen meiner Instruktion gemäss wiederholen sollte. Meine

Begleiter waren: Herr Kosmin, ein Matrose und zwei Jakuten, welche sechs Packpferde mit unsern Sachen führten.

Wir erreichten am 6. Juli den Strand bei dem kleinen Baranow-Felsen, da, wo der Kapitän Billings während seiner Expedition gelandet war, und fanden das von ihm errichtete Kreuz mit der einfachen Inschrift: „Im Jahr 1787 am 12. Juli" noch ganz unversehrt. Das Wetter war uns zu unseren Arbeiten am folgenden Tage sehr günstig; die Breite dieses Ortes ergab 69° 38′ 00″ und (nach unserer früheren Aufnahme) die Länge desselben 162° 49′ östlich von Greenwich.

Um auch die übrigen Beobachtungen des Kapitän Billings zu wiederholen, verfolgten wir, immer längs der Felsenküste des uns im Osten liegenden Meeres ziehend, einen steilen und höchst beschwerlichen Pfad. Als wir über den Bergrücken zogen, der sich von dem Baranow-Felsen landeinwärts zieht, sahen wir an der Ostseite desselben, wo die sich senkende Küste mehrere mit vegetabilischer Erde bedeckte grasreiche Thäler bildet, ansehnliche Heerden wilder Schafe. Sie halten sich gern bei diesen Felsen auf, deren steile, fast senkrechte Wände sie mit einer ganz unbegreiflichen Schnelligkeit erklettern. Nirgends findet man sie in so grosser Anzahl als hier, daher denn auch die Benennung Baranow-Felsen, von Barán, das Schaf, herrührt.

Der eintretende Mangel an Lebensmitteln nöthigte uns etwas landeinwärts zu gehen, wo wir hoffen konnten, an den zahlreichen, kleinen Landseen die dort gewöhnlich in grosser Menge nistenden Gänse zu finden. Wirklich gelang es uns auch derer in kurzer Zeit 17 Stück zu schiessen, was für die jetzige Zeit, wie unsere Führer versicherten, sehr glücklich war. Die hiesigen Eingeborenen unterscheiden 4 Gattungen von Gänsen, die weisse Gans, die sonst längs der Meeresküste in grosser Menge anzutreffen war, jetzt aber ganz verschwunden zu sein scheint, die eigentliche wilde Gans (gumènnik), welche zu der grauen Art gehört, und die grösste ist. Dann die Kosárka und den Piskùn, die viel kleiner sind als die übrigen. Letzterer ist nicht grösser als eine zahme Ente.

Nachdem wir die Beobachtungen am 11. Juli bei dem grossen Baranow beendigt hatten, erreichten wir am 15. Juli, durch die wilde, mit einer Menge Landseen besäete Tundra und über drei Flüsse ziehend, den im verflossenen Sommer an der grossen Baranicha erbauten Balagan der Expedition.

Die Mündung der grossen Baranicha ist 1 Werst breit, aber so flach, dass bei niedrigem Wasser an mehreren Stellen, und namentlich in der Mitte des Stromes, sich trockene Sandbänke zeigen. In dieser Gegend des Eismeeres kann man mit Recht von demselben sagen, dass es seinen vormaligen Reichthum verloren hat, von dem man nur noch die verwesenden Ueberreste hin und wieder längs der Küste antrifft. Hier stösst man auf ganze Haufen von Fischbein, worunter sich noch manche Stücke fanden, die wir zu unsern Fischkörben u. s. w. brauchen konnten; dort lagen eine Menge halb verwitterter Walfischgerippe, deren Porosität und Sprödigkeit ihr hohes Alter beweisen; selbst Treibholz scheint schon seit langer Zeit nicht mehr hier angeschwemmt worden zu sein, denn die einzelnen Stämme, die wir noch hier und da am Strande fanden, waren grösstentheils verwest. Vielleicht ist die Ursache dieses Verschwindens der Walfische sowohl als des Treibholzes in dem Umstande zu suchen, dass das Meereis wahrscheinlich sonst hier weit geringer war und dass es jetzt in grösserer Menge und Ausdehnung die freie Bewegung des Wassers überhaupt und die Annäherung seiner schwimmenden Gegenstände verhindert. Unter manchen auf ein hohes Alterthum deutenden Naturprodukten fanden wir auch mehrere halb vermoderte, halb gefrorene, kleine kurz geschwänzte Krebse oder Krabben, denen ähnlich, die in England unter dem Namen Shrimps bekannt sind, und die ich ausserdem sonst nirgends in Sibirien, weder lebend noch todt gesehen habe. Vor etlichen Jahren erschienen an der Küste und in der Kolyma eine ungeheure Menge verschiedenfarbiger Mollusken, welche sich an die Fischernetze, Satzkörbe u. s. w. ansaugten, und mit demselben herausgezogen, als Hundefutter verbraucht wurden. Das Gewächsreich beschränkt sich in dieser öden Gegend ausser dem Moose auf etwas niedriges, hartes Gras und einige wenige Blüthen tragende Pflanzen. Zuweilen soll sich hier auch wohl der Meerkohl (crambe maritima) zeigen; er ist aber selten, und mir ist keiner zu Gesichte gekommen.

Während der ganzen Zeit unseres hiesigen Aufenthaltes war das Wetter mehr trüb und nebelicht als heiter; es regnete oft, schneite auch einige Male recht tüchtig. Der wärmste Tag, den wir hatten, war der 24. Juli, an welchem das Thermometer um Mittag 10° Wärme und um Mitternacht noch 9½° anzeigte. In der Nacht auf den 26. hörten wir das dumpfe Rollen eines entfernten Donners, und am folgenden Morgen erreichte das Quecksilber eine Höhe von 16°, diese dauerte aber nicht lange, denn schon gegen Mittag sank es wieder auf 9° hinab. Um 5 Uhr Nachmittags hatten wir bei frischem Westwinde einen anhaltenden, starken Platzregen und ein starkes Gewitter. Bald darauf zeigte das Thermometer nur noch 2° Wärme und um Mitternacht schon 1° Kälte. Dieser Kampf in der Atmosphäre schien die Endkrise des kurzen Sommers gewesen zu sein; denn seitdem umhüllte uns ein beständiger, dichter Nebel, das Quecksilber stieg um Mittag selten über 3° und Nachts fror es immer einige Grade.

Das Meereis verloren wir nie aus dem Gesicht; es schien am Horizont unbeweglich, während in unserer Nähe nur einzelne unbedeutende Eisschollen umherschwammen. An windstillen Tagen hörten wir deutlich aus der Ferne das Krachen der durch den Eisbruch zusammenstürzenden Eisberge. Wenn man hierbei noch dessen gedenkt, dass die Nordwinde keine bedeutende Wellenbewegung auf dem Meere hervorbringen, so wird es höchst wahrscheinlich, dass das Eis im Norden, d. h. in der Gegend, wo wir im verflossenen Frühling unsere Vorräthe vergruben, ein ewiges, fest und unbeweglich stehendes Eis ist; und somit wird meine damals bloss auf die äussere Beschaffenheit, die Unebenheiten und die Farbe des Eises von alter und neuer Entstehung gegründete Hypothese jetzt durch diese Beobachtungen bestätigt.

Nach Beendigung meiner Beobachtungen verliess ich mit zwei Begleitern den Balagan und setzte meine Reise weiter fort; meine Absicht war, längs der grossen Baranicha bis zu ihrem Ursprung zu gehen und mich dann nach dem kleinen Aniuj und der Kolyma zu wenden. Am 1. August schlugen wir unser Nachtlager am linken Ufer des Stromes 38 Werst von dessen Mündung auf. Der hier ungefähr 20 Faden breite Strom ist nicht tief, aber ziemlich reissend, und hat in seinem Bett mehrere quer hinübergehende, breite Felslagen, die recht gute Furthe bilden. Das rechte Ufer ist steil und felsig; der Grund längs demselben besteht grösstentheils aus kleinen Bruchstücken von schwarzem Schiefer und Grünstein-Porphyr; doch haben wir darunter auch Feuerstein, dunkelrothen Jaspis und Karniole gefunden, letztere von ziemlicher Reinheit und schöner Farbe.

Wir setzten unseren Weg längs dem Arm der Baranicha fort. Das Thal verengte sich immer mehr, bald fanden wir uns von hohen Felsen und Bergen eingeschlossen, deren nackte, steile Wände sich nicht selten weit überhängend über finsteren, mit Schnee angefüllten Schluchten erhoben. Mit unsäglicher Mühe gelang es uns, erst spät in der Nacht, den Gipfel dieses Berges zu erreichen, wo wir aber trotz der Höhe einen nur an der Oberfläche gefrorenen Morast trafen, der durchaus kein trockenes Weide- und Lagerplätzchen darbot, so dass wir genöthigt waren, unsere schon sehr ermüdeten Pferde noch weiter zu treiben, um ein Nachtlager zu suchen. Aus diesem merkwürdigen, hochliegenden Morast entspringt ein südwärts abfliessender Bach, der ein Zufluss des Flusses Poginden ist, welcher sich in den kleinen Aniuj ergiesst; dem Laufe desselben folgend zogen wir den Berg hinab, dessen Abfall nach Süden beinahe unmerklich ist. Hier treten die Gebirge zu beiden Seiten zurück und in dem erweiterten Thale fliesst der Bach langsam durch einen mit niederem Strauchwerk bewachsenen Sumpf.

Am 4. hatten wir warmes, heiteres Wetter. Ich machte

die Längen- und Breitenbeobachtung, die ich kaum beendigt hatte, als meine Aufmerksamkeit durch ein höchst interessantes und für mich ganz neues Schauspiel gefesselt ward: Zwei unabsehbare Rennthierzüge, auf ihrer Rückwanderung begriffen, zogen nicht weit von unserem Lagerplatz die Hügel hinab den Wäldern zu, die sie im Winter bewohnen. Dicht an einander gedrängt bildete jeder Zug eine nach vorn sich verengernde Masse, die langsam und majestätisch daherwogte und mit ihrem breitgezackten hohen Geweih einem entlaubten, wandernden Walde glich. Es war ein in seiner Art schöner, grossartiger Anblick! An der Spitze des Zuges ging als Anführer ein ausnehmend grosses Thier, welches, wie meine Führer versicherten, immer eine Rennthierkuh, nie ein Bock sein soll. — Hinter der einen Heerde schlich ein Wolf einher, der nur den Augenblick zu erwarten schien, wo irgend ein junges oder schwächeres Thier von der Heerde zurückbleiben würde, um sich desselben zu bemächtigen; als er aber unser gewahr wurde, gab er seinen Plan auf und floh in den Wald zurück. Dem anderen Zug folgte in einiger Entfernung ein grosser, brauner Bär, der aber bescheidenere, weniger blutdürstige Absichten hegte; er begnügte sich damit, von Zeit zu Zeit mit grosser Geschicklichkeit ein Mäuschen unter dem lockeren Boden hervorzuscharren und zu verspeisen. Dies harmlose, gastronomische Geschäft trieb er so emsig, dass er sich dabei auch durch unseren Anblick nicht im mindesten stören liess. Hingegen kostete es uns nicht wenig Mühe, unsere zwei Hunde, die wir mit hatten, in Ruhe zu erhalten, denn ihr Bellen, ja auch nur ein Laut oder eine Bewegung von uns, hätten den Zug verscheucht und die am kleinen Aniuj auf denselben harrenden Rennthierjäger um diese ihnen so ausserordentlich wichtige Beute gebracht. Der Zug dauerte über 2 Stunden; als er an uns vorüber war, brachen wir auf und gelangten nach einem Marsch von 20 Werst an den Fuss der Bergkette, die wir von unserem Nachtlager aus gesehen hatten.

Am 6. August gelangten wir an eine Stelle, wo sich

der Fluss in sanften Windungen durch das Thal schlängelte, indem er bald den Fuss des nördlichen, bald den des südlichen Gebirges bewässerte. Am Ufer wachsen lichtgrüne Gruppen hoher Weidengebüsche, zwischen denen sich hin und wieder schlanke, kräftige Espen erheben und mit dem dunkleren, bläulichen Grün der Lärchenbäume abwechseln.

Die lange Entbehrung eines solchen Anblicks verlieh dieser einfachen Landschaft in unseren Augen einen ungemeinen Reiz; selbst die schwarzen Felsen, an denen nur selten etwas Gras aus einer Ritze hervorspross und die ganze, immer noch sehr ärmliche Natur verloren in unseren Augen ihre eigenthümliche Düsterkeit; wir labten unsere ermüdeten Blicke an den Blättern, an dem Grase, die uns freundlich und heimisch zuzuwinken schienen....

Am 13. August früh morgens wurden wir beim Erwachen höchst unangenehm durch die Entdeckung überrascht, dass unsere Pferde, die wie gewöhnlich auf einer nahe gelegenen Wiese grasten, alle bis auf eins, das alt und kraftlos war, verschwunden seien. Wahrscheinlich hatten sich während der Nacht Bären oder Wölfe dort gezeigt und sie versprengt. Wir machten uns sogleich nach verschiedenen Seiten hin auf, um die uns so nothwendigen Flüchtlinge womöglich noch einzufangen. Nachdem wir aber den ganzen Tag bis spät in die Nacht mit vergeblichem Suchen hingebracht hatten, kehrten wir unverrichteter Sache und sehr ermüdet zu unserem Zelt zurück. Aber auch hier hatten wir nicht einmal den Trost uns durch Speise und Trank stärken zu können, denn auf der Jagd hatten wir Unglück gehabt und am gestrigen Tage war der letzte Rest unserer Zwiebacke verzehrt worden; unser ganzer Vorrath an Lebensmitteln bestand in etwas Thee und Zucker, was nun freilich nicht sehr nahrhaft ist.

Zu dem sehr empfindlichen Verlust unserer Pferde gesellte sich aber eine zweite, in unserer Lage nicht minder schwerwiegende Calamität: der uns als s. g. Wegweiser begleitende Jukahir erklärte nämlich, dass er durchaus nicht mehr wisse, wo wir uns befänden, indem die vor uns liegenden

Gebirge ihm ganz fremd seien, dass die im Süden sichtbaren Berggipfel ganz anders aussähen wie die, welche am kleinen Aniuj in der Nähe von Konowalow, dem Winterlager seines Stammes, liegen, dass wir uns demnach noch sehr weit von dem Sommerlager der Jukahiren befinden müssten. Die bei Berechnungen unvermeidlichen Fehler konnten allerlei Ungewissheit in der Längenbestimmung hervorbringen, aber unser Jukahir war nicht einmal im Stande auch nur anzugeben, ob wir zu weit nach Osten oder Westen gerathen seien; er hatte so vollständig den Kopf verloren, dass er sogar den Fluss Poginden nicht mehr erkannte. Unsere Lage, besonders bei dem gänzlichen Mangel an Lebensmitteln, war eine sehr üble; wir durften keine Zeit verlieren, sondern mussten suchen, den Aniuj sobald als möglich zu erreichen, der uns zu menschlichen Wohnstätten geleiten konnte. Daher beschloss ich, wenn sich die Pferde bis zum folgenden Morgen nicht einstellten, die Reise zu Fuss fortzusetzen.

Am 14. packten wir unser Zelt und den grössten Theil unserer Sachen zusammen, verbargen sie an einem leicht wiederzufindenden Ort und nahmen nur unseren Theeapparat, einen Kessel und meine Instrumente mit. Hiermit beluden wir das uns treu gebliebene, alte Pferd und machten uns früh morgens bei ziemlich dichtem Regen und scharfem Winde zu Fuss auf den Weg. — Wir vermieden so viel als möglich die sumpfigen Stellen und zogen über die Hügel den im Süden vor uns liegenden Bergen zu.

Es wäre überflüssig, all der Beschwerden zu erwähnen, die wir auf unserem Marsche zu überwinden hatten; man kann sich ungefähr einen Begriff davon machen, wenn man bedenkt, dass wir unter beständigem Regen durch Sümpfe waten, ziemlich tiefe, reissende Bäche auf in der Eile zusammengeworfenen Stangen überschreiten und uns durch Gebüsch und stachlichtes Strauchwerk einen Weg bahnen mussten.

Nach 8 mühevollen Stunden hatten wir nicht mehr als 15 Werst zurückgelegt, waren aber so ermüdet, dass wir Halt machen und rasten mussten. Zum Glück hörte wenigstens der Regen auf; wir machten ein Feuer an, um unsere ganz durchnässten Kleider etwas zu trocknen, und nachdem wir unsere, nur aus einer Portion Thee bestehende Abendmahlzeit eingenommen hatten, verbrachten wir in Folge unserer Ermüdung die Nacht unter freiem Himmel recht gut. — Am Morgen aber stellte sich der Hunger bei Allen sehr ernstlich ein, und das Bedürfniss ward mit jeder Stunde stärker. Wir hofften, in den Vorrathslöchern der Feldmäuse die in Sibirien unter dem Namen Makarscha bekannte mehlige Wurzel zu finden, die den Jukahiren oft aus der Noth hilft, aber leider ergab sich, dass die haushälterischen Thierchen dem morastigen Boden keine Vorräthe anvertraut hatten und wir sahen uns endlich genöthigt, unsere Zuflucht zu einem anderen hiesigen Nahrungssurrogat, der Baumrinde zu nehmen.

Es ward ein gesunder, junger Lärchenbaum gewählt, dessen äussere Borke abgeschält wurde, dann schnitten wir die innere, weiche Rinde in kleine Stücke, die wir in unserem Kessel so lange kochten, bis die Oberfläche des Wassers sich mit Harz überzog; nachdem dieses rein abgeschöpft war, würzten wir den Brei mit Salz und Pfeffer, und ich muss gestehen, dass das neue Gericht, trotz den noch darin zurückgebliebenen klebrigen Harztheilchen sich ganz gut essen liess, wozu denn allerdings wohl der Hunger sehr wesentlich beitrug. Wenigstens füllt es den Magen, und mässig genossen verursachte es auch weiter keine Beschwerden.

Während dieses Frühstücks überzog sich der Himmel mit finsteren Wolken, und den ganzen Tag über regnete es von Zeit zu Zeit.

Am folgenden Morgen erhoben wir uns zeitig und setzten bei fortdauerndem Regen unsere Fussreise fort. Die Hügel um uns her wurden allmählich höher und gestalteten sich schliesslich zu hohen, senkrecht aufsteigenden Bergen, die immer häufiger wurden, je mehr wir uns der Gegend näherten, wo wir, meiner Berechnung nach, den Aniuj finden mussten. Um den Muth meiner Gefährten aufrecht zu erhalten, sagte ich ihnen stets mit grosser Sicherheit, dass wir gerade auf den Aniuj los gingen. Wir wateten durch einen reissenden Bach, den unser Jukahir nicht kannte; seiner Meinung nach waren wir noch sehr weit vom Aniuj entfernt.

Ein ununterbrochener Marsch von 13 Werst brachte uns auf den höchsten Gipfel der Bergkette, von wo wir den Ausblick auf die Umgegend hatten. Südwestlich zogen sich die Berge weiter fort, im Süden aber lag ein tiefes Thal, in welchem wir endlich das Ende unserer Noth, den ersehnten Aniuj entdeckten.

Die Freude über diesen tröstlichen Anblick war gross; unser Jukahir, der nun das Thal, den Strom und seinen Winterwohnort Konowalowo erkannte, jauchzte laut und brach plötzlich, Hunger und Ermüdung vergessend, in seinen fröhlichen Nationalgesang, Andylschtschina, aus. — Mich freute vornehmlich, dass meine Berechnungen sich hiermit als richtig bewährten.

Wir hatten ungefähr noch $9^1/_2$ Werst bis an den Strom und von dort noch 2 Werst bis an den Ort Konowalowo zu gehen und hofften daher bestimmt, noch vor Abend in letzterem anzukommen. Als wir aber das Ufer des Flusses erreicht hatten, war die kleine Gesellschaft, die seit $11^1/_2$ Stunden ununterbrochen auf den Beinen gewesen und auf höchst beschwerlichen Pfaden hohe Berge erklommen hatte, so völlig entkräftet, dass wir einmüthig beschlossen, lieber hier unter freiem Himmel, im Regen die Nacht zu verbringen und erst am folgenden Morgen über den Fluss nach Konowalowo zu gehen. Unser Jukahir indess erbot sich, dies Stück Weges noch zu machen, um von dort einige Lebensmittel zu holen. Er ging ab, und wir erwarteten, um ein grosses Feuer gelagert, mit Ungeduld seine Rückkehr. Nach anderthalb Stunden kam unser Abgesandter endlich zurück, aber — mit leeren Händen. Er hatte alle Vorrathskammern der jetzt noch in ihren Sommerlagern lebenden Einwohner durchsucht und durchaus nichts gefunden als die traurigen Beweise, dass hier eine schreckliche Hungersnoth geherrscht haben müsse.

Zu erschöpft, um noch an die Bereitung eines Baumrindenbreis zu denken, trösteten wir uns über unsere getäuschten Hoffnungen mit etwas Thee und mit der Ueberzeugung, dass wir in dem 12 Werst von hier belegenen Ort Ostrownoje Menschen und einige Lebensmittel finden würden.

Früh morgens (16. August) machten wir uns dahin auf und langten daselbst nach einem Marsch von $3^{1}/_{2}$ Stunden an. Aber auch hier sahen wir uns in unseren Hoffnungen getäuscht: alles war leer, die wenigen Einwohner des Orts waren theils auf dem Fischfang, theils auf der Jagd im Lande verstreut und hatten Alles, was etwa von Vorräthen noch übrig war, mitgenommen.

Sehr niedergeschlagen bereiteten wir uns wieder einen harzigen Baumrindenbrei. Unterdessen aber fertigte ich ein paar meiner Leute nach dem nächsten, 6 Werst von hier belegenen Sommerlager ab, wo gewöhnlich die hiesigen Jäger dem Rennthierzuge aufzulauern pflegen, und wo ich hoffte, vom Häuptling einige Lebensmittel zu erhalten.

Er schickte uns auch wirklich den ganzen Rest seiner Provisionen, die aber leider nur in einem Stück Rennthierfleisch, zwei Rennthierzungen und einem Fisch bestanden. Die Leute entwarfen ein schreckliches Bild von der Noth und dem Hunger, womit sie kämpften; seit einiger Zeit schon bestand ihre einzige Nahrung in zerstampften Knochen, gekochten Stücken Rennthierfell, Wurzeln und dergleichen, und noch war das Ende dieser fürchterlichen Noth nicht abzusehn. Die Frühlingsjagd war missrathen, und selbst in diesem Augenblick, wo die Rennthiere in vollem Wandern waren, hatten die unglücklichen Hungernden kein einziges dieser Thiere erlegen können.

Die Lage dieses Volkes, dessen ganze Existenz blos von dem Zufall einer glücklichen Jagd abhängt, ist im höchsten Grade bedauernswürdig. Da ihnen die Mittel fehlen, sich die zum grösseren Fischfang erforderlichen Netze u. s. w. anzuschaffen, so haben sie sich seit undenklicher Zeit blos auf die Jagd beschränkt, aber auch diese ihre einzige Nahrungsquelle sehen sie nach und nach versiegen. Die

Rennthiere scheinen nämlich, gleichsam durch die Erfahrung mehrerer Jahrhunderte belehrt, ihre Wanderungsperioden geändert zu haben; statt wie sonst im Sommer durch den Aniuj zu ziehen, benutzen sie jetzt im Frühling und Herbst die Eisdecke des Stromes zu ihrem Uebergange, wo dann das Erlegen derselben viel schwieriger, ja oft ganz unmöglich ist. Es heisst daher allgemein unter den Jukahiren: „zu unserem Unglück ist auch das Rennthier klüger geworden."

Da ich von dem angekommenen Jukahiren erfuhr, dass ein aus Jakutsk mit Geld und Briefen für die Expedition angekommener Kosack schon seit einem Monat in Nishne-Kolymsk auf mich warte, beschloss ich, sogleich dorthin abzureisen, ohne meinem früheren Plane gemäss den Berg Obrom und die längs dem Aniuj liegende Felsenkette zu untersuchen. Demnach fertigte ich meinen Jukahiren nebst zwei anderen zuverlässigen Leuten zu Pferde ab, um unsere zurückgelassenen Sachen zu holen und vielleicht die verlaufenen Pferde aufzusuchen; ich selbst aber bestieg früh morgens am 17. August ein Boot und fuhr damit den reissenden Aniuj hinab, dessen geschlängelte Ufer, jetzt noch mit grünenden Baumgruppen besetzt, einen recht freundlichen Anblick darboten.

Am 20. August langte ich dann endlich nach einer zweimonatlichen Abwesenheit in Nishne-Kolymsk an. Eine Woche später traf auch Hr. Kosmin daselbst ein, und endlich am 24. September, bei vollständiger Winterbahn, auch Herr v. Matiuschkin, der seinem Plane gemäss bis an die Wohnorte der Tschuktschen vorgedrungen war. Die Kolyma war bereits am 18. September zugefroren.

Zwölftes Kapitel.
Vierte Eisfahrt und Aufnahme der Küste bis zur Insel Koliutschin.

Der Winter von 1822 auf 1823 war nach dem Urtheil der dortigen Einwohner **weit milder** als gewöhnlich, denn nur ein Mal fiel das Thermometer auf 37° unter Null, und Nordlichte liessen sich nur selten und schwach sehen. Ungeachtet dieser **milden** Temperatur wäre es aber doch nicht rathsam gewesen, eine Reise auf dem Eismeer zu unternehmen, wo schon an und für sich die Kälte viel strenger und, beim gänzlichen Mangel an Erwärmungsmitteln und Obdach, weit empfindlicher ist. Ich verschob daher meine vierte Eisfahrt bis zum Eintritt einer etwas geringeren Kälte und benutzte die Zeit dieser unwillkührlichen Verzögerung sowohl zu den sehr umständlichen und schwierigen Vorbereitungen und Zurüstungen für die bevorstehende Reise, als auch um vor dem hellloderndn Tschuwal meiner Hütte, hinter dicken Eisfenstern sitzend, unsere im vorigen Sommer angestellten Beobachtungen und Aufnahmen zu ordnen und zu Papier zu bringen.

Am 22. Februar brachen wir auf, zunächst nach Pochodsk, wo die eingekauften Hunde angelangt waren. Unterwegs holte ein Kosack uns ein, der uns von Nishne-Kolymsk nachgeschickt war. Er brachte mir vom General-Gouverneur von Sibirien meine Instruktionen für die diesjährigen Aufgaben der Expedition. Es verdient bemerkt zu werden, dass diese Papiere die ungeheure Entfernung von 11,000 Werst, die zwischen St. Petersburg und der Mündung der Beresowaja am Eismeere liegen, in nicht mehr als 88 Tagen durchflogen hatten, wovon noch die Tage abzurechnen sind, die in Irkutsk erforderlich waren, um nach den aus der Residenz erhaltenen Vorschriften meine Instruktionen auszuarbeiten. Mit der gewöhnlichen Post wären zu dieser Reise wenigstens 6½ Monat erforderlich gewesen. — Ich benutzte die Gelegenheit des rückkehrenden Kosacken, um meinen Vorgesetzten einen Bericht über unsere bisherigen Arbeiten abzustatten, der aber freilich nicht sehr ausführlich sein konnte, da ich ihn unter freiem Himmel, bei 22° Kälte auf einem Eisblocke sitzend, niederschrieb. — Mit dem Kosacken schickte ich auch zwei meiner Hunde zurück, weil Zeichen einer ansteckenden Krankheit sich an ihnen gezeigt hatten. Nach Beendigung dieses Geschäfts setzten wir unsere Reise mit 19 Narten weiter fort und erreichten noch am selben Abend unseren, zu den früheren Eisfahrten erbauten Balagan an der grossen Baranicha, welcher uns bei der auf 33° R. gestiegenen Kälte einen sehr wohlthätigen Schutz gewährte.

Ohne Zeitverlust machten wir uns an die Arbeit, die hierher vorausgeschickten, sowie jetzt mitgebrachten Vorräthe etc. auf die Narten zu vertheilen und zu verpacken, welches Geschäft uns drei ganze Tage in Anspruch nahm. Am 4. März waren wir endlich fertig, konnten aber eines furchtbaren Sturmes wegen nicht aufbrechen. Er war so heftig, dass unser Balagan mehrmals in Gefahr gerieth umgeworfen zu werden; dabei stieg die Kälte auf 25°.

Wir bargen uns noch einigermassen in dem morschen Gebäude, die Hunde waren aber den ganzen Tag über der Wuth des Sturmes ausgesetzt, der den Schnee hoch aufwirbelte und dabei die Luft verfinsterte, so dass wir am folgende Tage unsere Hunde und Schlitten unter den hoch aufgethürmten Schneebergen hervorschaufeln mussten.

Am 5. März liess der Sturm etwas nach; wir brachen auf und erreichten am 8. ohne irgend einen bemerkenswerthen Vorfall das Vorgebirge Schelagskoj, wo ein glücklicher Zufall uns in nähere Berührung mit einem Volke brachte, das wis bisher vergeblich gesucht hatten näher kennen zu lernen.

Ich war mit Herrn Kosmin vorausgegangen, um auf der schmalen Landenge südlich vom Cap einen passenden Platz für unser Lager auszusuchen, als ein mit Rennthieren bespannter Schlitten, von einem stämmigen Tschuktschen geleitet, aus den uns zunächst liegenden Torossen gerade auf uns zukam. In einiger Entfernung von uns hielt er an, rief uns ein paar Worte zu, und da er sah, dass wir diese nicht verstanden, winkte er mit der Hand, wir möchten zu ihm kommen. Wir näherten uns ihm, konnten uns aber gar nicht mit ihm verständigen, weil keiner von uns des Anderen Sprache verstand. Da nun sehr viel dran lag, diese günstige Gelegenheit zum Anknüpfen einer Bekanntschaft zu benutzen, so suchte ich den Tschuktschen durch allerlei Zeichen aufzuhalten, bis vielleicht unser Dolmetscher, der bei der übrigen Karawane geblieben war, ankäme. Ob unser neuer Bekannter mich begriff, weiss ich nicht, aber er stieg, ohne im mindesten Furcht oder Verlegenheit zu zeigen, aus dem Schlitten, holte seine Gansa, kurze Pfeife, hervor, und verlangte von mir Tabak dazu; ich beeilte mich, seinen Wunsch zu erfüllen, und er fing ganz bedächtig an zu rauchen. Nach einem kurzen Besinnen sprach er mehrmals das Wort Kamakaj aus, welches einen Aeltesten oder Anführer bedeutet, schwang sich rasch in seinen Schlitten und verschwand bald zwischen den Torossen.

Am Abend, als unsere ganze Gesellschaft angelangt und das Lager geordnet war, erhielten wir den Besuch von drei Tschuktschen, deren zwei in Schlitten sassen, der dritte aber lief nebenher und trieb die Rennthiere an. Als sie sich dem Lager näherten, begann der eine im Schlitten Sitzende allerlei seltsame Zeichen und Geberden mit beiden Armen zu machen, welche vermuthlich andeuten sollten, dass sie unbewaffnet und nicht feindlich gesinnt seien. Sie hielten an unserer im Kreise aufgestellten Schlittenreihe an und ein kleiner Mann von etwa 60 Jahren, dessen zottige, weite Kuchlanka seinen ganzen Körper verhüllte, betrat furchtlos den inneren Lagerraum mit der Erklärung, er sei der Kamakaj der an der Tschaunbucht ansässigen Tschuktschenstämme.

Seine kecken, raschen Bewegungen verriethen einen kräftigen Körperbau, und die unter dem struppigen, kurzgeschorenen Haupthaar hervorblitzenden, kleinen aber feurigen Augen deuteten Muth und Selbstvertrauen an. Nach dem ersten Bewillkommnungswort „Toroma" liess er aus seinem Schlitten die Speckseite eines Seehunds und ein Stück frisches, weisses Bärenfleisch holen, die er mir als besondern

Leckerbissen und eigenthümliche Erzeugnisse seines Landes überreichte. Ich führte ihn in unser Zelt, bewirthete ihn mit Tabak, Fischen u. s. w. auf's Beste, und er benahm sich so ungezwungen und ruhig, als ob wir schon längst allesammt alte Bekannte wären. Mit Hilfe des Dolmetschers entspann sich nun ein Gespräch, bei welchem ich mit grossem Vergnügen seine Fragen und Bemerkungen anhörte.

Hauptsächlich schien ihm dran gelegen zu sein, zu erfahren, was uns in dieser kalten Jahreszeit bewogen haben konnte, den weiten Weg hierher zu machen? Wir beantworteten ihm diese Fragen durchaus der Wahrheit gemäss und bemühten uns, ihm unsere Absicht bei dieser Reise und unsere völlig friedlichen Gesinnungen zu erklären. Dessenungeachtet schien unser ungewöhnliches Erscheinen sein Misstrauen doch erregt zu haben, und seine durchdringenden Blicke schweiften unaufhörlich auf uns und alle unsere Bewegungen hin.

Uebrigens war er sehr bescheiden und antwortete mit einer gutmüthigen Offenheit auf alle unsere Fragen. Unter anderem wünschten wir zu wissen, ob die Tschuktschen das von uns im Jahre 1820 auf dem Berge beim Cap Schelagskoj errichtete Kreuz gefunden hätten?

„Wir haben euer Kreuz gesehen," antwortete er, „und es unangetastet gelassen." — Er fügte dann hinzu, dass er der erste gewesen sei, der es entdeckte, und über die Erscheinung desselben an dieser Stelle sich um so mehr gewundert habe, als auf dem, vom Winde verwehten Schnee keine Menschenspuren zu sehen gewesen wären. Da in dem drauffolgenden Frühling ihre Seehunds- und Bärenjagd ganz besonders glücklich ausgefallen sei, so hätten sie dieses dem Kreuze zugeschrieben und aus Dankbarkeit vor demselben ein weisses Rennthierkalb geopfert. — Von sich selbst versicherte der Alte, er sei ein Abkömmling der ehemaligen Schelagi, oder wie die Tschuktschen sie gewöhnlich zu nennen pflegen, Tschewany, die schon seit vielen Jahren längs der Meeresküste nach Westen hin ausgewandert und nicht wieder erschienen seien. Von diesem Tschewan-Volk hätten dann auch der Fluss und die Bucht Tschewan oder Tschaun ihre Benennung erhalten.

Nach ein paar Stunden verliess uns unser Gast, wie es schien vollkommen zufrieden mit der freundlichen Aufnahme und den kleinen Geschenken, die ich ihm beim Abschied machte.

Am folgenden Tage wiederholte der Kamakaj seinen Besuch mit seinen Weibern, Kindern und einem jungen Burschen, den er als seinen Neffen einführte. Da wir eben Thee tranken, so boten wir auch ihnen von diesem Getränke an; sie hatten es aber kaum gekostet, als Alle es mit einer Art von Widerwillen weggossen und sich aus dem Fussboden des Zeltes tüchtige Stücke Schnee herausschnitten, an denen sie begierig kauten, um den Geschmack zu vertreiben und sich wieder zu erfrischen, der Zucker aber schmeckte ihnen ganz besonders wohl. Dies ist bei ihnen, wie wir später oft beobachteten, ganz gewöhnlich; wie gross die Kälte auch sein mag, immer macht eine tüchtige Portion frischen Schnees den Schluss jeder Mahlzeit, gewissermassen das Dessert und wird mit grossem Behagen verspeist. Merkwürdig ist es, dass diese Leute durch den unmässigen Genuss des Tabaks, den sie ohne Unterlass rauchen, schnupfen und kauen, nicht ganz ihre Geschmacksorgane abgestumpft haben. Besonders freute sich der Neffe über den Zucker und erzählte uns, er habe davon recht viel auf dem Jahrmarkt zu Ostrownoje gegessen, als man ihn dort getauft habe. Ich erkundigte mich näher nach dieser Taufe, von der er mir aber, ausser einiger Erinnerung von der mit ihm vorgenommenen Ceremonie, nichts zu sagen wusste; er hatte sogar seinen Taufnamen vergessen und wies mich desswegen an seine Frau, die auch damals getauft worden sei.

Diese konnte uns wenigstens angeben, dass ihr Mann den Namen Nikolai und sie den Namen Agaphia erhalten hätte und zeigte uns sowohl ihr als sein Kreuz, wie man sie in der griechischen Kirche jedem Täufling um den Hals zu hängen pflegt, — welche sie beide zusammen an ihrem Halse trug. Darauf beschränkte sich aber auch ihr ganzes

Wissen. Unsere Nartenführer, die bei weiterer Prüfung fanden, dass sie nicht einmal das Zeichen des Kreuzes zu machen verstand, beeiferten sich, ihr dieses und die beim Gebet gebräuchlichen Verbeugungen zu lehren. Sie machte darin in kurzer Zeit grosse Fortschritte, worüber ihr Mann nicht wenig erfreut und stolz war.

Der Kamakaj war ein in seiner Art ganz gebildeter Mann. Nachdem ich ihm den Zweck unserer Reise erklärt und ihn, wie es schien, überzeugt hatte, dass wir durchaus keine Absichten auf sein Volk hätten, sondern blos wünschten, die Lage und Gestaltung ihrer Küste genau kennen zu lernen, und zu erforschen, wie und auf welchem Wege die Russen ihnen am füglichsten Tabak und allerlei andere Handelsartikel zuführen könnten, beschrieb er mir nicht nur genau die Grenzen seines Landes, von der grossen Baranicha bis an das Nordcap, sondern zeichnete mir sogar mit einer Kohle das Cap Schelagskoj, welches er Erri nannte; in der Tschaunbucht bezeichnete er sowohl die Insel Arautan ganz richtig nach Form und Lage, als östlich von jenem Cap eine andere kleine Insel, die wir in der Folge auch fanden, und versicherte mit völliger Bestimmtheit, dass sich auf dieser ganzen Strecke weiter keine Insel befände.

Auf meine Frage, ob jenseit des sichtbaren Horizontes nach Norden hin sich noch irgend ein Land befinde? besann er sich etwas und erzählte dann folgendes: „Zwischen dem Cap Erri (Cap Schelagskoj) und dem Cap Ir-Kaipij (Nordcap), unweit der Mündung eines Flusses, sehe man von der nicht sehr hohen Felsenküste an hellen Sommertagen in weiter Ferne nach Norden zuweilen hohe, schneebedeckte Berge; im Winter reiche die Aussicht nicht so weit und man sehe dann gar nichts. In früheren Jahren seien zuweilen grosse Rennthierheerden, wahrscheinlich von dort, über's Eis nach dem Festland gekommen, aber von den Tschuktschen und von Wölfen verfolgt, seien sie wieder zurückgekehrt. Er selbst habe einmal im April einen solchen zurückgehenden Zug gesehen und sei demselben auf seinem, mit zwei Rennthieren bespannten Schlitten einen ganzen

Tag lang nachgefahren, aber da sei das Eis so uneben geworden, dass er nicht weiter habe vordringen können und genöthigt gewesen sei umzukehren.

Ich beschenkte den guten alten Kamakaj für seine freundliche Gesinnung und Bereitwilligkeit, unsere Fragen zu beantworten, reichlich, und versicherte ihn, dass, wenn seine Aussagen sich als gegründet erwiesen, er von der Regierung eine kostbare Belohnung zu gewärtigen habe. Er war ausserordentlich dankbar dafür und bat mich dringend, dafür zu sorgen, dass der „Beloj Tsar" (der Kaiser) ihm einen eisernen Kessel und einen Sack voll Tabak schicken möge, dann würde er vollkommen glücklich sein. Ich versprach, mein Möglichstes zu thun, um ihm zur Erlangung dieses Glücks zu verhelfen, und der Kamakaj nebst seiner Gesellschaft verliess uns, sehr zufrieden, unsere Bekanntschaft gemacht zu haben und mit der guten Aufnahme, die er gefunden hatte.

Am 13. wehte ein leichter Westwind, der zwar den Horizont in Nebel hüllte, auf die Temperatur aber keinen Einfluss hatte, denn das Thermometer zeigte morgens 19° und Abends 25° Kälte.

Nachdem wir so viel Treibholz als nur möglich war auf die Narten geladen hatten, verliessen wir die Küste und richteten unseren Curs auf dem Eise gerade nach Norden. Als wir 4 Werst vom Lande entfernt waren, liess ich einen Theil der Vorräthe in der früher beschriebenen Weise im Eise vergraben und schickte die leeren Narten nach Nishne-Kolymsk zurück.

Am 14. März hatten wir 17 Werst in N.N.O.-Richtung (bei 25 und 28° Kälte) auf einer ziemlich ebenen Eisfläche zurückgelegt, als wir auf ungeheure, hohe Torossen stiessen, durch die wir uns mit Brechstangen einen Weg bahnen mussten. Aber die Eismassen waren so gross, dicht und fest, dass wir mit der grössten Anspannung unserer Kräfte bis gegen Abend nur 3 Werst vorrücken konnten und dort, theils aus Ermattung, theils auch wegen der sehr beschädigten Narten, unser Nachtlager aufschlagen mussten.

Am folgenden Tage liess die Kälte etwas nach, wir hatten nur 20° und dabei trübes Wetter. Unsere heutige Fahrt war noch beschwerlicher als die gestrige; wir arbeiteten den ganzen Tag mit Brechstangen zwischen den endlosen Torossen und hatten doch nur erst 5 Werst zurückgelegt, als der klägliche Zustand unserer Narten, die ihrem leichten Bau nach garnicht für eine Fahrt dieser Art berechnet sind, uns nöthigte anzuhalten, um sie wieder etwas in Ordnung zu bringen. Ich benutzte eine Eisspalte um die Tiefe des Meeres zu messen; ich fand 19 Faden Tiefe und den Grund aus Lehm und Sand bestehend.

Von der Unmöglichkeit überzeugt, mit all den schwerbepackten Schlitten über die immer dichter und höher werdenden Torossen und durch die zwischen denselben angehäuften tiefen Schneemassen uns durcharbeiten zu können, beschloss ich, den grössten Theil unserer Provisionen hier zu vergraben und 8 Narten zurückzuschicken. Wir liessen einen Vorrath an Lebensmitteln und Hundefutter für 23 Tage hier zurück. Mir blieben nur noch 4 Narten übrig, auf denen ich versuchen wollte, mit Hrn. Kosmin und fünf meiner Leute weiter nach Norden vorzudringen. Um dies zu ermöglichen, durften die Schlitten nur sehr leicht beladen sein; ich nahm daher nur Provision auf etwa 5 Tage und etwas weniges Brennholz mit. Wir befanden uns in der beobachteten Breite von 70° 11′ 35″ und in der berechneten Länge von 174° 00′ östlich von Greenwich.

Der heftige Westwind, der bei 15° Kälte ein dichtes, die ganze Luft verfinsterndes Schneegestöber dahertrieb, erlaubte uns am 17. nicht, unsere weitere Reise nach Norden anzutreten. In der Nacht auf den 18. aber wandte der Wind sich nach W.N.W. und erwuchs zu einem wirklichen Sturm, der die Eisfläche um unser Lager herum aufbrach und uns in eine sehr missliche Lage versetzte, indem wir uns auf einer ringsumher abgelösten Eisinsel von ungefähr 50 Faden Durchmesser befanden. Nach allen Seiten waren Risse entstanden, welche sich unter der Wuth des Sturmes mit furchtbarem Krachen und Getöse immer mehr erweiterten. Viele derselben erreichten bald eine Breite von 15 Faden, und das Eisinselchen, von dem unser Leben abhing, ward vom Sturme hin und her geworfen. So brachten wir einen Theil der Nacht in der Finsterniss zu, jeden Augenblick unseren Untergang gewärtigend. Endlich brach der Morgen an und mit ihm ein günstiger Wind, der unsere Eisscholle mit den übrigen zusammendrängte und uns so allmählich am 18. Abends wieder mit dem festen Eise in Berührung brachte. Unter uns hatten wir 19 Faden Tiefe und Lehmboden.

Am 19. liess der Sturm nach und der Himmel klärte sich auf, aber im Norden sahen wir deutlich die dunklen Dünste des offenen Meeres aufsteigen, welche uns wenig Hoffnung liessen für ein bedeutendes Vordringen nach Norden. Doch gaben wir unser Vorhaben nicht auf, sondern suchten uns in nordöstlicher Richtung einen Weg durch die Torossen zu bahnen. Wir arbeiteten eifrig und unablässig den ganzen Tag, mussten auf weiten Umwegen grosse, noch offene Eisspalten umgehen, während wir über andere, schon mit einer dünnen Eiskruste überzogene, mit Lebensgefahr hinwegfuhren. Daher rückten wir nur sehr langsam vor, so dass, als wir Abends bei einem hohen Eisberge unser Nachtlager aufschlugen, wir nur 10 Werst gemacht hatten und uns noch angesichts der Küste befanden.

Am 20. war das Wetter still und heiter, im Norden der Horizont dunkelblau; das Thermometer zeigte 19°. Die wild durch und über einander gethürmten Torossen nahmen jetzt in solchem Maasse zu, dass es durchaus unmöglich ward weiter nach Norden vorzudringen. Wir versuchten, die Richtung nach W.N.W. zu nehmen, aber kaum waren wir etwa 8 Werst gefahren, als wir uns vor einer wenigstens 5 Werst breiten, ungeheuren Eisspalte befanden, die nur mit einer dünnen, vollkommen glatten und folglich eben erst gebildeten Eiskruste überzogen war. An Umgehen dieser Oeffnung war nicht zu denken, denn sie erstreckte sich von W.N.W. nach O.S.O. auf beiden Seiten bis über den sichtbaren Horizont. Wir schlugen am Rande dieser Spalte unser Nachtlager auf; unter uns hatten wir 19½ Faden Tiefe auf einem Grunde von Lehm und Sand.

Am folgenden Morgen war unser erstes Geschäft eine genauere Untersuchung unserer Umgebung und der etwaigen Mittel zum Weiterkommen. Nördlich über die Eisspalte hinaus schienen die Torossen von alter Formation und weniger steil und dicht zu sein, so dass wir hoffen durften, in denselben einen Durchweg zu finden. Um aber zu ihnen zu gelangen, gab es kein anderes Mittel, als sich der dünnen Eisdecke des Kanals anzuvertrauen. Die Meinungen meiner Begleiter über die Möglichkeit waren getheilt; ich entschloss mich zu dem Versuch, und das Wagestück gelang besser, als wir es erwarten durften, durch den unglaublich schnellen Lauf unserer Hunde, denen wir lediglich unsere Rettung verdankten. Der vorderste Schlitten brach wirklich an mehreren Stellen ein, aber die Thiere, theils aus angeborenem Instinkt die Gefahr ahnend, theils durch den unaufhörlichen Ermunterungsruf der Führer angefeuert, flogen mit solcher Blitzesschnelle über das berstende Eis dahin, dass der Schlitten nicht dazu kam sich zu senken, sondern glücklich drüben anlangte. Auch die anderen drei Narten fuhren in verschiedenen Richtungen, je nachdem ihnen das Eis zuverlässiger schien, rasch drauf los, und so erreichten wir glücklich das jenseitige Eisufer, wo wir genöthigt waren, unseren über ihr Vermögen angestrengten Hunden einige Erholung zu gönnen. Ich benutzte diesen Stillstand, um nach der Mittagshöhe die Breite, in der wir uns befanden, auf 70° 20′ 22″ zu bestimmen, die Länge berechnete ich auf 174° 13′ von Greenwich.

Die jetzt ziemlich günstige Beschaffenheit des Eises gestattete uns, am heutigen Tage 24 Werst in N.N.O.-Richtung über alte Torossen und tiefen Schnee zurückzulegen. Wir benutzten die Beleuchtung eines schönen Nordlichts, um noch bei eingetretener Dunkelheit weiterzufahren, und schlugen erst spät Abends unser Nachtlager zwischen den Torossen auf.

Hier will ich ein paar Bemerkungen über das Nordlicht

einschalten. In den Polarregionen zeigt sich dieses Phänomen gewöhnlich in folgender Weise:

Ueber dem nördlichen Horizont erscheint zuerst ein matter Schein in Form eines Zirkelsegments. Das Licht dieses leuchtenden Segments ist sehr ruhig und schwächer als das des Vollmonds. Von Zeit zu Zeit erscheinen in der Scheibe — gewöhnlich im Osten — bewegliche leuchtende Säulen oder Strahlenbüschel von einem sehr grellen Licht. Sie schiessen rasch von unten in die Höhe und schwanken und biegen sich, als ob sie vom Winde bewegt würden. Bald entstehen im Kreisabschnitt ähnliche Strahlenbüschel, gleichsam als wären sie von diesen entzündet, und nun geht die ganze leuchtende Masse vereint nach irgend einer Seite hin. Die Erscheinung dauert gewöhnlich 2 bis 3 Minuten, dann verschwinden die Lichtsäulen eine nach der anderen und an ihrer Stelle bilden sich neue ähnliche, von denen einige, wie früher, im Bezirke des Segments bleiben, andere aber sich bis zu einer bedeutenden Höhe über dasselbe hinauf ausdehnen. — So geht das immer wechselnde Schauspiel eine Zeit lang fort, bis die Strahlenbüschel nach und nach schwächer werden und endlich erlöschen; dann verschwindet auch das Segment, aus dem sie zu entstehen scheinen. An diesem letzteren zeigt sich zuweilen noch eine ganz sonderbare Erscheinung. Wenn nämlich das Spiel der hervorschiessenden Strahlenbüschel in heftiger Bewegung ist, so scheint es, als ob dadurch das Segment in viele Stücke von unregelmässiger Form gerissen würde, die nach einer Viertelstunde ihren früheren Glanz beibehalten und dann verschwinden.

Dies war im Allgemeinen der Charakter der Nordlichter, die ich Gelegenheit hatte zu beobachten.

Die Nordlichter zeigen sich öfter und stärker in der Nähe der Meeresküste, als fern von derselben. Die Breite des Ortes hat übrigens keinen Einfluss darauf. An der Küste sahen wir die Strahlen oft bis in den Zenith hinaufschiessen, während dies in Nishne-Kolymsk selten der Fall war, wo das Licht derselben überhaupt viel schwächer wird.

Die stärksten Nordlichter zeigen sich stets beim Eintritt heftiger Winde im November und Januar, bei der strengsten Kälte aber sind sie seltener.

Eine merkwürdige, von mir beobachtete Erscheinung ist, dass wenn Sternschnuppen in die Nähe des unteren Segments fallen, in diesem, an der Stelle, wo die Sternschnuppe fiel, sich sofort neu entzündete Strahlenbüschel zeigen. —

Am 22. Morgens war der Himmel heiter, als aber nach Mittag der Wind nach Westen umsetzte und sehr an Stärke zunahm, stellte sich ein dichtes Schneegestöber ein.

Unsere heutige Fahrt ward durch eine Menge offener Stellen unterbrochen, die uns oft in die grösste Gefahr brachten, indem sie gewöhnlich von dicken, weit überhängenden Schneelagen bedeckt waren, die wir nicht eher bemerkten, als bis die vorderen Hunde mit dem lockeren Schnee in's Wasser hinabfielen, so dass die Narten mehrmals Gefahr liefen, mit fortgerissen zu werden. Mit der grössten Vorsicht rückten wir weiter vor, und übernachteten in einer Torossengruppe, die rund umher von Eisspalten umgeben, wie eine Art Felsen-Insel dastand. Während der Nacht erhob sich ein starker Wind, der unfehlbar die Spalten erweitert, und uns in eine sehr üble Lage versetzt hätte, wenn er angehalten hätte; zum Glück aber liess er bald wieder nach, und wir eilten, unsere Eisinsel zu verlassen, indem wir uns über die Spalten aus Eisschollen eine Art Brücke bauten.

Ausser der sehr bedenklichen Beschaffenheit des Eises trat jetzt ein anderes, noch grösseres Hinderniss unserem weiteren Vordringen entgegen, nämlich der Mangel an Hundefutter. Ich beschloss, zwei der Narten an unsere letzte Proviantniederlage zurückzuschicken; die von ihnen zurückgelassenen Vorräthe vertheilte ich auf die beiden anderen Narten und setzte mit ihnen am 23. März meine Fahrt nach Norden fort, mehr des Bewusstseins halber: alles gethan zu haben, was wir nach Kräften und Umständen leisten konnten, als in der Hoffnung auf einen günstigen Erfolg.

Bis um Mittag hatten wir heiteres Wetter, Nachmittags aber ward der Wind sehr scharf, der Himmel bewölkte sich und soweit unser Blick nach N.W., N. und N.O. reichte, war der Horizont von den dichten, dunkelblauen Dünsten bedeckt, die hier immer aus dem Meere aufsteigen, wenn es offen ist. Trotz dieser untrüglichen Anzeichen, die uns die Unmöglichkeit des Weitergehens bewiesen, setzten wir unsere Fahrt dennoch fort. Wir waren aber kaum 9 Werst weit gefahren, als eine, an der schmalsten Stelle über 150 Faden breite Spalte, die sich von W. nach O. bis über den sichtbaren Horizont erstreckte, uns vollends den Weg versperrte. Der scharfe Westwind, der beständig an Stärke zunahm, erweiterte diesen offenen Kanal mehr und mehr. Wir erklommen einen der höchsten uns umgebenden Torossen, von wo wir eine Fernsicht nach Norden hatten, und doch noch vielleicht irgend einen Ausweg zu entdecken hofften. Aber als wir den Gipfel des Eisberges erreicht hatten, lag das unermessliche offene Meer weit ausgebreitet vor uns. Ein furchtbarer, grossartiger, aber trauriger Anblick! Auf den schäumenden Wogen schaukelten ungeheure Eisberge umher, deren groteske, kolossale Massen durch Sturm und Wasser bald liegend, bald aufrecht schwimmend gegen die lockere Eisfläche jenseits des vor uns liegenden Kanals geschleudert wurden und sie zertrümmerten. Dies geschah mit so ungeheurer Gewalt und Schnelligkeit, dass in kurzem die Scheidewand, die jetzt noch das offene Meer von dem vor uns liegenden Kanal trennte, verschwinden musste. Es wäre demnach eine durchaus zwecklose Tollkühnheit gewesen, den Versuch zu wagen, etwa auf einer der umherschwimmenden Eisschollen hinüberzusetzen; denn wenn es uns auch vielleicht gelungen wäre, auf diese gefahrvolle Art die gegenüber liegende Seite zu erreichen, so hätten wir, bei der furchtbaren Gewalt der heranstürmenden Eisberge, doch kein festes Eis mehr gefunden, da schon auf unserer Seite durch den Andrang des Windes und der im Kanal treibenden Eisschollen unaufhörlich neue Spalten entstanden, die sich gleich Armen eines grossen Stromes, in verschiedenen Rich-

tungen über die hinter uns liegende Eisfläche erstreckten. —
Wir konnten nicht weiter!

Mit dem schmerzlichen Gefühle der Unmöglichkeit, die
sich uns entgegenstellenden Naturhindernisse zu überwinden,
schwand uns auch die letzte Hoffnung, das räthselhafte Land
zu entdecken, an dessen Dasein wir noch nicht zweifeln
durften. Wir mussten das Ziel aufgeben, das wir während
drei Jahren unter beständigen Entbehrungen, Mühseligkeiten
und Gefahren zu erreichen gestrebt hatten. Wir hatten
gethan, was uns Pflicht und Ehre geboten, — jetzt wäre es
zwecklos und unvernünftig gewesen, gegen die klar erwiesene Unmöglichkeit, gegen die Uebermacht der Elemente
kämpfen zu wollen, und — ich entschloss mich, den Rückweg anzutreten! —

Nach Berechnung war die Lage des Punktes, von dem
ich mich gezwungen sah umzukehren, 70° 51' N. Br. und
175° 27' östlich von Greenwich. Unsere Entfernung vom
festen Lande, das wir jetzt wegen des trüben Wetters nicht
sehen konnten, war in gerader Linie 105 Werst. Die Tiefe
des Meeres fand ich 22½ Faden über lehmigem Boden.

Auf dem eben erst durch unsere Herfahrt gebahnten
Wege fuhren wir rasch zurück, der Küste zu, und obgleich
wir eine Menge frischer Eisspalten umfahren mussten, die
während unserer Abwesenheit entstanden waren, so legten
wir doch in kurzer Zeit 35 Werst zurück, bis an eine alte
Torossengruppe, in der wir unser Nachtlager aufschlugen.
Zwar waren wir auch hier von Rissen umgeben, aber da
der Wind sich merklich gelegt hatte, schienen sie mir weiter
nicht gefährlich.

Am folgenden Morgen fuhren wir bei 17° Kälte und
gelindem Westwinde weiter. Wir hatten alle Ursache zu
eilen, da sich die alte Spur unserer Narten, der wir so viel
als möglich zu folgen suchten, an vielen Stellen in frischen,
kreuz und quer gehobenen Torossen verlor; ein Beweis, dass
die ganze Eisfläche in heftige Bewegung gerathen war.

Ueber mehrere neuentstandene breite Spalten, die zu
weit hinaufgingen, um sie zu umgehen, setzten wir hinüber,

indem wir uns der grossen herumschwimmenden Eisschollen als Fähren bedienten. Oft waren diese aber zu klein, um das ganze Gespann einer Narte aufzunehmen, dann mussten die Hunde schwimmen, und uns so zum Hinüberkommen behilflich sein; dies war aber höchst schwierig, wegen der starken Strömung, die an all diesen offenen Stellen herrschte. Nicht weit von unserem letzten Vorrathskeller ging der Strom nach O.S.O. mit einer Schnelligkeit von 4 Meilen die Stunde. Hier war die Temperatur des Wassers — $1^{3}/_{4}°$, während das Thermometer in freier Luft $10°$ angab.

Nach manchen, mit ebenso viel Gefahren als Beschwerden verknüpften Uebergängen, erreichten wir endlich Abends zu unserer grossen Freude die Proviantniederlage, wo die zwei zurückgeschickten Narten schon Tags zuvor angelangt waren und unsere vergrabenen Lebensmittel alle wohlbehalten gefunden hatten.

Am 25. stellte sich dichter Nebel ein; der Wind änderte sich, wodurch die Strömung nachliess und sich an mehreren Stellen die im Eise entstandenen Spalten wieder schlossen; aber demungeachtet war unsere Lage auf der, weit und breit umher zerborstenen lockeren Eisfläche, die beim ersten, auch nur mittelmässigen Seewinde in Bewegung gerathen konnte, so bedenklich, dass ich absolut keine Rücksicht auf die Ermattung unserer Hunde nehmen durfte, sondern beschloss, sie ohne den mindesten Zeitverlust zur Bergung unserer Lebensmittel auf's Festland zu benutzen. Wir wollten eben die erforderlichen Anstalten dazu treffen, als mein bester Nartenführer plötzlich von so heftigen Schmerzen im Rückgrat befallen wurde, dass er sich durchaus nicht aufrichten konnte. Dies nöthigte mich, noch einen ganzen Tag hier liegen zu bleiben und zu versuchen, ihm durch die wenigen Mittel, die uns zu Gebote standen und die sich auf Ruhe und etwas Einreibung mit Spiritus und Thran beschränkten, einige Linderung zu verschaffen. Unsere übrigen Nartenführer, denen ich überhaupt das Zeugniss geben muss, dass sie sich auch bei den grössten Gefahren stets muthig und unverzagt, sowie bei den empfindlichsten Entbehrungen und schwersten

Anstrengungen immer munter und unverdrossen bewiesen hatten, verbrachten diesen gezwungenen Rasttag nicht in träger Ruhe.

Die Erscheinung zweier Steinfüchse, die sich in unserer Nähe blicken liessen, weckten ihre angeborene Neigung zur Jagd; es wurden in grösster Eile ein paar recht künstliche Fuchs-Fallen angefertigt und mit Ködern, die sie sich selbst von ihren kärglichen Portionen abgespart hatten, aufgestellt. Einer der Füchse ward gefangen, den anderen aber, der wahrscheinlich schon lange nach Beute umhergeirrt war, fand man nicht weit von da verhungert liegen.

Die strenge Kälte nahm mit jedem Tage merklich ab, am 26. März hatten wir Morgens nur 2°, Abends 8°. Unserem Kranken hatte die vierundzwanzigstündige Ruhe wohlgethan, doch war er noch nicht im Stande als Nartenführer zu dienen, wozu eine sehr grosse Beweglichkeit erforderlich ist. Doch ward es von Stunde zu Stunde dringender, das verrätherische Eis zu verlassen und die Küste zu erreichen.

Da erbot sich Herr Kosmin, immer bereit, Alles, was nur irgend in seinen Kräften stand, zum Gelingen unseres Unternehmens beizutragen, die Leitung der Narte selbst zu übernehmen und seinen Platz im Schlitten dem Führer zu überlassen.

Um mit dem Ueberführen unserer Vorräthe an's Ufer schneller fertig zu werden, liess ich aus den, zur Ausbesserung unseres Fuhrwerks mitgenommenen Materialien eine fünfte Narte zusammenbinden, die wir mit so viel Hunden bespannten, als zur Noth von den übrigen entbehrt werden konnten, und übertrug die Leitung derselben unserem Dolmetscher. Dessenungeachtet aber, und obgleich die Schlitten so beladen waren als nur immer möglich, konnten wir doch nicht den ganzen Vorrath auf einmal mitnehmen, sondern mussten einen ziemlich beträchtlichen Theil im Keller zurücklassen; wir trösteten uns mit der Hoffnung, dass es uns noch glücken würde, zurückzukommen und auch den Rest zu bergen.

Wir brachen auf; kaum aber waren wir 3 Werst gefahren, als unsere Spur des erst vor wenigen Tagen zurückgelegten Weges sich in frischen Torossen verlor, und diese Torossen sowie Eisspalten die Fahrt überaus erschwerten. Um nun weiter zu kommen, waren wir schliesslich genöthigt, einen Theil unserer Ladung abzuwerfen. Allein auch dieses Opfer half nicht auf lange, denn als wir noch mit vieler Mühe 2 Werst zurückgelegt hatten, verschwand alle Hoffnung zwischen den offenen Stellen durchzukommen, die sich jetzt bereits so weit ausdehnten, dass im Westen das Meer mit seinen umhertreibenden Eismassen offen vor uns lag, und durch die aus demselben aufsteigenden dichten Dünste der ganze Horizont verfinstert ward. Im Süden lag zwar scheinbar noch eine Eisfläche vor uns, sie bestand aber aus lauter grösseren Bruchstücken oder Eis-Inseln, und auch zu diesen konnten wir wegen des uns von ihnen trennenden offenen Wassers nicht gelangen.

So von allen Seiten abgeschnitten, sahen wir der hereinbrechenden Nacht mit banger Erwartung entgegen. Zu unserem Glück war die Luft beinah ganz still und das Meer ruhig; hievon nur und von dem in der Nacht zu gewärtigenden Frost konnten wir Rettung erwarten. Wirklich trieb auch ein sich erhebender leichter Nordwestwind während der Nacht die Eis-Insel, auf der wir uns befanden, allmählich nach Osten, nach der oben erwähnten Eisfläche hin. Um diese vollends zu erreichen, zogen wir mit Stangen die kleineren herumschwimmenden Eisschollen zu uns heran, und bildeten daraus eine Art von Brücke, die der Nachtfrost zusammenkittete, so dass wir es wagen durften, uns ihr anzuvertrauen.

Diese Arbeit war noch vor Sonnenaufgang am 27. März beendigt; wir eilten, aus dieser üblen Lage herauszukommen, und erreichten glücklich jene Eisfläche. Aber kaum hatten wir auf derselben eine Werst zurückgelegt, als wir uns auf's Neue in einem Labyrinth von offenen Stellen befanden, die uns nach allen Seiten hin den Weg abschnitten. Da alle uns umgebenden Eisschollen kleiner waren, als die, auf welcher wir uns befanden (sie war 75 Faden im Durchmesser), und da wir aus verschiedenen untrüglichen Merkmalen einen Sturm voraussahen, so hielt ich es für sicherer, denselben auf dieser grösseren Eismasse, die uns doch mehr Sicherheit gewährte, abzuwarten, und so verhielten wir uns ruhig und ergaben uns in das, was die Vorsehung über uns beschliessen würde.

Bald zeigten sich die Vorboten des herannahenden Unwetters; finstere Wolken stiegen am westlichen Horizonte auf, die ganze Atmosphäre füllte sich mit feuchten Dünsten. Plötzlich trat ein scharfer Westwind ein, der in weniger als einer Stunde zum orkanartigen Sturme anwuchs. Das furchtbar aufgeregte Meer schleuderte die umherschwimmenden Eisschollen in allen Richtungen gegen einander. Hier richteten sich zwei ungeheure, haushohe Eisflächen aufrecht in die Höhe, standen ein paar Augenblicke gleich schlagfertigen Kämpfern gegen einander, und stürzten sich dann krachend und zischend über einander her in die Fluthen hinab, — dort wurden gigantische Eisberge wie leichte Federbälle hoch auf die Gipfel der wüthenden Wogen erhoben, und dann auf die zunächstliegenden Eisfelder geschleudert, die sie mit furchtbarem Getöse zertrümmerten. Es war ein schreckliches, riesiges Bild der bis auf's Höchste aufgeregten Polarnatur.

In der peinlichsten Unthätigkeit starrte unser kleines Häuflein auf der hin und her geworfenen Eis-Insel in den grausigen Kampf des wüthenden Elementes, jeden Augenblick erwartend, dass auch wir von den Wogen verschlungen würden.

Drei qualvolle Stunden waren in dieser schrecklichen Nacht verbracht; noch hielt die Eismasse unter uns zusammen, — aber plötzlich ergriff sie der Sturm und schleuderte sie mit ungeheurer Gewalt gegen eine andere, grössere Eisfläche — ein fürchterlicher Ruck, ein betäubendes Getöse, und wir fühlten unter uns die Eismasse zerbröckelnd nachgeben und das Wasser überall hervorquellen; der Augenblick unseres Untergangs war da! Aber in dem furchtbaren, entscheidenden Moment, wo Rettung unmöglich schien, rettete uns der jedem lebenden Wesen angeborene Trieb der Selbsterhaltung; instinktiv sprangen wir alle zugleich auf die Schlitten, trieben die Hunde an, ohne zu wissen wohin, flogen pfeilschnell über die sinkenden Eisbrocken auf das Eisfeld, an welchem wir gestrandet waren, und erreichten glücklich eine noch festsitzende, mit hohen Torossen besetzte Eismasse, wo unsere Hunde von selbst stille hielten. Wir waren gerettet! — Freudig umarmten wir uns, und vereint dankten wir Gott für unsere wunderbare Rettung.

Aber das Brüllen des immer noch mit furchtbarer Wuth tobenden Sturmes, das betäubende Krachen der übereinander stürzenden Eiskolosse mahnte uns, nicht lange hier zu verweilen. Nach einer kurzen Rast und ohne unsere vollständig durchnässten Kleider zu trocknen, eilten wir südwärts, der sichtbaren Küste zu, die uns den Weg zu unserem ersten Vorrathskeller andeutete. Zu diesem gelangten wir gegen Abend, luden so viel als nur irgend möglich auf unsere Narten, und fuhren gleich weiter, um noch vor völligem Eintritt der Dunkelheit die Küste zu erreichen. Dies gelang. Wir schlugen unser Nachtlager unweit der Mündung eines Flusses, am Fusse eines Felsens auf, der einigen Schutz gegen den Sturm und die Möglichkeit darbot, ein Feuer anzumachen, um unsere Kleider etwas zu trocknen und nach so vielen, in beständiger Lebensgefahr verbrachten Stunden einmal wieder etwas Nahrung zu uns zu nehmen, besonders aber uns durch eine Portion heissen Thees zu stärken.

Am 28. beschäftigten wir uns den ganzen Tag damit, den zurückgelassenen Proviant aus dem zunächstliegenden Depot an Land zu schaffen. Die Hoffnung, auch die ferner liegenden Provisionen noch bergen zu können, musten wir indess aufgeben, da es sich herausstellte, dass der Weg zu denselben uns völlig abgeschnitten sei, und dieselben vermuthlich auch bereits untergegangen waren.

Dieser Verlust war uns um so empfindlicher, als wir bei der weiteren Fahrt nach Osten, die uns bevorstand, nicht viel auf Unterstützung von Seiten der Tschuktschen rechnen konnten.

Das lange Ausbleiben des Herrn v. Matiuschkin beunruhigte mich sehr, besonders da unsere Vorräthe beinah zu Ende gingen. Da ich jedoch meine Aufnahme der Küste fortsetzen wollte, beschloss ich noch einmal, mein Heil auf dem Meereise zu versuchen, und schickte Herrn Kosmin aus, um zu sehen, ob es ihm nicht gelänge, einen Bären zu erlegen zum Futter für unsere Hunde, an dem es uns besonders fehlte. Er kehrte nach 10 Stunden leider unverrichteter Sache zu uns zurück. Bärenspuren hatte er gar nicht angetroffen, dagegen sich leider überzeugen können, dass wir von unserem alten Vorrathskeller völlig abgeschnitten seien, so dass uns die letzte Hoffnung auf einen Zuwuchs an Lebensmitteln von dort aus genommen war.

Wir befanden uns wenigstens 300 Werst von unserem Vorrathskeller am Ausfluss der grossen Baranicha, und unser Hundefutter konnte höchstens noch für 3 Tage reichen. Da war an keine weitere Fortsetzung unseres Unternehmens zu denken, und wir sahen uns genöthigt, den Rückweg so schnell als möglich anzutreten.

Dies thaten wir denn auch am 6. April, mit der betrübenden Aussicht, wenn wir nicht der anderen Abtheilung der Expedition begegneten und von ihr Unterstützung erhielten, unsere Hunde aus Mangel an Futter fallen zu sehen und den Rest des Weges zu Fuss machen zu müssen.

Wir hatten in einer sehr traurigen Stimmung ungefähr 10 Werst in westlicher Richtung von unserem letzten Nachtlager zurückgelegt, als wir plötzlich durch die Erscheinung des Herrn v. Matiuschkin und seiner Begleiter auf das Angenehmste überrascht wurden.

Das Wiedersehen dieser Freunde und Schicksalsgefährten stimmte alle zur Freude, und befreite uns aus der traurigen Lage, in der wir uns befanden.

Die kleine Karawane war in vollkommenster Ordnung, gesund, munter und reichlich mit Lebensmitteln versehen. Auf der öden Schneefläche, wo jeder Reisende die ihm am bequemsten scheinenden Wege einschlägt, hatte Herr v. Matiuschkin unser am Ausfluss des Flüsschens hinterlassenes

Zeichen verfehlt; da er demnach keine Ahnung von unserer hilfebedürftigen Lage hatte, so eilte er auch nicht, sondern setzte die Aufnahme der Küste in kleinen Tagereisen fort.

Er hatte dabei wiederholt Gelegenheit gehabt, mit den Tschuktschen zusammenzutreffen, die ihn überall, anfangs zwar mit Misstrauen, dann aber immer freundlich aufnahmen.

Der Hr. Doktor Kyber, welcher den Hrn. v. Matiuschkin auf dieser Reise begleitete, hatte in Ostrownoje die Bekanntschaft einiger Häuptlinge der an der Küste und am Cap Schelagskoj lebenden Tschuktschenstämme gemacht, und von ihnen auch manches über ein im Norden liegendes Land gehört, dessen hohe Berge sie nördlich von einem Ort, den sie Jakan nannten, an heiteren Sommertagen gesehen zu haben behaupteten und dessen Lage sie ihm ziemlich umständlich beschrieben.

Da aus dieser Beschreibung hervorging, dass der Ort Jakan nach Osten hin liegen müsse, so beschloss ich, nach dieser Gegend zu gehen.

Schon seit einigen Tagen hatte ich der warmen Witterung wegen die Einrichtung getroffen, am Tage zu rasten, und Nachts, bei der hellen Dämmerung, unsere Fahrt fortzusetzen, weil es dann gewöhnlich etwas fror, was den Hunden das Ziehen sehr erleichterte. Wir fuhren jetzt zwar noch auf dem Meereise, aber immer längs der Küste hin, deren Aufnahme der Zweck dieser Fahrt war.

Am 8. April erreichten wir einen ziemlich weit in's Meer vorspringenden Felsen, den wir nach verschiedenen untrüglichen, uns von den Tschuktschen angegebenen Zeichen (u. A. ein in der Nähe liegendes Gerippe einer alten Bajdare) als das Cap Jakan erkannten.

Mit grösster Aufmerksamkeit betrachteten wir lange den Horizont, in der Hoffnung, bei der reinen Atmosphäre vielleicht etwas von dem Land im Norden zu erspähen, welches die Tschuktschen von hier aus gesehen zu haben behaupteten. Da wir jedoch keinerlei Anzeichen von Land entdecken konnten, zogen wir in östlicher Richtung weiter.

Am 11. April Morgens gelangten wir an ein Vorgebirge, das in seiner Gestaltung mit dem Cap Schelagskoj grosse Aehnlichkeit hat; es besteht aus einem 105 Fuss hohen Schieferfelsen, den ein hoher Bergrücken mit einem anderen nach Osten hin gelegenen Felsen verbindet; diese ganze Masse hängt aber mit dem Festlande nur durch eine niedrige Erdzunge zusammen. Wir erblickten zu unserer Freude auf besagter Landenge etliche Tschuktschenhütten, deren Bewohner sich auch bald blicken liessen.

Es unterliegt keinem Zweifel, dass dieser Punkt derselbe ist, den Kapt. Kook im Jahre 1777 sah, und dem er den Namen Nordcap beilegte; alle Lokalbezeichnungen trafen zu, und die später angestellten Beobachtungen bestätigten es uns vollends, dass wir es mit Kook's Nordcap zu thun hatten.

Sobald wir die Niederlassungen der Tschuktschen zu Gesichte bekamen, hemmten wir den raschen Lauf unserer Hunde und machten etwa 1½ Werst vor denselben auf dem Eise Halt, um die Bewohner nicht durch eine plötzliche Annäherung zu erschrecken.

Trotz dieser Vorsicht brachte unsere unerwartete Erscheinung unter den Leutchen einige Bestürzung hervor. Wir sahen sie eilig hin und her laufen, in Gruppen zusammentreten und, wie es schien, ernstlich berathschlagen. Endlich sonderten sich zwei Männer von dem Haufen ab und näherten sich uns, zwar mit langsamen, gemessenen Schritten, doch ohne Zeichen von Furcht. Ich schickte ihnen unseren Dolmetscher entgegen, um sie von den Ursachen unseres Hierherkommens und unseren völlig friedlichen Absichten in Kenntniss zu setzen. Als er bei den zwei Abgesandten angelangt war, begrüssten sie ihn mit feierlichem Ernst, und setzten sich schweigend auf dem Eise nieder. Der Dolmetscher stopfte ihnen, ebenfalls schweigend, ihre Gansy (Tabakspfeifen), und erst nachdem diese ausgeraucht waren, hielt er eine lange Anrede an sie, in welcher er sich seines Auftrags entledigte. Seine Rede machte, wie es schien, einen guten Eindruck, denn als er geendet hatte, standen die beiden Repräsentanten auf und liessen sich zu unserem Lagerplatz führen.

Als sie bei uns angelangt waren, stellte sich der eine, namens Etel, als Häuptling dieses kleinen Stammes vor und überreichte mir, als Freundschaftsgeschenk, zwei eben gefangene Seehunde, die sein Gefährte herbeischleppte.

Er erklärte, dass er von der Friedlichkeit unserer Gesinnungen vollkommen überzeugt und bereit sei, uns, soviel in seinen Kräften stände, in unserem Vorhaben zu unterstützen.

Im Laufe der Unterredung stellte es sich heraus, dass er ein Verwandter unseres Freundes, des Kamakaj von Cap Schelagskoj sei, und die Nachrichten die wir ihm von demselben mittheilen konnten, trugen nicht wenig dazu bei, unser gutes Einvernehmen zu befestigen. Ich ermangelte nicht, ihn mit Tabak und einigen Kleinigkeiten zu beschenken, und beim Abschied lud er mich zu wiederholten Malen ein, ihn doch in seiner Heimath zu besuchen, was ich denn auch am folgenden Tage that.

Er empfing uns unter einer Art von grossem Zelt aus Rennthierfellen, umgeben von seinen sämmtlichen Kostbarkeiten und Schätzen. Mit einer Art von Eleganz waren sie aufgestellt: ein ansehnlicher Vorrath an Steinfuchsbälgen, breite Riemen aus Walrosshaut, eine Menge Fischbein, einige sehr sauber gearbeitete Rennthierschlittchen, lederne Kriegswämse, Wurfspiesse, Pfeile und Bogen, allerhand Geräthschaften zur Fischerei und Seehundsjagd u. s. w. —

„Da," sprach er, „sieh dir das Alles recht an, nimm davon was dir gefällt und gieb mir dafür eine Flinte und Pulver. Ich mag gern auf die Jagd der Thiere gehen und treffe das Ziel mit der Flinte besser als viele unter den Gebirgstschuktschen, bei denen ich einmal eine Flinte gesehen und daraus geschossen habe. Gieb mir eine Flinte!"

Von dieser Forderung liess er nicht ab, und ich versprach ihm endlich, seinen Wunsch zu erfüllen, wenn er sich anheischig machen wolle, uns 13 Seehunde zum Futter für unsere Hunde zu liefern, auf seinen Schlitten einen Vorrath von Brennholz (welches 20 Werst vom Dorfe entfernt lag), herbeizuholen und uns bis auf die Insel Koliutschin zu begleiten, wo, wie er mir gesagt hatte, seine verheirathete Schwester lebte.

Wahrscheinlich war er auf eine viel höhere Forderung gefasst gewesen, denn, ohne sich auch nur einen Augenblick zu besinnen, willigte er zu meiner grossen Freude gleich in Alles ein, pries meine Uneigennützigkeit und Grossmuth hoch und ertheilte sogleich die nöthigen Befehle zum Anführen des Holzes, sowie zur Zubereitung der Seehunde.

Unsere Abreise war auf den folgenden Tag festgesetzt, und da ich nun das Haupt des Stammes in meiner Gewalt hatte, so beschloss ich, um schneller fortzukommen und den Hunden die Last zu vermindern, ungefähr drei Viertel unserer gesammten Ladung in Etels Hütte zurückzulassen, und sie auf meiner Rückfahrt wieder aufzunehmen.

Als ich mich anschickte, nach unserem Lager zurückzugehen, um dort die nöthigen Vorkehrungen für die Abreise zu treffen, trat Etel noch mit einer Bitte an mich heran.

„Erlaubst Du mir, Tajon," sprach er, „einen Batàs (eine Art von grossem breiten Messer oder Schwert, an einem langen Stock befestigt) mitzunehmen, den ich meiner Schwester zum Geschenk bestimmt habe?"

Obgleich ich wohl merkte, dass nicht sowohl die brüderliche Liebe, als vielmehr der Wunsch, mit dieser den Tschuktschen eigenthümlichen Waffe versehen zu sein, der Grund zu dieser Bitte war, so glaubte ich doch, um durchaus kein Misstrauen zu zeigen, ihm darin willfahren zu müssen, und wir schieden als grosse Freunde.

Am nächsten Morgen erschien Etel früh bei uns, völlig zur Reise gerüstet. Er hatte, wie es schien, seine besten Kleider angelegt. Auf dem Rücken trug er eine Art von Quersack mit Tabak und einigen anderen europäischen Kleinigkeiten, die er auf Koliutschin verhandeln wollte. Seine Mütze war reichlich mit Glasperlen, Ohrgehängen und dergleichen verziert und oben mit einem grossen Rabenkopf geschmückt, welcher, wie er uns versicherte, uns eine glückliche Reise und freundlichen Empfang verschaffen sollte. Wir brachen auf; der grösste Theil der Dorfbewohner begleitete uns noch eine ziemlich weite Strecke mit sichtbarer Besorgniss über das Schicksal ihres Oberhauptes. Endlich schieden sie unter beständig wiederholten Abschiedsceremonien und Bitten, Etel möchte ja recht bald zurückkehren.

Nach einer Fahrt von 11 Stunden gelangten wir spät Abends an zwei einzeln stehende Tschuktschenhütten, wo wir auf Etels Rath zu übernachten beschlossen. Das Bellen unserer Hunde schreckte die Bewohner aus dem Schlaf; durch die Ankunft so vieler Fremden in Furcht gesetzt griffen sie zu einer grossen Schamanentrommel und vollführten ein heilloses Getöse auf derselben, bis ihr Freund Etel mit seinem Rabenkopfe vortrat und theils durch dieses bedeutungsvolle Friedenssymbol, theils durch seine Beredsamkeit sie beruhigte und bewog, uns aufzunehmen. Die ganze Einwohnerschaft dieser 2 Hütten bestand aus vier Männern und fünf Weibern; sie schienen sehr arm zu sein, und nur mit Mühe gelang es uns, einen Seehund von ihnen zu erhalten.

Die Reise ging rasch vorwärts. Am 14. April machten wir 84 Werst und gelangten an das Cap Wankarem, wo wir beschlossen hatten, in einer dort befindlichen Tschuktschenniederlassung zu übernachten. Als wir dort ankamen, lagen die Bewohner bereits in tiefem Schlaf. Unsere sehr ermüdeten Hunde waren ganz still, so dass wir uns mitten im Dörfchen befanden, ohne bemerkt zu sein. Ehe Etel die Bewohner weckte, suchte er eine Stelle in der Nähe der Hütten auf, wo, wie er uns früher erzählt hatte, die Gebeine einiger seiner Stammverwandten begraben lagen, sprach dort halblaut und mit ernster Rührung ein Gebet, und opferte den Manen der Verstorbenen etliche Tabaksblätter.

Nach Beendigung dieser Ceremonie trat er in eine der Hütten, wo er vermuthlich seinen Landsleuten eine vortheilhafte Schilderung von uns gemacht haben muss, denn bald darauf erschien mit ihm der Häuptling oder Vorgesetzte der Niederlassung, der uns freundlich begrüsste und uns mehrere

Seehunde für unser Zugvieh lieferte, wofür wir ihn reichlich beschenkten und die Nacht hier recht bequem verbrachten

Merkwürdig ist die durchaus gleiche Bildung der drei Vorgebirge Schelagskoj, Ir-Kapij und Wankarem; alle drei bestehen, wie oben beschrieben, aus hohen, durch schmale Landzungen mit dem Continent zusammenhängenden Felsen, von sehr feinkörnigem Syenit mit grünlich-weissem Feldspath, dunkelgrüner Hornblende und Glimmer, und unterscheiden sich nur dadurch etwas von einander, dass die Höhe der Felsen und die ohnehin geringe Breite der Landenge nach Osten zu abnimmt.

Am 15. April verliessen wir bei Tagesanbruch unser Nachtlager und setzten mit wohlgenährten Hunden unsere Reise fort. 25 Werst jenseit des Caps erschienen hohe Granit- und Porphyrfelsen. Wir gelangten an das Felsencap Onman, welches sich sowohl durch die bedeutende Höhe eines auf demselben liegenden Berges, als auch durch eine Reihe hoher Säulen auszeichnet, die in geringer Entfernung von dem Cap abgesondert dastehen, und bei einer Höhe von 140 Fuss den Ruinen eines kolossalen Gebäudes nicht unähnlich sehen. In der Nähe dieser merkwürdigen Felsenmasse lagen auf dem hohen Ufer ein paar Tschuktschenhütten, die zwischen dem nackten Gestein hingeworfen, wo sie höchstens etwas Schutz gegen den Südwind haben, im Uebrigen aber der ganzen Rauheit des Klimas ausgesetzt sind. Der Tschuktsche ist unempfindlich gegen die Kälte und macht gar keine Ansprüche an die vegetabilische Natur; sein Wald, Acker und Garten ist das Eismeer mit seinen Seehunden und Walrossen, die ihm für alle Bedürfnisse genügen.

Sobald wir das Cap Onman umfahren hatten, sahen wir am Horizont nach S.O. in einer Entfernung von 33 Werst die Insel Koliutschin, in Form eines runden Berges. Wir richteten sogleich unseren Curs dorthin und legten auf dem, von den Tschuktschen gut eingefahrenen Wege obige Strecke in sehr kurzer Zeit zurück. Die östliche Begrenzung der

Koliutschinbucht konnten wir bei dem starken Nebel nur höchst unvollkommen unterscheiden.

Auf der flachen Südspitze der Insel Koljutschin, von Kook Burneys-Land genannt, liegt das aus 11 Hütten bestehende Tschuktschendorf, das wir besuchen wollten. Etwa $1/4$ Werst davon machten wir Halt und schlugen unser Lager auf dem Eise auf.

Kaum hatten die Tschuktschen uns erblickt, als die ganze Bevölkerung des Ortes in Bewegung gerieth; die Weiber und Kinder flüchteten auf einen hinterwärts gelegenen Berg, die Männer aber, mit Spiessen, Batassy und Bogen bewaffnet, stellten sich in Schlachtordnung vor ihren Hütten auf und schienen kampfbereit unsere Annäherung zu erwarten. Jetzt sahen wir ein, wie nützlich uns Etel und sein bedeutungsvoller Rabenkopf war.

Er hiess uns ganz ruhig sein und begab sich allein zu dem wilden Haufen, den er sehr bald so vollständig beruhigt hatte, dass die Waffen bei Seite gelegt wurden und das freundschaftlichste Verhältniss zu uns an die Stelle der früheren feindseligen Gesinnung trat.

Sehr willkommen war ihnen mein Anerbieten, gegen Tabak und Glasperlen Walfischfleisch zum Futter für unsere Hunde einzutauschen, da sie einen Ueberfluss davon besassen, indem sie während des vorigen Sommers hier allein 50 Walfische erlegt hatten. Auch Walrosse werden hier gefangen.

Die Hauptbeschäftigung der Küstenbewohner ist der Seehunds- und Walrossfang. Zu ersterem bedienen sie sich einer Art aus Riemen verfertigter Netze, die unter dem Eise ausgelegt werden, und in die sich die Thiere mit dem Kopf oder den Flossen verwickeln. Nächstdem wird aber auch auf den Seehund Jagd gemacht; dazu kleidet sich der Jäger ganz weiss, um auf dem Schnee unbemerkt zu bleiben, und legt sich in der Nähe eines Luftlochs nieder, wo die Thiere herauszukommen und sich zu sonnen pflegen. Ausser einem Wurfspiess hat er noch ein besonderes Instrument, welches aus fünf an einem Stäbchen befestigten Bärenklauen besteht;

mit diesem scharrt und kratzt er fortwährend leise im Schnee auf der Oberfläche des Eises herum, wodurch, wie die Jäger behaupten, das Thier eingeschläfert werden soll; wahrscheinlich dient das leise, gleichmässige Geräusch bloss dazu, das Knarren des Schnees bei den Bewegungen des Jägers zu verdecken, der allmählich immer näher herankriecht, bis er nahe genug ist, um den sorglosen Seehund mit dem Spiesse zu erlegen. Dieses Manöver misslingt fast nie.

Den Wölfen stellen sie auf eine eigene, sehr sinnreiche Art nach: sie spitzen ein ziemlich starkes Stück Walfischbarten (Fischbein) an beiden Enden zu, biegen es dann zusammen und verbinden es mit einem Faden. Den so entstandenen Ring begiessen sie mit Wasser und lassen ihn rund umher mit einer Eiskruste befrieren, so dass er dadurch in seiner runden Form festgehalten wird; nun schneiden sie den Faden weg, und nachdem sie das Ganze recht dick mit Fett beschmiert haben, werfen sie diese Lockbissen aus, welche die Wölfe begierig verschlingen. Da thaut aber die Eisrinde auf, das elastische Fischbein schnellt auseinander und erstickt das Thier. Ihrer Versicherung nach soll das Mittel selten fehlschlagen.

Unser gutes Einvernehmen mit den Inselbewohnern wurde bald auch unter den längs der Küste ansässigen Tschuktschen bekannt, die nun von allen Seiten herbei kamen, in der Hoffnung, gegen Walfischfleisch etc. Tabak von uns zu erhandeln. Bald waren über 70 Menschen um uns her versammelt, und die Eisfläche um unser kleines Lager sah einem besuchten Markte ähnlich; trotz aller Sparsamkeit war denn auch unser Tabaksvorrath bald erschöpft.

Unter unseren Gästen befand sich auch ein Tschuktschenhäuptling von der Behringsstrasse, der sich vor allen anderen durch seine besondere Kleidung und allerlei ungewöhnlichen Zierrath an derselben auszeichnete. Ueber seine rauhe Kuchlänka hatte er sich u. A. zwei kleine Heiligenbilder und vier metallene Kreuzchen gehängt. Dieser tschuktschische Christ liess keine Gelegenheit unbenutzt, wo er ein Kreuz schlagen konnte, und rühmte sich dessen, dass er Thee zu trinken und

Zwieback und Zucker zu essen verstehe, in welchen Künsten seine übrigen Landsleute sich offenbar als sehr unerfahren bewiesen. Dieser Prahlhans war uns sehr lästig; in seiner Eigenschaft als Glaubensgenosse hielt er sich für berechtigt, unablässig die unbescheidensten Forderungen an uns zu stellen, ohne uns dagegen auch nur den geringsten Dienst leisten zu wollen.

Sonst waren wir mit dem Betragen der Leute zufrieden, obgleich, trotz unserer Aufmerksamkeit, doch Manches von unseren Sachen entwendet wurde. Es scheint, dass die Neigung zum Diebstahl diesen Hyperboräern ebenso eigenthümlich ist, wie den Südseeinsulanern, und dass sie derselben auch unter einander nachhängen, denn sogar unser Freund Etel gab all seine Habseligkeiten unter unseren Schutz, weil er seinen Landsleuten am Koliutschin nicht traute.

Der üble Zustand, in dem unsere Hunde sich sowohl durch die rasche und früher so beschwerliche Herreise, als auch durch den Mangel an gutem Futter befanden, nöthigte mich, zwei Tage in Koliutschin zu rasten. Da mein Tabak zu Ende war, hatte ich durchaus kein Mittel, mir irgend einen bedeutenden Vorrath an Futter von den Eingeborenen zu verschaffen. Meine im Eise vergrabenen Vorräthe waren durch das Brechen desselben grösstentheils verloren gegangen und unsere Hunde durch die ungeheuren Anstrengungen in den Torossen, und durch das Schwimmen über die offenen Stellen, so angegriffen und von Kräften, dass ich bei der stark vorgeschrittenen Jahreszeit an eine Fortsetzung unserer Reise bis zur Behringsstrasse nicht mehr denken durfte und eilen musste, um noch vor völligem Eintritt des Frühlings Nishne-Kolymsk zu erreichen, wovon wir jetzt 1060 Werst entfernt waren.

So unangenehm es mir einestheils war, meinen Plan, die Küste Asiens bis an die Behringsstrasse aufzunehmen, hier aufgeben zu müssen, so tröstete mich anderntheils doch der Gedanke, dass daraus kein eigentlicher Verlust für die Geographie, keine bedeutende Lücke in der Kenntniss jener Küstenstrecke entstände, da dieselbe ja von der Behringsstrasse bis zur Koliutschinbucht durch die Expedition des Kapt. Billings genau aufgenommen ist, und diese Aufnahme sich an die meinige bis hierher geführte anschliesst. —

Nach reiflicher Erwägung aller Umstände beschloss ich demnach, die Rückreise anzutreten.

Nach der Mittagshöhe bestimmte ich die Breite der Südspitze am Koliutschin in 67° 26′ 36″ und die Länge derselben nach Berechnung auf 184° 24′ östlich von Greenwich.

Am 17. April Abends brachen wir auf, unter einem anhaltenden scharfen O.S.O.-Wind erreichten wir erst am 20. Morgens das Dörfchen Ir-Kaipij und wurden daselbst mit lautem Jubel von den Bewohnern empfangen, die auf alle mögliche Weise ihre Freude über die glückliche Rückkehr ihres Oberhauptes Etel, vielleicht auch über die günstigen Resultate seines Tauschhandels auf Koliutschin äusserten, und uns nicht nur unsere hier zurückgelassenen Vorräthe unversehrt wiedergaben, sondern auch, meinen Anordnungen gemäss, eine bedeutende Anzahl Seehunde angeschafft hatten. Das Zubereiten und Aufladen dieses Zuwachses an Vorräthen hielt uns ein paar Tage auf.

Am 23. April verliessen wir Cap Ir-Kaipij. Am 1. Mai früh erreichten wir das Cap Schelagskoj und weckten den noch in tiefem Schlaf liegenden Kamakaj, in der Hoffnung, von ihm einige Lebensmittel für uns und Futter für unsere Hunde zu erhalten.

Leider fanden wir uns in dieser Erwartung getäuscht. Der Kamakaj erklärte uns, er habe die Zeit her auf der Jagd und Fischerei Unglück gehabt und könne uns daher nur mit einer sehr geringen Kleinigkeit aushelfen.

Wir befanden uns in einer höchst üblen Lage; unsere, von der langen Reise sehr abgematteten Hunde hatten sich auf dem vom Schnee entblössten, scharf höckrigen Eiswege die Füsse wund gelaufen, so dass sie überall blutige Spuren hinterliessen; mehrere derselben waren so übel zugerichtet, dass wir uns genöthigt sahen, sie auf die Narten zu laden, um sie nur fortzubringen. Dabei ging sowohl das Hundefutter als auch unser eigner Proviant ganz zu Ende, und wir konnten uns keine Hoffnung machen, längs der Küste noch dies oder jenes zu finden.

Ein Versuch, die im Innern der Insel Ajon gewöhnlich mit ansehnlichen Rennthierherden nomadisirenden Tschuktschen zu treffen, schlug fehl, — sie waren fortgezogen, und so blieb uns nichts anderes übrig, als einer bei Futtermangel hier allgemein angenommenen Regel zu folgen, nach welcher die Hunde, wenn sie schon in sehr üblem Zustande sind, durchaus nicht lange ruhen dürfen, sondern immerfort angetrieben werden müssen, bis man einen Ort erreicht, wo sie bei gutem Futter einige Zeit ausruhen können. Dies thaten wir, und schleppten uns mit vieler Mühe bis zu unserem Balagan an der grossen Baranicha, wo wir endlich am 3. Mai ankamen. Hier fanden wir einige Lebensmittel und einen Vorrath an Futter, und konnten daher unseren armen Hunden 2 volle Ruhetage gönnen, die sie wenigstens so weit herstellten, dass wir unsere Reise am 5. Mai fortsetzen konnten.

Je näher wir Nishne-Kolymsk kamen, desto merklicher war der Einfluss des herannahenden Frühlings. Der Schnee an den Abhängen der Flussufer war verschwunden; zwar deckte den Strom, auf dem wir fuhren, noch eine Eisrinde, die stark genug war, um uns zu tragen, allein über derselben stand das von geschmolzenem Schnee angesammelte Wasser ziemlich hoch, welches immerfort durch die bereits aufgegangenen reissenden Gebirgsbäche vermehrt wurde.

Die Fahrt wurde immer schwieriger, und nur den auf der Insel Koliutschin eingehandelten starken, glatten Schlittensohlen von Walfischrippen hatten wir es zu verdanken, dass wir nicht ganz stecken blieben.

Endlich, am 10. Mai, erreichten wir das langersehnte Nishne-Kolymsk, nach einer Abwesenheit von 78 Tagen, während welcher wir im Ganzen gegen 2300 Werst zurückgelegt hatten.

Mit unserer Rückkehr nach Nishne-Kolymsk schliesst

die Reihe unserer Versuche, das problematische Land im Norden des Eismeeres aufzufinden.

Obgleich wir bis jetzt über das wirkliche oder fabelhafte Dasein desselben nicht mit Bestimmtheit entscheiden können, so haben doch wenigstens unsere wiederholten und in verschiedenen Richtungen unternommenen Eisfahrten ausgewiesen, dass in jeder nur erreichbaren Entfernung von der Nordküste Asiens sich kein solches Land befindet.

Wenn aber dennoch in einer Region, die wir, trotz aller Anstrengungen, nicht erreichen konnten, weil die Natur selbst unüberwindliche Hindernisse in den Weg legte, wirklich dort hoch im Norden ein Land liegt, so hängt die Entdeckung desselben lediglich von Zufall, oder eigentlich vom Zusammentreffen verschiedener klimatischer Umstände ab, die uns nicht begünstigten. Vor Allem wären ein durchaus sturmloser, anhaltend kalter Winter und ein spätes Frühjahr die Hauptbedingungen zum Gelingen eines etwa noch anzustellenden Versuches dieser Art, welcher alsdann gerade von Jakan aus unternommen werden müsste, da, nach den Angaben der Eingeborenen, das gesuchte Land sich dort am meisten der Küste des Festlandes von Asien nähert.

Nach den mir ertheilten Vorschriften waren die Arbeiten und Forschungen hier im hohen Norden als beendigt anzusehen, und wir sollten, sobald es thunlich wäre, Nishne-Kolymsk verlassen und unsere Rückreise antreten.

Ich musste verschiedener Ursachen wegen länger hier verweilen, aber Herr v. Matiuschkin und Dr. Kyber konnten schon Anfang Juli aufbrechen.

Am 1. August erhielt ich den Befehl, in Nishne-Kolymsk die Ankunft eines Beamten der jakutskischen Gouvernementsregierung abzuwarten, der beauftragt war, mit mir zusammen alle Rechnungen und Zahlungen mit den Bewohnern des Kolymskischen Gebiets zu berichtigen.

Leider verzog sich die Ankunft dieses Mannes recht lange, und ich muss gestehen, dass, obwohl ich diese Zwischenzeit dazu benutzte, um meine Journale, Aufnahme-Notizen, Karten u. s. w. zu ordnen, mir doch der Aufenthalt in dem öden, traurigen Ort höchst peinlich, ja ich möchte beinah sagen schwerer zu ertragen war, als alle bisher geduldeten Mühseligkeiten und Gefahren, bei denen wir wenigstens immer durch den Kampf gegen die Hindernisse der Natur und Lokalität angespannt und beschäftigt waren.

Endlich erschien der erwartete Beamte; wir brachten die einfachen Berechnungen mit den Einwohnern bald in's Klare, und nachdem Alles berichtigt war, verliess ich am 1. November mit Herrn Kosmin Nishne-Kolymsk, nach einem Aufenthalt von vollen drei Jahren.

Wir erreichten bald Sredne-Kolymsk, wo ich von unserem alten Bekannten und einstigem Reisegefährten, dem Kaufmann Bereshnoj, Pferde miethete, die uns bis nach Jakutsk bringen sollten, und so trat ich denn am 19. November, bei einer Kälte von 32°, meine eigentliche Rückreise an.

Dreizehntes Kapitel.
Rückreise von Sredne-Kolymsk nach St. Petersburg.

Obgleich wir für unsere Rückreise nach Irkutsk einen ganz anderen Weg einschlugen als auf unserer Hinreise, so würde doch, bei der ungeheuren Einförmigkeit des nordöstlichen Sibiriens, eine Beschreibung dieser Reise nur Wiederholungen dessen bieten, was schon früher beschrieben wurde. Ich will mich daher nur auf ein paar Gegenstände beschränken, die als Nachtrag und Ergänzung jener Beschreibung dienen können.

Der Grund, weshalb die Handelskarawanen nicht den gewöhnlichen Postweg benutzen, liegt darin, dass die längs der Selenächa sich hinziehenden grossen, haidigen Ebenen ihnen ein ganz vorzügliches Futter für ihre Pferde liefern, welches sich auf jenem Wege nicht findet. Auf den sandigen Ufern des Flusses nämlich wächst in grosser Menge ein Kraut, das kaum die Höhe eines Zolls erreicht und zum

Geschlechte des Schachtelhalmes (equisetum) gehört. Im Sommer ist es von sehr bitterem Geschmack, weshalb die Pferde es in dieser Jahreszeit verschmähen; nach den ersten Frösten aber, die übrigens die grüne Farbe des Gewächses nicht ändern, bekommt es einen süsslichen Geschmack und giebt ein herrliches Futter für die Pferde ab, die von dem Genusse desselben in kurzer Zeit kräftig und fett werden. Der Einfluss dieses Krauts auf den thierischen Organismus ist so gross, dass selbst der Schweiss der Pferde davon eine grünliche Farbe annimmt. Dieses nützliche Gewächs ist hier unter dem Namen Tschiboga bekannt. Auch unsere Pferde standen sich bei diesem herrlichen Futter sehr gut, und wir bemühten uns, immer unsere Nachtlagerplätze da auszusuchen, wo die beste Weide der Art war. So übernachteten wir unter anderem am 9. December bei einer Kälte von 33° auf einem offenen, durch gar nichts gegen den Nordwind geschützten, flachen Weideplatz um ein unter freiem Himmel angemachtes Feuer. Da hatte ich Gelegenheit, an den uns begleitenden Jakuten zu beobachten, wie weit der Mensch es durch Gewohnheit in der Abhärtung gegen Kälte und Ungemach bringen kann.

Die Sorglosigkeit der Jakuten gegen Alles, was etwa zum Schutz gegen die rauhe Witterung oder zu irgend einer Art von Bequemlichkeit dienen könnte, ist so gross, dass sie für die weiteste Winterreise weder Zelte noch Decken mitnehmen, ja nicht einmal eine von den grösseren Pelzbekleidungen, ohne die wir uns bei einem gewissen Kältegrad hinauszuwagen gar nicht für möglich halten. Der Jakute hat auf der Reise ungefähr seine gewöhnliche Hauskleidung an; damit bringt er die Nacht fast immer unter freiem Himmel zu, eine auf den Schnee gebreitete Pferdedecke ist sein Bett, der hölzerne Sattel sein Kopfkissen. Mit demselben Pelzjäckchen, das ihm den Tag über als Rock dient und das er zur Nacht auszieht, bedeckt er sich Rücken und Schulter, während der vordere Theil des Körpers fast unbedeckt gegen das helllodernde Feuer gerichtet ist. Wenn er eine Weile so gelegen und sich so weit erwärmt fühlt, dass er dem Schweisse nahe ist, so verstopft er sich Nase und Ohren mit kleinen Fellstückchen und bedeckt sein Gesicht bis auf eine ganz kleine Oeffnung zum Athemholen, und damit ist Alles geschehn, was er nöthig hat, um nicht, auch bei der grössten Kälte, zu erfrieren.

Selbst hier in Sibirien werden die Jakuten eiserne Menschen genannt und verdienen diese Benennung mit vollem Recht. Es giebt gewiss kein Volk, das wie sie jede Art von körperlicher Anstrengung und besonders Kälte und Hunger in so hohem Grade und mit so vollkommenem Gleichmuth auszuhalten im Stande wäre. Unzählige Male habe ich sie bei 20° und drüber in freier Luft ganz gemächlich schlafen gesehen, während ihre armselige Pelzjacke ihnen vom Rücken herabgeglitten, das nächtliche Feuer schon längst verlöscht und der ganze, fast unbedeckte Körper des Schläfers mit einem dicken Eisreif überzogen war.

Eine andere Eigenschaft, die dieses merkwürdige Volk in bewunderungswürdigem Grade auszeichnet, ist das unbegreiflich scharfe Gesicht, das sie besitzen. Ein Jakut von mittleren Jahren versicherte dem Herrn von Anjou, indem er auf den Jupiter wies, er habe es manchmal gesehen, wie der blaue Stern da einen anderen sehr viel kleineren verschlinge und bald darauf wieder von sich gebe; er hatte also ohne Fernrohr den Durchgang eines der Satelliten jenes Planeten beobachtet! —

Ebenso merkwürdig und geradezu unbegreiflich ist der Ortssinn und das Gedächtniss dieser Leute. Eine Pfütze, ein Stein, ein Strauch, jede kaum bemerkbare Erhöhung der Fläche, die dem an künstliche Wegweiser gewöhnten Auge nichts sagen, prägen sich diesen ungebildeten Naturmenschen tief in's Gedächtniss und geleiten sie noch nach Jahren sicher durch die unermessliche, öde Steppe.

Eine diesen Gegenden eigenthümliche Naturerscheinung, die uns unseren Marsch sehr erschwerte, sind die sogenannten Taryni, die, obgleich anderer Entstehung, doch einige Aehnlichkeit mit den Gletschern haben. In den hiesigen Gebirgsthälern nämlich (besonders in dem langen Thal des

Dogdoflusses), deren kiesiger Boden im heissen Sommer und dem gewöhnlich dürren Herbste ganz austrocknet, tritt oft mitten im Winter beim stärksten Froste eine grosse Menge Wasser aus der Erde, welches sich nach allen Seiten ergiesst und gefriert. Diese erste Eisrinde bekommt an verschiedenen Stellen Risse und Spalten, aus denen auf's Neue Wasser hervorquillt und durch das Gefrieren eine zweite Eisrinde bildet. In dem Maasse nun, als durch die Wirkung des Frostes das Wasser aus der Tiefe des lockeren Bodens hinaufgepresst wird und an der Oberfläche zur festen Masse gefriert, nimmt die aus lauter Schichten bestehende Eisrinde an Dicke und Ausdehnung zu und bedeckt zuletzt alles Gesträuch und selbst Bäume von mittelmässiger Höhe. Der Uebergang über diese Taryni ist äusserst beschwerlich und nicht ohne Gefahr; wenn sie festgefroren sind, so ist die Oberfläche derselben so glatt, dass selbst gut beschlagene Pferde fast bei jedem Schritte ausglitschen, mit ihrer Last zu Boden stürzen und nicht selten auf der Stelle todt liegen bleiben. Besonders gefährlich ist es, wenn die Karawane an einem Abhange oder bei einer Schlucht von einem der hier oft eintretenden orkanartigen Windstösse ergriffen wird, denen nichts widersteht, und die dann wohl mehrere Pferde und Menschen in die Tiefe hinabschleudern. Weniger lebensgefährlich, aber nicht minder beschwerlich ist ein solcher Uebergang, wenn die Taryni mit frisch hervorquellendem, noch nicht gefrorenem Wasser bedeckt sind; dann ist die Karawane genöthigt, durch die oft sehr tiefen Wasserpfützen zu waten, wobei man sich nicht selten in dem Eiswasser Füsse und Hände erfriert.

Am 22. December langten wir in Werchojansk an, wo wir von unserem Freunde Bereshnoj Abschied nahmen. Der kleine Ort, aus fünf Häusern und einer Kirche bestehend, liegt am rechten Ufer der Jana.

Beim Eintreten in die mir angewiesene Wohnung im Hause des hiesigen Kaufmanns Gorochow war ich auf's Angenehmste überrascht; ich fand mich plötzlich in eine Umgebung versetzt, wie sie mir schon lange nicht mehr vor

Augen gekommen, mir gewissermassen fremd geworden war; ein geräumiges, hohes, reinliches und durch ordentliche Fenster gut erhelltes Zimmer mit recht sauberen Möbeln, darunter sogar ein Glasschrank mit einer Auswahl von Werken der vorzüglichsten russischen Schriftsteller. Ich vermag das angenehme Gefühl gar nicht zu beschreiben, welches mich beim Anblick dieser Anzeichen geistiger Bildung und veredelten Geschmackes erfasste, die sich so unerwartet meinen ganz davon entwöhnten Blicken darstellten!

Während ich mich diesem langentbehrten Genusse hingab, wurde der Tisch gedeckt und man trug ein sauber bereitetes, ich möchte sagen europäisches Mittagsessen auf, wie ich schon seit Jahren keins sah und wie ich es in diesem unbekannten Winkel des Werchojanskischen Gebirges wahrlich nicht erwartet hätte. In Gesellschaft meines freundlichen Wirthes und des hiesigen Bezirkskommissärs verplauderte ich fast zwei Stunden ganz angenehm bei Tisch, und ich gestehe, dass mir nach dem jahrelangen rohen und gedörrten Fischessen die gut und reinlich zubereiteten Speisen als Würze zu dem Gespräch mit gebildeten Menschen einen grossen Genuss gewährten.

Gorochow's gastliches Haus steht da in den Eis- und Schneewüsten des Werchojanskischen Gebirges wie eine Oase, die dem ermüdeten Wanderer freundlich seine Annäherung an eine von gebildeten Menschen bewohnte Welt ankündigt. Ich erfuhr dort, dass die andere Expedition unter dem Lieutenant Anjou schon in den ersten Tagen des November auf dem Wege nach Jakutsk hier passirt war.

Während meiner Anwesenheit in Werchojansk herrschte dort und in der ganzen Umgebung eine Art epidemisches Katarrhalfieber, dass sich in heftigen Brustbeklemmungen, Ohrensausen, Kopfschmerzen u. s. w. äusserte.

Diese Krankheit trat auf, als nach einem ungewöhnlich dichten Nebel, der während einer ganzen Woche die Atmosphäre erfüllte, plötzlich strenger Frost eintrat, der von Tag zu Tag immer zunahm, so dass unser Réaumur'sches Thermometer vom 23.—26. December 36^0, 40^0, 42^0, $42\frac{1}{2}^0$

zeigte. Alle waren mehr oder weniger krank; ich litt am meisten durch die peinlichen und schmerzhaften Brustbeklemmungen, die mich nicht eher verliessen als nach meiner Ankunft in Jakutsk, wo ich ärztliche Hilfe fand. Ein Kosack, den ich mit meinen Papieren vorausgeschickt hatte, ward ein Opfer dieser Krankheit. Einer hier allgemein verbreiteten Meinung nach soll diese wie auch andere, den Eingeborenen gefährliche Epidemien, für diejenigen, die erst kürzlich in diesen Gegenden angelangt sind, keine üblen Folgen haben, und erst dann auf sie einwirken, wenn sie schon einige Zeit in Sibirien gelebt und gefroren haben.

Nachdem wir das Weihnachtsfest in Werchojansk gefeiert hatten, machten wir uns am **27.** December auf den Weg nach Jakutsk.

Die **Kälte** liess nicht nach, mein Thermometer zeigte beständig 40° unter dem Gefrierpunkt. Wenn bei solcher Kälte eine Reise im Schlitten schon sehr beschwerlich ist, so wird sie zu Pferde fast unerträglich.

Ohne eigene Erfahrung kann man sich keine Vorstellung von den wirklichen Leiden machen, mit denen ein solcher Ritt verknüpft ist. In eine dicke, steife Pelzmasse von 30 bis 40 Pfund, vom Kopf bis zu den Füssen gehüllt, kann man sich absolut nicht bewegen und nur gleichsam verstohlen unter dem dichtbereiften Bärenkragen, der mit einer, das ganze Gesicht verbergenden grossen Pelzmütze zusammenhängt, etwas äussere Luft einathmen, diese aber ist so scharf, dass sie ein ganz eigenes schmerzhaftes Gefühl in Schlund und Lunge hervorbringt. Der Reisende ist dabei immer während 10 Stunden und drüber (so lange geht der Zug von einem Nachtlager und Futterplatz zum andern) auf sein Pferd gebannt, weil es in der unbeholfenen Pelzkleidung unmöglich ist, auch nur einige Schritte in dem tiefen Schnee zu waten, durch welchen selbst die geübten Pferde sich nur mit Mühe hindurcharbeiten.

Diese armen Thiere sind übrigens ebenso übel dran als die Reiter, denn ausser der ungeheuren **Kälte** im Allgemeinen, unter der sie denn doch auch am Ende leiden müssen, setzen sich ihnen dicke Eiszapfen in den Nüstern fest, die ihnen das Athmen überaus erschweren; dies äussern sie durch häufiges ängstliches Schnarchen und krampfhaftes Schütteln des Kopfes, wo dann die Führer bei der Hand sein müssen, um die Thiere durch Entfernen der Eiszapfen vor dem Ersticken zu bewahren. Auf schneelosen Eisflächen geschieht es nicht selten, dass ihnen bei gar zu argem Froste die Hufe bersten.

Die Karawane ist immer von einer dicken Dampfwolke umgeben, welche sich durch die Wärme bildet, welche nicht nur die lebenden Körper, sondern auch der Schnee ausdünsten, denn sogar dieser dampft bei der furchtbaren Kälte, die ihn zusammenpresst und ihm gestattet, eine Art verhältnissmässig warmer Temperatur zu haben. Diese Ausdünstungen verwandeln sich augenblicklich in Millionen feiner Eisnadeln, mit denen die ganze Luft erfüllt ist, und die in derselben ein immerwährendes, leichtes Geräusch hervorbringen, ähnlich den beim Zerreissen eines Stückes dicken Seidenzeuges. — Selbst das Rennthier, dieser ewige Bürger des höchsten Nordens, sucht einigen Schutz vor der schrecklichen Kälte in den Wäldern; auf der Tundra, wo es diese nicht hat, drängt die ganze Herde sich so nah als möglich an einander, um sich gegenseitig etwas zu erwärmen; so sieht man sie dann oft in dichten Haufen regungslos dastehn. Nur der finstere Wintervogel, der Rabe, durchschneidet noch hin und wieder mit mattem, langsamem Flügelschlag die eisige Luft, und ein dünner, dunstartiger Streif, der als Spur seines einsamen Fluges hinter ihm herzieht, bezeugt, dass sein Körper noch einige thierische Wärme auszudünsten hat.

Aber nicht blos auf die Thierwelt, sondern auch auf die Vegetation und auf die unorganische Natur erstreckt dieser Frost seine furchtbare Wirkung; nichts widersteht ihm. Die dicksten Baumstämme bersten mit gewaltigem Knall, der in dieser Wüste wie ein Signalschuss auf hoher See klingt. Der Erdboden auf der Tundra und in den felsigen Thälern zerberstet krachend, und es bilden sich gähnende Spalten, aus denen das tief im Schoosse der Erde verborgene Wasser dampfend hervorquillt, um augenblicklich zu Eis verwandelt zu werden. Ungeheure Felsmassen werden gesprengt; von ihrem tausendjährigen Lager losgerissen, rollen sie mit donnerähnlichem Getöse herab und erschüttern in ihrem gigantischen Sturz fühlbar die Atmosphäre.

Selbst über die Erde hinaus wirkt diese Kälte: die so oft und mit Recht gepriesene majestätische Pracht des tiefblauen Polarhimmels verschwindet in der durch den ungeheuren Frost verdickten Atmosphäre; wohl sieht man die Sterne am Firmamente blinken, aber ihr Glanz ist getrübt, ihre Strahlen sind matt, und der geheimnissvolle, poetische Zauber einer Mondnacht erstirbt hier, wo die starre Natur unter dem schattenlosen Weiss des ewigen Leichentuchs begraben, in ihrer furchtbaren Einförmigkeit der Phantasie auch nicht den geringsten Gegenstand darbietet, an den sich ein poetisches Gefühl knüpfen könnte. — Und welche Einbildungskraft, welches dichterische Feuer könnte auch da wohl noch thätig sein, wo Alles erstirbt, wo nichts mehr sich regt, wo die ganze, letzte Wirkungskraft des Menschen auf das, ich möchte sagen thierische Bestreben reducirt ist, sich gegen das Erfrieren zu erwehren.

Noch stand uns der beschwerliche Uebergang über das Werchojanskische Gebirge bevor, dessen Fuss wir am 4. Januar 1824 erreichten. Ein schneidender Wind, der uns aus den Bergschluchten mit ungeheurer Heftigkeit entgegenwehte, nöthigte uns, in einer zum Glück hier befindlichen Powarnä für die Nacht einigen Schutz zu suchen und eine günstige Aenderung in der Witterung abzuwarten.

Bei Sonnenuntergang verhüllte sich die ganze Gegend in einen dichten, eisigen Nebel, der vom Winde aus den Engpässen des Gebirges getrieben sich über das Thal ergoss, und uns mit einem undurchdringlichen Schleier umgab. Gleich darauf erhob sich ein furchtbarer Sturm, der unsere morsche Hütte unfehlbar umgerissen hätte, wenn sie nicht so niedrig gewesen wäre; dagegen erwarteten wir jeden Augenblick, dass ein neben derselben stehender grosser

Lärchenbaum, durch die furchtbare Gewalt des Sturmes entwurzelt, niederstürzen und unseren zerbrechlichen Zufluchtsort zertrümmern würde. In dieser peinlichen Lage verbrachten wir die ganze Nacht; der Orkan währte bis an den Morgen, wo er endlich nachliess.

Die Atmosphäre klärte sich auf, und wir erfreuten uns einer gelinden Temperatur von nicht mehr als 19° Frost, welche uns wirklich gegen die bisherige entsetzliche Kälte mild zu sein schien. Wir eilten, diesen günstigen Wechsel zu benutzen, um unseren Zug über das Gebirge zu beginnen und rückten ziemlich rasch und ohne besondere Beschwerde vorwärts, dem Ziel unserer Reise entgegen.

Am 7. Januar hatten wir das Gebirge überstiegen, und gleich empfing uns der freundliche, heimische Anblick eines kräftigen Fichtenwaldes, der in seiner vollen, immergrünen Schönheit dastand, besonders schön, weil der letzte Sturm die Bäume ganz von Schnee gereinigt hatte. Mit einem höchst wohlthuenden Gefühl durchzogen wir dieses und noch ein paar ähnliche Wäldchen und langten endlich, am 10. Januar, in Jakutsk an. — Hier fand ich meinen innig geschätzten Freund und Gefährten, den Lieutenant Anjou vor, der von seiner mühevollen Reise längs der Jana und auf dem Eismeere glücklich zurückgekehrt war, und in dessen Gesellschaft ich nun viele, höchst angenehme Stunden verbrachte, unter gegenseitigen Mittheilungen über unsere Schicksale, Erfahrungen und Beobachtungen.

Mit der Erreichung von Jakutsk war eigentlich unsere ganze Reise abgeschlossen, und unsere sämmtlichen Gefährten machten sich allmählich auf den Weg, um in die Heimath zurückzukehren.

Nur wir beide, Hr. v. Anjou und ich, waren genöthigt, wegen vollständiger Abschliessung unserer Rechnungen noch einen ganzen Monat hier zu verweilen.

Endlich war auch dies Geschäft abgewickelt, und wir verliessen am 8. Februar zusammen Jakutsk. Am 25. langten wir in Irkutsk an, wo Dr. Kyber uns erwartete.

Hier erbaten wir uns vom General-Gouverneur die

Erlaubniss, die Turinskischen warmen Heilquellen jenseits des Bajkals zu besuchen, die uns von den folternden rheumatischen Beschwerden, den schmerzhaften Folgen unserer Reisen auf dem Eismeer, auf einige Zeit befreiten. Der Aufenthalt dort that uns wirklich gut, so dass wir dadurch entschädigt wurden für unsere aus diesem Grunde verspätete Rückkehr nach St. Petersburg, wo wir am 15. August 1824 eintrafen. Meine beiden anderen Reisegefährten, die Herren von Matiuschkin und Kosmin, waren schon vor drei Monaten daselbst angelangt.

Erläuternde Bemerkungen zur beigefügten Karte.

Beiliegende Karte zeigt mit schwarzen Conturen das Ergebniss der Arbeiten Wrangel's.

Mit rother Farbe ist die Küstenlinie eingetragen, wie sie die besten Karten vor Wrangel's Expedition zeigen, vornehmlich von Ssarytschef entworfen, aber später noch modificirt und im Jahre 1792 abgeschlossen. Dieselbe ist dem Archiv des geodätischen Büreaus des K. Russ. Generalstabes entnommen. Zwischen 1792 u. 1820 fanden keine wissenschaftlichen Reisen in jenen Gegenden statt.

Die blauen Linien zeigen die Küstenlinie nach dem neuesten Stand unserer Kenntniss auf Grund der Expeditionen von Onazewitsch, Nordenskiöld, Long, Kellet, Czekanowsky u. A. Sie ist der im Jahre 1883 verbesserten grossen Generalstabskarte entnommen.

Diese graphische Darstellung giebt ein anschauliches Bild der geographischen Bedeutung der Expedition von Wrangel-Anjou. Man sieht, dass die Küste von jenen vortrefflichen Forschern mit grosser Genauigkeit aufgenommen ist. Die grosse Uebereinstimmung zwischen der Lage des zuerst von Wrangel auf die Karte eingetragenen „vermuthlichen Landes" im Norden von Cap Jakan mit dem von Capt. Long entdeckten Wrangel-Land ist eine beredte Widerlegung der aufgestellten Behauptung [übrigens von einem Gelehrten wie Carl Ernst von Baer in einer separaten Brochüre sofort widerlegt], als habe Wrangel die Existenz des Landes geleugnet. Bei genauer Durchforschung der Archive des K. Russ. Generalstabes und Marine-Ministeriums hat sich auf keiner einzigen Karte die vor der Wrangel'schen Reise erschienen ist, dies Land verzeichnet gefunden. Dagegen findet man im Norden der Bäreninseln auf älteren Karten jenes Fabelland eingetragen, dessen Nichtexistenz Wrangel als Ergebniss seiner Forschungen an jenem Punkt behauptet hat, was auch die neueren Forschungen bestätigt haben.

Auf einer alten Karte ist die Küstenlinie von Cap Schelagskoj direkt nach Norden verlängert, und an jener Stelle, die der kritische Ssarytschew unbestimmt .... lässt, vermuthete man eine Verlängerung des Landes. Bekanntlich hat der Nachweis von der Unrichtigkeit dieser Vorstellung und von dem Vorhandensein offenen Wassers an jener Stelle zu den wichtigsten Ergebnissen von Wrangel's Forschung gehört, und die Idee von Nordenskiöld's Umschiffung Asiens ermöglicht.

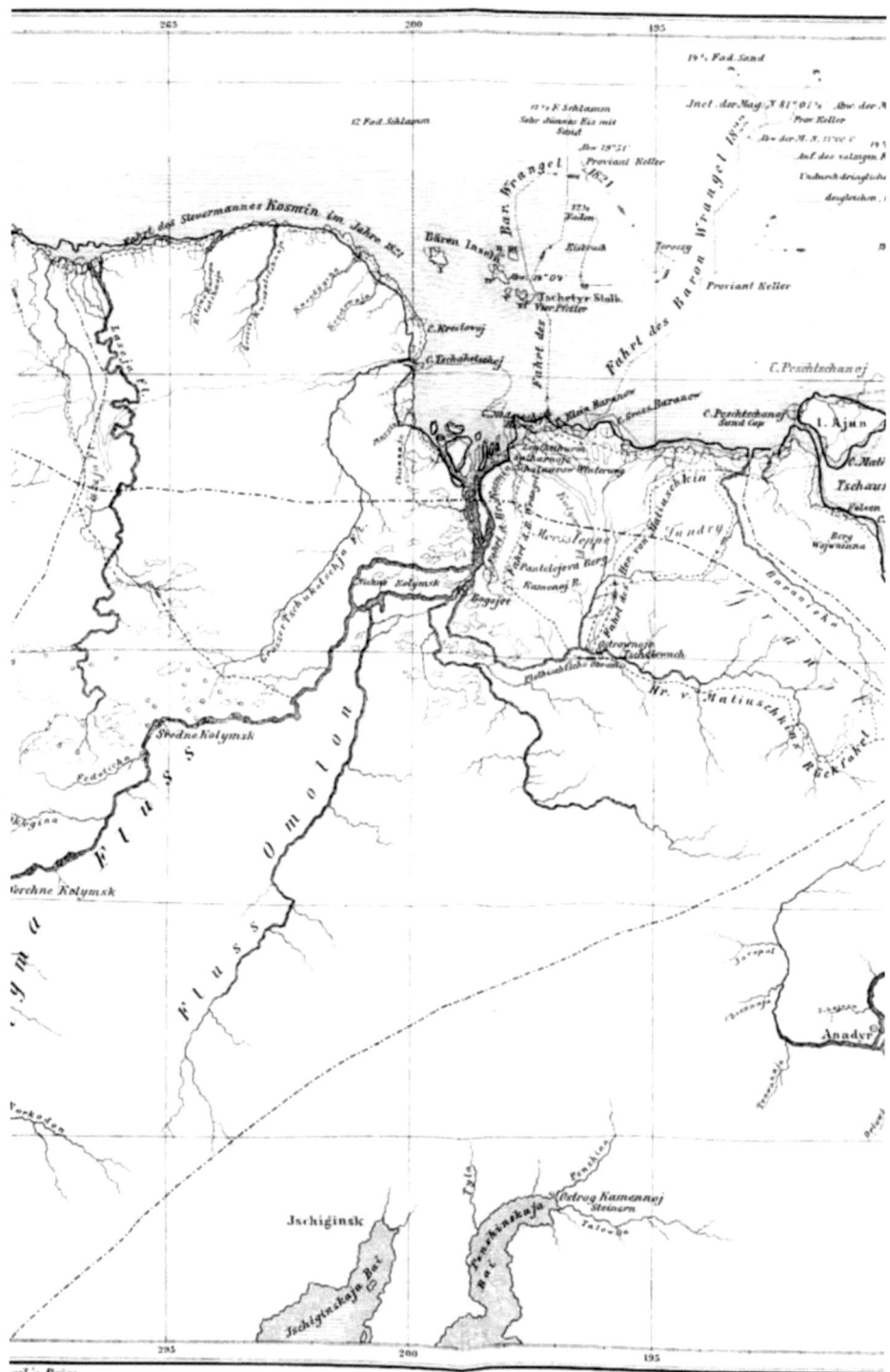

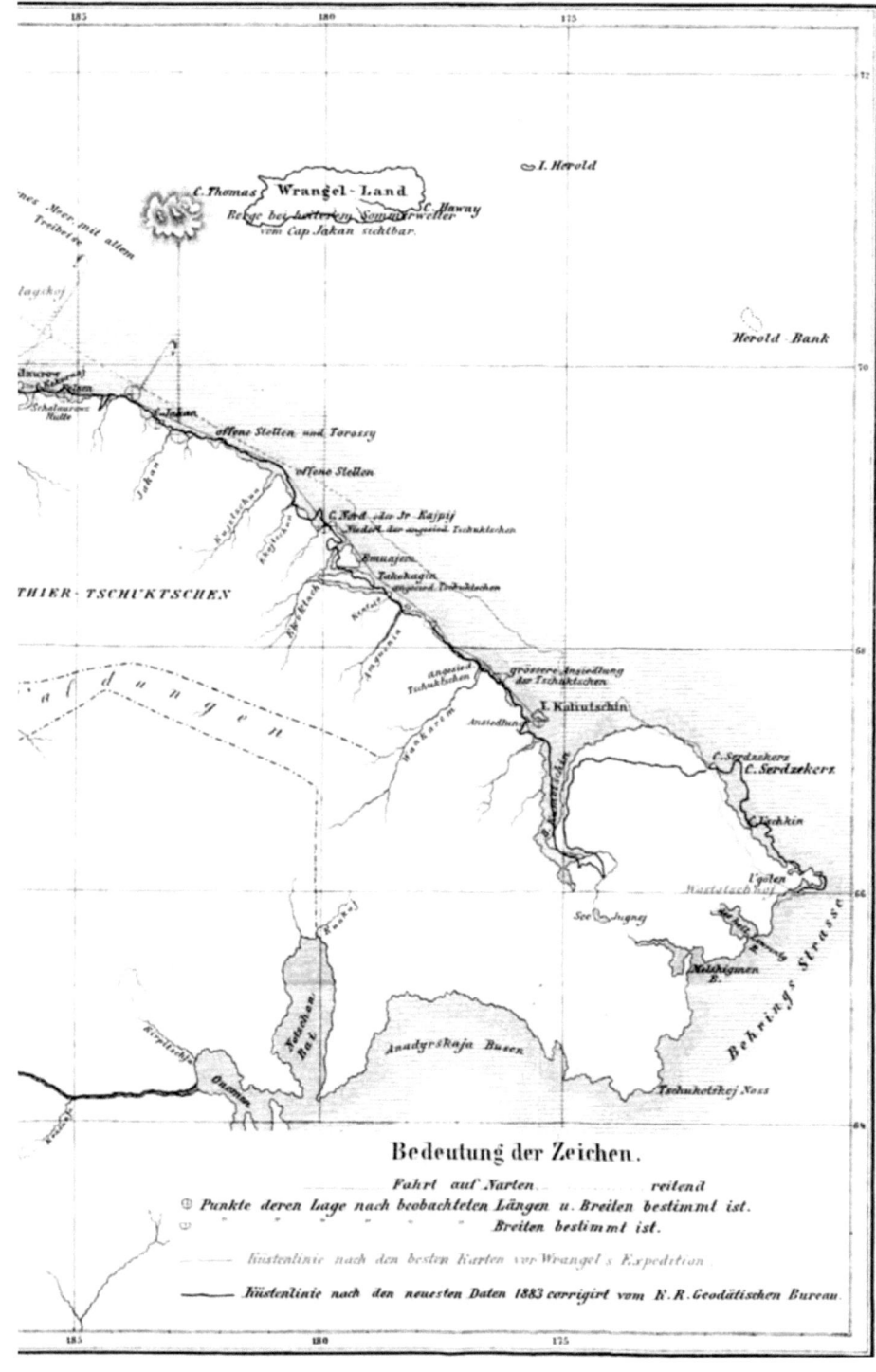